权威·前沿·原创

皮书系列为
"十二五""十三五"国家重点图书出版规划项目

中国社会科学院创新工程学术出版资助项目

经济蓝皮书

BLUE BOOK OF
CHINA'S ECONOMY

2019 年
中国经济形势分析与预测

ECONOMY OF CHINA ANALYSIS AND FORECAST
(2019)

顾 问／李 扬
主 编／李 平

社会科学文献出版社
SOCIAL SCIENCES ACADEMIC PRESS（CHINA）

图书在版编目（CIP）数据

2019 年中国经济形势分析与预测／李平主编. -- 北京：社会科学文献出版社，2019.1（2019.3 重印）

（经济蓝皮书）

ISBN 978 - 7 - 5097 - 5280 - 7

Ⅰ.①2… Ⅱ.①李… Ⅲ.①中国经济 - 经济分析 - 2019 ②中国经济 - 经济预测 - 2019 Ⅳ.①F123.2

中国版本图书馆 CIP 数据核字（2018）第 280052 号

经济蓝皮书

2019 年中国经济形势分析与预测

顾　　问／李　扬

主　　编／李　平

出 版 人／谢寿光

项目统筹／邓泳红

责任编辑／吴　敏　彭　战

出　　版／社会科学文献出版社·皮书出版分社（010）59367127
　　　　　　地址：北京市北三环中路甲 29 号院华龙大厦　邮编：100029
　　　　　　网址：www. ssap. com. cn

发　　行／市场营销中心（010）59367081　59367083

印　　装／天津千鹤文化传播有限公司

规　　格／开　本：787mm × 1092mm　1/16
　　　　　　印　张：19.75　字　数：298 千字

版　　次／2019 年 1 月第 1 版　2019 年 3 月第 2 次印刷

书　　号／ISBN 978 - 7 - 5097 - 5280 - 7

定　　价／98.00 元

经济蓝皮书编委会

主要编撰者简介

李扬 中国社会科学院学部委员、经济学部主任，国际欧亚科学院院士，国家金融与发展实验室理事长。中国金融学会副会长，中国财政学会副会长，中国国际金融学会副会长，中国城市金融学会副会长，中国海洋研究会副理事长。第十二届全国人大代表，全国人大财经委员会委员。曾任中国社会科学院副院长，第三任中国人民银行货币政策委员会委员。已出版专著、译著32部，主编30余部。发表论文500余篇，撰写各类研究报告300余篇。主编《中国大百科全书》（财政、金融、物价卷）、《中华金融词库》、《金融学大辞典》等大型金融工具书7部。主持国际合作、国家及部委以上研究项目200余项。主要研究金融、宏观经济、财政。

五次获得"孙冶方经济科学奖"，2015年获得"中国软科学奖"，2015年获得首届"孙冶方金融创新奖"，2016年获得"张培刚发展经济学奖"。1992年获国家级"有突出贡献中青年专家"称号，同年享受国务院政府特殊津贴，1997年获选国家首批百千万工程第一、二层次人选，2002年获"全国杰出专业技术人才"称号。

李平 中国社会科学院数量经济与技术经济研究所所长、研究员，中国社会科学院重点学科技术经济学学科负责人和学科带头人。中国社会科学院研究生院教授、博士生导师，中国数量经济学会理事长、中国技术经济学会副理事长、中国区域经济学会副理事长。长期从事技术经济、产业经济等领域研究工作，主持参与多项国家重大经济问题研究和宏观经济预测，包括"我国未来各阶段经济发展特征与支柱产业选择（1996～2050）""中国能源发展战略（2000～2050）"等项目研究；参加"三峡工程""南水北调工程""京沪高速铁路工程"等国家跨世纪重大工程的可行性研究和项目论证。国家南水北调工程审查委员会专家，起草南水北调综合审查报告，国家京沪高速铁路评估专家组专家，代表作有《特大型投资项目的区域和宏观经济影响分析》《中国工业绿色转型》《"十二五"时期工业结构调整和优化升级研究》等。

摘　要

2018 年初，全球经济继续呈现复苏迹象，大宗商品价格有所回升，全球通胀相对稳定，经济信心转向乐观。但 2018 年 7 月，美国对价值 340 亿美元中国产品加征关税，随后中美贸易摩擦不断升级。面对各种新情况预计 2018 年中国经济增长 6.6% 左右，增速比上年减少 0.3 个百分点。

从三次产业贡献看，第三产业增加值占比继续提高，固定资产投资增速小幅回落，消费增速总体平稳，进出口增速显著大幅回升，贸易顺差基本稳定，CPI 与 PPI 背离的剪刀差有所缩小，居民收入稳定增长。从内需结构上看，2018 年最终消费支出对国内生产总值增长的贡献率为 78.2%，比上年大幅提高 19.4 个百分点，达到 2001 年以来最高水平。

中美贸易争端几起几落，但我们依然可以对数据有所期待，预计 2018 年我国出口和进口增速分别比上年大幅回升 4.5 个和 4.3 个百分点。2019 年世界形势更具不确定性，初步预测中国 GDP 增速小幅下降 0.3 个百分点，但 6.3% 的经济增速仍然是世界经济发展最主要的贡献者。

目 录

Ⅵ 附录

皮书数据库阅读**使用指南**

必须高度重视债务问题（代前言）

国家金融与发展实验室　李　扬

一

从 2007 年开始的全球金融危机是一场债务危机，既然是债务危机，减少债务、降低杠杆率，就是走出危机的必要条件。然而，IMF 数据显示，截至 2018 年 4 月，全球债务水平高达 320 万亿美元，远远超过 2017 年底的 237 万亿美元，增加了 83 万亿美元。与此一致，全球的杠杆率也从 2007 年底的 209% 上升至 2017 年底的 245%，跃增了 36 个百分点。杠杆率上升的直接后果，就是破坏了金融与实体经济的稳定关联，降低了货币政策的效力，自不待言，甚至也对去杠杆的合理性产生了质疑。在一片言之凿凿的"减少债务"和"去杠杆"呼声中，债务和杠杆率却稳步上行，的确是对十年来全球宏观经济政策的讽刺。

考量并应对债务和杠杆率不降反增之现象，可有两种思路。第一种思路，因循传统政策框架，密致地检讨过去减债和去杠杆政策的疏漏，动员更多的政策手段，堵塞漏洞，把债务规模和杠杆率降下来。然而，在信用经济条件下，经济增长与债务增长保持着密切的正向对应关系，只要我们对经济稳定和经济增长有所顾及，债务水平下降显然就十分困难。第二种思路颇具批判性。鉴于债务和经济增长存在某种均衡关系，是否存在这种可能：某些条件的发展变化，使得这均衡点随着时间的推移而缓缓上升？换言之，高债务和高杠杆如今或许成为常态。第二种思路并非我们的发明，2015 年英国前金融服务管理

局（FSA）主席阿代尔·特纳勋爵在其新著《债务和魔鬼》中首先提出了这一假说。在他看来，如果这个世界如本·富兰克林 1789 年所说，"除了死亡和税收以外，没有什么事情是确定无疑的"，那么，如今，在这确定无疑的事情清单中，显然应当将债务加上。

为了更好地刻画债务与实体经济增长的关系，债务密集度概念应运而生。我们把"为了支持某一水平的 GDP 增长，需要创造的债务增量"定义为债务密集度，那么显然，金融危机以来，全球的债务密集度都在稳步上升。这一现象在实体经济领域中的镜像，就是资本产出弹性持续下降，就是说，为了实现某一确定单位的 GDP 增长，我们现在比过去需要投入更多的资本。

债务密集度上升和资本产出弹性下降，意味着劳动生产率和全要素生产率的下降。这样看来，债务密集度上升已不仅仅是一个金融问题了。

二

自 20 世纪金融创新大行其道以来，有一个现象，即经济金融化，逐渐进入人们的视野，并潜在地改造着我们的世界。而经济的金融化，正是不断提高债务密集度的主要驱动力。

不妨先从房地产及房地产金融说起。全球危机伊始，时任美联储主席伯南克便明确指出：危机的根源在于金融对实体经济日益疏远。关于实体经济，他给出了一个颇出人意料的定义，即除了金融和投资性房地产之外的其他产业都是实体经济。这是一个非常有启发意义的定义。事实上，伯南克指出了一个很重要的发展趋势，即随着金融创新不断发展，我们的经济正经历着一个不断金融化的过程。

这个过程在投资性房地产市场上最早表现出来。我们知道，房地产是不动产，其流动性是最差的。然而，一旦金融因素介入，也就是说，我们基于流动性最差的不动产业，累加出足够的创新金融产品，这个非流动的不动产，便可能拥有足够的流动性。现实发展果然如此。首先，银行针对住房提供抵押贷款，其期限，美国最长可达 50 年，我国则是 30 年。长达 30～50 年的贷款活动出现在银行的资产负债表中，无疑会导致期限错配，即借短用长问题；倘若住房抵押贷款规模上升到显著水平，则会使提供抵押贷款的银行陷入严重的流动性不足风险之中。开辟抵押贷款的交易市场，是解决问题的途径之一。但是，抵押贷款期限过长、规模过大，住房市场有一点风吹草动，市场交易便会停止，流动性风险将不可避免。

金融工程的出现，完美地解决了此处的期限错配问题。我们可以把足够数量和规模的抵押贷款聚合在一起，形成一个贷款池。进而，基于该贷款池中各贷款的现金流进行分拆、重组、打包，形成符合要求的新的现金流，然后据此发行新的债券（抵押贷款证券），这样，通过抵押贷款证券化，住房市场的流动性便奇迹般地提高了。

显然，抵押贷款证券化的原理可以大范围复制和推广，于是我们就有了各式各样的资产证券化。正是这样一些证券化产品，构成了发达经济体影子银行体系的主体，如今在美国其规模已达社会信用总量的 30% 左右。

其实，债务密集度不断提高的事实，还可以从各单个金融领域的发展及其同实体经济的关系变化中观察到。例如，经济的证券化率（各类证券总市值/GDP）上升，金融相关比率（金融资产总量/GDP）不断提高，证券市场年交易量、信贷余额、年保费收入、外汇日交易量等对 GDP 的比率稳步上升，贸易相关的资本流动与非贸易相关的资本流动的比率逆转（20 世纪末已达 1∶45），等等，都是佐证。

毫无疑问，债务密集度不断提高，正逐步改变着人们之间的经济关系，使债权/债务关系、股权/股利关系、风险/保险关系等金融关

系逐渐在经济社会中占据主导地位。这种变化的潜在影响，仍待我们进行全面评估。

<h1 style="text-align:center">三</h1>

全球债务密集度不断提高，更同国际货币体系的演变有密切关系。

1971年之前，国际储备货币与黄金挂钩，当时实行的是所谓"双挂钩"制，即美元与黄金挂钩、各国货币与美元挂钩。形象地说，基于这种复杂的"挂钩"关系，1971年之前的国际货币体系存在一个"黄金锚"。

1971年《牙买加协议》以后，美元与黄金脱钩。之后的几年里，国际货币体系如无锚之船，在全球危机的惊涛骇浪中风雨飘摇。最后，还是美国"打开了新世界的大门"，里根政府全面开启了以债务为锚发行美元的机制。这样，对内，可在公开市场交易，即在公开市场上买卖政府债务，成为货币政策的主要操作手段；对外，则使美国的贸易出现逆差，成为各国乃至整个世界经济不断获得新增储备货币的主要途径。换言之，《牙买加协议》之后的国际货币机制的核心是，世界经济和全球贸易的正常发展要以美国不断产生贸易赤字、大多数国家不断产生贸易顺差为条件。

里根政府开创的"新范式"一经发动便一发不可收，所导演的老戏码便不断重演。1981年，美国国债余额9979亿美元。1983年"星球大战"计划实施时为1.38万亿美元。1989年里根离任，该余额跃增为2.86万亿美元。这样一种通过买卖政府债务来调控货币发行的新范式，为美国政府的宏观调控开创了一种新模式。由于政府可以通过发债融资，支持其财政支出和货币体系运转，其对税收的依赖度下降了。正是在这个意义上，里根经济学开启的连续减税计划得以顺利实施并大获成功。

我们看到，以美国政府债务支撑美国国内货币体系和国际货币体系的体制机制，在危机以后似乎进一步加强。2018 年美国政府债务创下了 21 万亿美元的新高，但特朗普依然可以同时实施大规模减税，其基本原因，就在这里。

四

债务密集度提高，其影响十分深远。一个最显著的影响就是，我们面对的经济周期变形了。近年来，学术界和业界对经济周期多有讨论，逐渐地，大家都将注意力置于金融周期之上。

过去我们所知道的危机，都是生产过剩型危机。整个过程肇始于盲目生产，导致产品过剩，进而引发物价剧烈波动，然后，企业倒闭、失业率上升、市场萧条、银行关门、金融市场狂泻等接踵而至。这种可以被称为"古典型"的危机，通常顺次经过危机—萧条—复苏—繁荣四个阶段。如今不同了。我们看到的危机已经有了显著的变化，主要变化有二：其一，整个危机的进程只留下了"上行"和"下泻"两个阶段，而且波动剧烈；其二，这个周期和实体经济周期日渐脱离关系。过去的危机主要表现为 GDP 的增长出现剧烈波动，如今，即便在危机中，GDP 的增长都很平稳，而我们的金融市场却是天翻地覆，骤涨骤跌。

从 20 世纪 70 年代开始，金融创新的全面开展，导致经济"金融化"或"类金融化"，经济运行显著受到金融的"繁荣—萧条"周期的影响，经典的经济周期产生了大变形，主要表现就是，金融周期逐渐趋于主导，巨量的债务和货币源源不断地注入并滞留于经济体系，不仅加深了金融体系对实体经济的偏离程度，而且使得金融方面的扭曲往往先于实体经济的扭曲。这导致传统的经济危机机制发生了明显

改变：在过量的货币和信用在实体经济中转化为全面通货膨胀之前，由资产价格高位崩溃带来的金融危机就已经爆发。

这一变化，对传统的中央银行宏观调控机制及其理论提出了挑战。教科书告诉我们的货币政策传导机制，主要有两条线索：一条是影响物价，另一条是改变利率水平。物价变化，引起生产扩张或收缩；利率变动，提高或降低生产成本，这样一些变化，进一步引导了企业和居民的行为变化。如今不同了，在货币政策的两条传统渠道尚未来得及起作用时，资产的价格就发生巨变，这一变化，直接改变了市场主体的资产负债表，进而引发市场主体经济行为的调整。恰如《桃花扇》中的那句著名的判词所描述的：眼见他起高楼，眼见他宴宾客，眼见他楼塌了。

这个变化的影响，全面而深刻。它告诉我们，要驱动同样水平的经济增长，如今需要提供越来越多的债务增量。债务的累积造成资产价格泡沫膨胀，形成金融周期。也就是说，在现代金融体系下，危机的发生可直接经由资产价格路径而非传统的一般物价和利率路径。这同时也回答了最近几十年一直困扰货币经济学界的一个问题，就是货币政策要不要管资产价格？过去的回答是明确的"不"，现在的回答显然是"要"了。如此，诸如房地产市场、资本市场、大宗产品市场等，都要进入货币政策的眼界。这意味着，如果债务密集度不断提高的趋势得以确认，我们中央银行的宏观调控理论就须改写了。

五

以上，从多个角度阐述了债务密集度上升的必然性，并初步讨论了其可能产生的影响。如果认可这样的趋势，并接受相应的解释，有一个"终极之问"便会产生：这个过程将把我们引向何方？

　　我认为，按照这样的发展趋势，货币的消灭就有了现实的途径。在经济金融化的进程中，在提高债务密集度的同时，逐渐将一切都数字化了。正是数字化，使得人人金融、物物金融有了现实的可能。恩格斯有一个著名的论断："凡在历史上产生的，必在历史中灭亡"。我们要做的，是具体探讨其消灭的条件、路径和过程。

总 报 告

General Reports

B.1

中国经济形势分析与预测

——2018 年秋季报告

"中国经济形势分析与预测"课题组*

要点提示

2018 年初以来，全球经济复苏呈现出更多积极因素，经济继续复苏回升，全球贸易呈扩展态势，大宗商品价格有所回升，全球通胀相对稳定，经济信心转向乐观。

预计 2018 年中国经济增长 6.6% 左右，增速比上年减少 0.3 个百分点，实现年初预期 6.5%~7.0% 的经济增长目标，继续保

---

* 课题总负责人：李扬；执行负责人：李平、李雪松；执笔：李平、娄峰、樊明太、万相昱、张涛、张延群；参与起草讨论：胡洁、李文军、蒋金荷、冯烽、程远、刘强、王喜峰、王恰、左鹏飞等。

持在中高速适当的经济增长区间。

预计2018年第三产业增加值占比继续提高，固定资产投资增速小幅回落，消费增速总体平稳，进出口增速显著大幅回升，贸易顺差基本稳定，CPI与PPI背离的剪刀差有所缩小，居民收入稳定增长。

预测2018年全社会固定资产投资将达到77.1万亿元，名义增长6.5%，实际增长0.9%，虽然增速分别比上年小幅回落0.5个和0.3个百分点，但总体仍然保持了适中较快增长态势。从结构上看，在固定资产投资中，制造业投资增长7.9%，基础设施投资增长5.1%，房地产开发投资增长9.5%，2018年制造业投资和房地产开发投资成为稳增长的主要动力之一，民间投资增速将达到8.6%，明显高于上年增速，但依然有较大的上升空间。

预计2018年社会消费品零售总额将达到40万亿元，名义增长9.1%，增速比上年回落1.1个百分点；扣除价格因素，实际增长7.1%，增速比上年增加1.9个百分点，总体继续保持平稳增长态势。从内需结构上看，2018年最终消费支出对国内生产总值增长的贡献率为78.2%，比上年大幅提高19.4个百分点，达到2001年以来最高水平。

预计2018年我国出口和进口（以美元计价）分别增长12.4%和20.2%，增速分别比上年大幅回升4.5个和4.3个百分点，全年货物贸易顺差为3313亿美元，比上年减少912亿美元。

2018~2019年中国经济增长将在新常态下运行在合理区间，就业、物价保持基本稳定，中国经济不会发生硬着陆。

2019年需要保持一定力度的扩张性财政政策以稳定经济增长。实施积极有效的财政政策，不仅要求在财政支出方面保持适度的增速、优化支出结构、提高资金使用效率，更要求以税制改革为重心，完善税收体系，降低宏观税负，激发民营经济活力，从而激发企业生产活力，增强居民购买力。另外，合理利用税收、社会保障、转移支付等手段，进一步强化我国当前的财政再分配效应；同时，协调货币政策和审慎监管政策，稳定流动性和风险预期；稳步推进创新驱动发展战略，继续加强供给侧结构性改革；从提升劳动力质量、优化投资结构、增加研发强度、改革科研体制等方面促进全要素生产率不断提高，从而促进新旧动能转换，确保经济中长期稳定较快增长。

一　当前国际经济环境分析

在经历了漫长曲折的复苏进程后，最近一年全球经济呈现相对稳定的增长态势。主要发达国家和大部分发展中国家的经济开始企稳回暖，全球制造业回升，国际需求增长，宽松的金融环境也对企业投资形成良好支撑，受此影响，全球经济增速回升到自金融危机以来的较高水平，以石油为代表的大宗商品价格上升，经济增长的信心有所增强。预计2019年全球经济将保持平稳回升态势，增速保持在3.5%左右。

尽管如此，全球经济依然面临巨大风险和不确定性因素，经济复苏的进程可能再次反复。首先是全球经济的核心增长动力依然缺乏，目前尚未形成具有全球范围共识的一致性和结构性增长主题，实体经济空心化和经济效率低下分别是困扰发达国家和发展中国家的顽疾，全球经济复苏更像是一次效率的再分配过程，同时，高杠杆率下金融市场风险正在聚集，更令人担心的是，长期的低速增长可能形成心理惯性，当前经济效率模式正在被适应；其次是发展的不均衡和全球治理手段的不协调，自美国退出量化宽松货币政策以来，全球经济刺激

政策出现分化，而前期大量注入的资本存在流动性错配风险，国际市场的博弈可能进一步加剧竞争性汇率贬值，全球金融市场的无序流动可能导致金融和汇率市场的波动；最后是非经济因素的冲击，当前失衡的经济发展状态与文化、宗教以及地缘政治因素相叠加可能进一步激化社会矛盾，民族主义、民粹主义和极右翼势力正在成为一股强大的政治势力，而当前全球贸易摩擦也正在脱离单纯的经济利益争端，转向政治因素的扩大化，这不仅直接冲击长期建立起来的全球贸易格局，更对全球分工和产业链条造成潜在破坏，严重影响经济可持续发展、居民就业水平提升和收入分配状况改善。

从区域看，美国经济近年来表现良好，整体保持较快增长，资本回流趋势加强，制造业有所回升，失业率继续走低，通货膨胀相对温和。但随着股票市场的持续走高以及美元的再次走强，美国面临的金融风险正在聚集，而劳动参与率低、工资增长缓慢以及政治层面的不确定性因素，也在降低美国经济增长的预期，预计2019年美国经济增速将有所放缓。

围绕美国经济的两大核心话题是"加息"和"贸易摩擦"。首先，美国自2015年退出量化宽松货币政策以来，美联储先后八次提高基准利率，尽管这本质上是回归货币政策正常化的进程，但依然给对外依存度高的新兴市场国家造成较大影响，甚至引发局部性金融危机，而未来美国仍将持续加息进程，预计在2020年进入尾声；其次，美国试图通过制造贸易摩擦的手段重构以"美国人优先"为基本原则的国际关系和世界贸易体系，事实上这与美国经济发展目标相背离，不仅不利于美国制造业回归的部署，影响美国在现有全球产业链中的优势地位与既得利益，也会给全球贸易和经济复苏带来巨大的冲击和负面影响。

日本经济当前正向增长的态势平稳，投资规模上升，国内需求扩大，金融市场表现良好，2020年东京奥运会的举行将对增长形成短期支撑。从安倍政府的经济政策手段看，宽松的货币政策的边际效应正加速减弱，但政策预期相对稳定；财政政策在对日本经济持续刺激的同时，加剧了风险预期，日本未来的财政调控空间有限；结构性改革目前仍存在不确定性，未来消费税上调将再次冲击经济增长。人口老龄化和经济内生活力匮乏、货币政策空间有限和全球治理滞后以及逆全球化贸易趋势和地缘政治风险，都给日本经济带来巨大的下行压力。另外，日本企业不断升级的海外并购，也增加了不确定性风险。预计日本未来两年经济增速将维持在1%。

欧元区正在加速摆脱全球危机的阴霾，尽管2018年上半年欧洲经济整体增速放缓，但预计未来投资回流将持续增长，就业市场相对平稳，消费需求稳步回升，信贷规模和政府赤字可控，经济复苏的信心有所加强，2019年欧元区经济将维持增速为1.5%左右的温和复苏。尽管如此，欧元区乃至欧洲整体经济仍然面临诸多挑战。首先，长期宽松的刺激政策难以为继，更难以快速摆脱，同时还面临各成员国政策不协同和全球货币政策分化所带来的多重风险；其次，欧元区一体化的货币政策与独立的财政政策相互掣肘，尽管欧洲央行开始将经济刺激政策转向基础设施援建，但实体经济空心化仍然是欧元区面临的重要问题；再次，不断走强的欧元给欧元区通胀目标的实现制造了麻烦，更加剧了各成员国外贸份额的二次分配；最后，不断蔓延的地缘政治风险、难民问题的衍生化、民族主义和民粹主义抬头，都给欧元区的发展蒙上了阴影，"脱欧"潮尚未完全退去，欧洲经济一体化仍面临风险。

从经济增速来看，新兴市场国家和发展中国家依然是全球的增长极，随着欧美经济的不断复苏以及全球大宗商品价格的回暖，新兴市场国家的经济增速普遍回升，自身社会经济的结构性矛盾正在化解。预计新兴市场国家和发展中国家未来经济增速将继续保持在5.0%的水平。然而，当前国际经贸格局的变迁、全球治理体系的不协同，特

别是未来潜在的全球金融风险，都给新兴市场国家带来巨大挑战，探索全新的发展路径和参与全球经贸体系重构，成为新兴市场国家未来治理的关键词。其中，印度的经济受国内外需求的双重推动，印度制造业和服务业持续扩张，成为其经济增长的核心动力，货币改革后的经济出现企稳迹象，持续的经济增长可期，预计2019年经济增速为7.0%。自身经济结构的错配与结构性改革的迟滞，加之外部制裁及国际市场的不确定性因素，俄罗斯经济形势依然严峻，尽管当前政治局面相对稳定，但如何有效摆脱经济增长乏力、民生改善迟滞、发展投资环境恶化的恶性循环局面，是俄罗斯面临的首要难题。预计未来两年俄罗斯经济增速低于1.5%。经过两年严重的经济衰退，巴西经济正在加速走出困境。当前巴西经济复苏形势良好，政治环境企稳，经济信心增强，投资环境持续改善，但对美国经济和美元的过度依赖依然是其经济发展的短板。预计到2019年巴西经济增速仍有望保持2%以上。截至目前，南非仍然没有完全摆脱衰退的窘境。南非财政政策和货币政策的可调控空间不断缩小，未来经济结构性改革的压力加剧。东盟国家面临着重要的发展机遇，必须着力升级区域性的贸易体系，系统改善区域投资环境，重点持续推进基础设施建设的区域联动或一体化，重点防范全球资本流向和贸易摩擦所带来的风险。预计东盟国家未来两年经济增速保持5.0%以上的快速增长。

二 2018年中国经济形势分析及预测

（一）经济发展基本平稳，延续健康发展态势

主要经济体增长放缓、通胀上升，中美贸易摩擦持续发酵升级，国际经贸关系更加复杂，国外有效需求放缓；中国紧紧抓住新工业革

命机遇，深入践行新发展理念，锐意改革创新，充分发挥人力资源、市场规模等优势，着力培育壮大新动能，推动新旧动能加快接续转换。大力推进简政减税降费，极大激发了市场活力和社会创造力。实行包容审慎监管，促进了新兴产业蓬勃发展。鼓励大众创业、万众创新，有效释放了社会创造力。经过努力，新动能成长取得了超出预期的成效，对稳定经济增长、调整经济结构、扩大社会就业发挥了关键支撑作用。2018年上半年中国经济增长6.8%，连续12个季度稳定运行在6.7%～6.9%的中高速区间。预计2018年中国经济增长6.6%左右，经济运行继续保持在合理区间，延续总体平稳的健康发展态势。

（二）产业结构继续优化，转型升级和结构调整态势向好

2018年第二季度，三次产业对GDP增长的贡献率分别为2.80%、36.70%和60.50%，三次产业分别拉动GDP增长0.2个、2.5个和4.1个百分点。三次产业中，第三产业对GDP增长的支撑作用进一步强化。1～7月高技术制造业增加值同比增长11.6%，装备制造业增加值同比增长9%，战略性新兴产业增加值同比增长8.6%，均高于规模以上工业增加值6.6%的增速，供给结构持续优化。从服务业内部结构看，现代服务业增长较快，如信息传输、软件和信息技术服务业保持了30%以上的增长，租赁和商务服务业保持了10%以上的增长。预计2018年全年三次产业增加值将分别增长3.5%、5.9%和7.7%，其中第一、第二、第三产业增加值增速分别比上年回落0.5个、0.2个和0.3个百分点。

（三）固定资产投资增速下滑，投资结构不断优化

2018年1～8月，制造业投资同比增长7.5%，增速比1～7月提高0.2个百分点，增速已连续5个月回升，比全部投资高2.2个百分

点。其中，1~8月，装备制造业投资增长9.2%，增速比全部制造业投资高1.7个百分点。社会领域投资增长稳健，2018年1~8月，社会领域投资增长12.1%，增速比全部投资高6.8个百分点；其中，教育投资增长8.3%，卫生投资增长11.1%，文化、体育和娱乐投资增长18.7%。面对经济下行压力加大，政府稳增长的意愿增强。在坚决有效防范地方政府债务风险的前提下，通过加大基础设施等领域补短板力度，稳定有效投资。中国交通基础设施还存在不少短板弱项，是促进有效投资的关键领域，如加快推进"十三五"规划内项目，特别是中西部地区重大项目前期工作，力争加快建设、早日发挥效益；确保在建项目顺利实施，加快推进一批打通"最后一公里"的项目，保持交通基础设施建设、投资持续稳定，增强发展后劲。预测2018年全社会固定资产投资将达到77.1万亿元，名义增长6.5%，实际增长0.9%，虽然增速分别比上年小幅回落0.5个和0.3个百分点，但总体仍然保持了适中较快增长态势。从结构上看，在固定资产投资中，制造业投资增长7.9%，基础设施投资增长5.1%，房地产投资增长9.5%，2018年制造业投资和房地产投资成为稳增长的主要动力之一，民间投资增速将达到8.6%，明显高于上年增速，但依然有较大的上升空间。

（四）消费增速放缓，消费升级态势延续

受房价过高对居民消费挤出效应的影响，消费需求增速放缓，2018年社会消费品零售总额累计增长率由2018年3月的9.8%缓慢回落至2018年8月的9.3%。同时，升级类商品销售继续保持快速增长，服务类消费正在打开空间，电影票房、旅游收入都保持了较快的增长，消费升级的态势仍然在持续。2018年第二季度最终消费支出对GDP增长的贡献率再创历史新高，达到78.5%。消费仍是中国经济增长的主要拉动力，新的个人所得税法即将实施，并首次推出个人

在子女教育、继续教育、大病医疗、普通住房贷款利息、住房租金、赡养老人支出方面的 6 项专项附加扣除。这些措施将进一步促进群众多渠道增收，持续增强消费能力。预计 2018 年社会消费品零售总额将达到 40 万亿元，名义增长 9.1%，增速比上年回落 1.1 个百分点；扣除价格因素，实际增长 7.1%，增速比上年增加 1.9 个百分点，总体继续保持平稳增长态势。

（五）中美贸易摩擦升级，国际贸易不确定性陡增

工业产品出口增长加快，2018 年 8 月，全国规模以上工业出口交货值同比增长 12.5%，增速比 7 月加快 3.8 个百分点；41 个大类行业中有 33 个行业实现同比增长，比 7 月增加 5 个；有 28 个行业增速比 7 月加快。其中，工业第一大出口行业电子行业出口交货值同比增长 17.3%，比 7 月提高 6.9 个百分点。尽管如此，中美经贸摩擦的影响还存在很大的不确定性，而且对全球经济的负面影响已经有所显现。从世贸组织 8 月初发布的国际贸易景气指数来看，第一季度是 102.3，第二季度是 101.8，预期第三季度国际贸易景气指数是 100.3，正逼近景气指数 100 的临界线。可以预期，在目前产业链全球布局的大背景下，单边主义、贸易保护主义对国际贸易的影响和不确定性陡增。中国在限制美国商品进口的同时将会扩大对非美国家的进口；对传统贸易伙伴国的出口增速下行将通过扩大对新兴市场尤其"一带一路"沿线国家的出口来对冲。预计 2018 年我国出口和进口（以美元计价）分别增长 12.4% 和 20.2%，增速分别比上年大幅回升 4.5 个和 4.3 个百分点，全年货物贸易顺差为 3313 亿美元，比上年减少 912 亿美元。

（六）物价基本稳定，就业较为充分

2018 年 8 月居民消费价格指数略有上升，同比上涨 2.3%，比

上月略微上升了 0.2 个百分点。从核心价格指数来看，8 月核心 CPI 是 2.0%，总体物价比较稳定。从服务方面来看，服务是 CPI 内部涨幅略大的部分，但是服务产品大部分是属于不可贸易的，受外部冲击相对较小，服务价格能够相对比较稳定。从政策环境来看，保持稳健的货币政策也不支持物价出现大幅上涨的态势。所以，总体而言，下阶段物价还是能够保持温和上涨态势。从全国城镇调查失业率来看，2018 年 8 月是 5.0%，比 7 月小幅下降；全国主要就业人员群体 25～59 岁人口的调查失业率继续保持在 4.4% 的低位，就业形势比较稳定。预计 2018 年 CPI 为 2.2%，比上年增加 0.6 个百分点。

（七）新动能持续发力，经济效益继续提高

从工业来看，高技术制造业、战略性新兴产业都保持了较快的增长；从具体产品来看，工业机器人、集成电路、新能源汽车，这些新产品的产量继续保持快速增长；从服务业来看，上半年战略性新兴服务业、高技术服务业营业收入也都保持了 15% 左右的增速；新需求也在快速增长，1～8 月，网上实物商品零售额同比增长 28.6%。从规模以上工业企业利润来看，1～7 月规模以上工业企业利润同比增长 17.1%，略低于 1～6 月的 17.2%，但仍比 1～5 月进一步加快；上半年规模以上服务业企业营业利润增长 22.6%，增速有所加快。

无论是从供给侧看，还是从需求侧看，中国经济增长持续平稳的基本面都不会发生变化，转型升级和结构调整的向好态势也不会发生变化。但也要看到，外部环境更加严峻复杂，国内长期积累的结构性矛盾仍然突出。要以习近平新时代中国特色社会主义思想为指导，坚持稳中求进工作总基调，践行新发展理念，按照推动高质量发展要求，以供给侧结构性改革为主线，持续扩大有效需求，加大稳就业、

稳金融、稳外贸、稳外资、稳投资、稳预期政策落实力度，合理引导发展预期，确保经济平稳健康发展。

三 2019年中国经济预测

根据中国宏观经济季度模型预测，2019 年，我国 GDP 增长率为6.3%，比上年略微减少0.3 个百分点。从定性分析上看，这种预测结果与供给侧和需求侧两方面的现实情况相一致。

从供给侧角度来看，决定经济增长的主要因素包括劳动力、资本和全要素生产率。由于我国劳动力供给自 2012 年进入拐点以来逐年持续下滑，近年来全要素生产率增长率在低位运行；而资本存量增速也随着固定资产投资增速的下降而下滑，由于以上诸多因素短期内很难得到显著改变，这意味着 2019 年我国 GDP 潜在增长率依然在适当区间内小幅下滑。

从需求侧角度来看，首先，2019 年我国投资趋于合理和稳定。有利因素主要有以下几个方面。一是国家稳定投资、保持投资增长的意愿加强。虽然 2018 年上半年我国固定资产投资增速回落，有些地方基础设施投资同比下降，但是 9 月国务院要求贯彻党中央、国务院部署，聚焦补短板、扩大有效投资，按照既不过度依赖投资也不能不要投资，防止大起大落的要求，稳住投资保持正常增长。二是我国基础设施投资领域仍然较大。2019 年是我国全面建成小康社会的关键之年。"三区三州"深度贫困地区基础设施、交通骨干网络特别是中西部铁路公路、干线航道、枢纽和支线机场、重大水利等农业基础设施、生态环保重点工程、技术改造升级和养老等民生领域设施建设都必须在 2019 年落地。目前易地扶贫搬迁、产业扶贫、教育扶贫、健康扶贫重点工程全面启动实施。水利薄弱环节建设加快，中小河流治理、小型病险水库除险加固等加快实施，172 项重大水利工程已开工

建设 130 项，在建投资规模超过 1 万亿元。三是房地产投资趋于合理和稳定。我国城镇化发展对房地产有一定需求，随着我国房产税改革、房地产市场调控、住房制度改革和长效机制建设加快，房地产投资增速将趋于合理和稳定。四是推动合理有效的投资初见成效。全国意向投资增速回升，反映国家有效投资政策初见成效。受国家鼓励创新驱动、布局核心技术攻关、支持企业技术升级等政策的影响，从行业来看，高新技术产业、现代服务业、战略性新兴产业最为抢眼，其新增意向投资额的快速增长，是我国结构优化、动力转换及产业升级的反映。

从不利因素来看，一是国企投资增长缓慢。根据国家统计局公布的数据，国企 1～8 月增速仅为 1.1%。二是地方政府的投资机制正发生改变，理顺地方政府的投资机制仍需要一段时间，这期间地方政府主导的投资仍将下滑。三是中美贸易摩擦对投资带来负面影响。中美贸易摩擦以来，市场主体信心不足，国有企业、民营企业、外商投资者持观望态度的情况部分存在。

其次，2019 年我国消费形势相对乐观。一是消费升级促进经济增长。我国消费领域升级表现为教育、娱乐等高端消费增速明显。这将进一步促进经济结构的调整，推动经济向高质量发展，并为未来经济的平稳运行提供保证。二是个税改革的促进。2018 年下半年实施的个税改革方案，提高了个税免征额度，个人所得税专项抵扣项目更公平简便地落实到居民身上，这些都势必增强居民消费能力。三是消费体制机制的完善进一步激发居民消费潜力。围绕居民吃穿用住行和服务消费升级方向，深层次体制机制改革取得突破，居民分层次、多样性消费需求得到满足，基本消费经济、实惠、安全得到保证，发展势头良好、带动力强的消费新增长点将会形成。四是服务消费持续体制扩容。例如，在文化旅游体育消费方面，深化电影发行放映机制改革，加快发展数字出版等新兴数字内容产业，开展全局旅游示范区创建工作，支持邮轮、游艇、自驾车、旅居车、通用航空等消费大众化发展。促进居民消费不仅在消费量上继续提升，更体现为消费质量提升。随着一系列促消费政策的实施，消费增速将持续平稳运行，并对经济增长形成重要支撑。

主要的不利因素有以下几个方面。一是家庭负债过高可能会对消费产生影响。房价上涨以及在线消费贷款使得我国家庭债务收入比近五年增加了 20 个百分点。债务不断上升，可支配消费型资金支撑力削弱，对消费会造成一定影响。二是阻碍消费潜力提升的体制机制仍然存在。以服务消费为例，文化旅游体育、健康养老家政、教育培训托幼等公共服务领域，向社会开放、向产业开放程度低，社会资本进入难度仍然较大。目前的服务产品供给单一，难以满足服务消费的高质化和多元化的需求，对于释放消费潜力有较大的阻碍。

最后，我国出口贸易仍将增长，增速回落。主要的有利因素有以下几个方面。一是更加积极主动的开放政策。虽然国际上保护主义抬头，但我国继续实行更加积极主动的开放战略，经济发展融入世界的形势不可逆，国际经济贸易合作更为深入，这种深入合作不仅包括与欧美日等发达国家的，更包括与大多数发展中国家的。与发展中国家的国际合作及其经济发展是我国出口增长的重要保障。二是与"一带一路"沿线国家经贸合作逐渐深入。随着 2018 年中非合作论坛的成功召开，更多国家加入"一带一路"建设，其影响力呈现指数增长特征，这种合作模式对我国出口增长至关重要。三是出口贸易转型升级效果明显。随着国内经济社会形势变化以及国内国际生产的转变，一些产业在国内生产已不具备优势，这些产业会向"一带一路"沿线欠发达国家转移。同时，我国深入贯彻新发展理念，构建新经济体系，高端设备制造业、高新技术产业、现代服务业、战略性新兴产业等将得到长足发展。在出口贸易中，现代生产服务业占比不断上升，以服务外包为例，出口规模稳步增长，并且朝着高技术、高附加

值、高品质和高效益方向发展。四是继续释放鼓励出口的制度红利。持续推进更高水平贸易便利化，降低通关时间，监管证件再压减并降低通关费用，降低进出口企业成本，完善出口退税政策，加快完善出口退税制度，降低出口查验率，扩大出口信用保险覆盖面，继续鼓励金融机构增加出口信用保险保单融资和出口退税账户质押融资，加大对外贸企业尤其是中小微企业信贷投放力度，持续鼓励和支持企业开拓多元化市场。

出口的不利因素主要有以下几个方面。一是中美贸易摩擦的影响。根据向美国出口占我国出口的比重来看，中美贸易摩擦对中国经济的直接影响有限，对企业的信心等间接影响可能更大。二是中美两国对市场空间的竞争。这个因素与常规的贸易摩擦有所区别，虽然贸易摩擦的本质是对市场空间的竞争，但是，这种竞争体现在美国对中国进行战略抑制，可能除了常规贸易手段之外，还有一些非贸易措施的限制。对于处于全球产业链中低端的中国来说，对出口的影响仍然存在。

另外，从经济先行指数角度来看，通过经济先行指数来判断经济运行趋势，是国际学术界进行经济预测的方法之一，根据中国社会科学院数量经济与技术经济研究所的中国经济先行指数（该指数由21个子指标构成），2018年下半年至2019年上半年，我国的经济增速呈现微幅平稳下滑的趋势。具体指标预测如下。

2019年全社会固定资产投资将达到81.4万亿元，名义增长5.6%，实际增长0.4%，增速分别比2018年小幅回落0.9个和0.5个百分点，其中，房地产固定资产投资、基础设施固定资产投资、制造业固定资产投资和民间固定资产投资名义增速分别为6.3%、7.8%、5.3%和5.7%，整体而言，固定资产投资增速仍在小幅下滑。

2019年社会消费品零售总额将达到43.3万亿元，名义增长8.4%，实际增长6.0%，增速分别比上年小幅回落0.7个和1.1个百分点，下降幅度逐渐收窄。

2019 年居民消费价格指数（CPI）为 2.5%，比 2018 年增加 0.3 个百分点，依然处于温和上涨阶段。PPI 为 3.6%，比 2018 年减少 0.4 个百分点，这意味着 2019 年工业品价格的上涨压力将进一步减小。

预计 2019 年农村居民人均纯收入实际增长率和城镇居民人均可支配收入实际增长率分别为 6.3% 和 5.4%，农村居民人均纯收入实际增速连续 9 年高于城镇居民人均可支配收入实际增速；2019 年，我国财政收入 19.8 万亿元，增长 6.6%，财政支出 23.3 万亿元，增长 6.9%。

总之，2018～2019 年中国经济将在新常态下运行在合理区间，就业、物价保持基本稳定，中国经济不会发生硬着陆。表 1 列出了 2018～2019 年国民经济主要指标的预测结果。

表 1　2018～2019 年国民经济主要指标预测结果

指标名称	2018 年预测值	2019 年预测值
1. 总量		
GDP 增长率(%)	6.6	6.3
2. 产业		
第一产业增加值增长率(%)	3.5	3.3
第二产业增加值增长率(%)	5.9	5.6
第三产业增加值增长率(%)	7.7	7.5
第一产业对 GDP 增长的拉动(个百分点)	0.2	0.2
第二产业对 GDP 增长的拉动(个百分点)	2.3	2.1
第三产业对 GDP 增长的拉动(个百分点)	4.1	4.0
第一产业贡献率(%)	3.0	3.2
第二产业贡献率(%)	34.8	33.3
第三产业贡献率(%)	62.1	63.5

续表

指标名称	2018 年预测值	2019 年预测值
3. 投资		
全社会固定资产投资(亿元)	770891	814060
名义增长率(%)	6.5	5.6
实际增长率(%)	0.85	0.38
房地产固定资产投资(亿元)	120230	127804
房地产固定资产投资名义增长率(%)	9.5	6.3
基础设施固定资产投资(亿元)	181913	196102
基础设施固定资产投资名义增长率(%)	5.1	7.8
制造业固定资产投资(亿元)	208911	219984
制造业固定资产投资名义增长率(%)	7.9	5.3
民间固定资产投资(亿元)	414319	437936
民间固定资产投资名义增长率(%)	8.6	5.7
4. 消费		
社会消费品零售总额(亿元)	399592	433158
名义增长率(%)	9.1	8.4
实际增长率(%)	7.1	6.0
城镇社会消费品零售总额(亿元)	342262	370443
名义增长率(%)	8.9	8.2
农村社会消费品零售总额(亿元)	57273	62714
名义增长率(%)	10.2	9.5
5. 外贸		
进口总额(亿美元)	22129	25049
进口增长率(%)	20.2	13.2
出口总额(亿美元)	25442	26875
出口增长率(%)	12.4	5.6
货物贸易顺差(亿美元)	3313	1826
6. 价格		
工业出厂品价格指数(%)	4.0	3.6
居民消费价格指数(%)	2.2	2.5
核心 CPI(%)	2.0	2.2

续表

指标名称	2018 年预测值	2019 年预测值
投资品价格指数(%)	5.6	5.2
GDP 平减指数(%)	2.9	3.1
7. 居民收入		
城镇居民人均可支配收入实际增长率(%)	5.7	5.4
农村居民人均纯收入实际增长率(%)	6.8	6.3
8. 财政收支		
财政收入(亿元)	185882	198151
财政收入增长率(%)	7.7	6.6
财政支出(亿元)	217708	232729
财政支出增长率(%)	7.2	6.9
财政赤字(亿元)	−31825	−34579
9. 货币金融		
新增贷款(亿元)	162353	182484
居民储蓄存款余额(亿元)	693338	743258
居民储蓄存款余额增长率(%)	7.7	7.2
M2(亿元)	1830525	1980628
M2 增长率(%)	8.3	8.2
各项贷款余额(亿元)	1363674	1546158
各项贷款余额增长率(%)	13.5	13.4
社会融资总额(亿元)	203076	200489

四　政策建议

(一)加强稳健货币政策和审慎监管政策的相机抉择性和逆周期作用

1. 继续创新并综合运用货币信贷政策工具,稳定流动性合理增长,防范流动性风险

2018 年前三季度,反映流动性的(新口径)货币供给 M2、信贷

和（新口径）社会融资存量增速都有所放缓。分析新口径社会融资存量增速，可以发现其中信托贷款、非金融企业股票融资的增速显著下滑，而统计的地方政府专项债券、存款类金融机构资产支持证券融资增速显著。在影子银行、互联网金融、资管和理财业务、区块链和人工智能等金融创新背景下，商业银行传统的流动性渠道受到冲击，也对货币信贷政策工具创新提出了要求。反映流动性的货币供给 M2、信贷和社会融资存量增速的放缓，一方面反映广义货币信贷政策流动性管理日常化、便利化，货币流通速度加快、经济增长对货币供给和信贷的依赖程度降低，另一方面则可能反映金融监管和金融去杠杆的总量性过调。

在金融市场深化和金融创新加快的背景下，综合运用各种货币信贷政策工具有效保证流动性合理增长，需要加强稳健货币政策和审慎监管政策的相机抉择性，即要进一步增强货币信贷政策的前瞻性、应变性，相机抉择由实施总量政策向结构政策转换，既通过总量政策工具引导流动性合理增长，防范流动性风险，又适时转换进行结构性去杠杆，从而避免过度使用总量性政策工具一刀切进行去杠杆，影响流动性的合理增长。

2. 综合运用货币信贷政策和审慎监管政策的结构性工具，引导金融配置精准滴灌和服务实体经济

近年来，伴随着影子银行、互联网金融、资管和理财业务等金融创新和金融市场深化，我国金融体系的资产负债结构和盈利模式发生了许多重大变化，金融资源在金融体系内配置流转，社会融资和投资结构受到金融资源配置结构的制约，金融市场与实体经济发展相分割。将宏观审慎监管引入货币政策框架，着力健全货币政策与宏观审慎监管的内在协调框架，是近年来发达经济体为保持物价稳定和金融稳定平衡而探索的一个理论和政策前沿。宏观审慎政策工具，包括基于宏观审慎评估的差异性准备金率、差别化存贷比、差别化监管费、结构性信贷政

策工具等。宏观审慎政策发挥结构性功能，依赖的是基于宏观审慎评估的差别性数量配置或差异性利率成本。发挥货币信贷政策和审慎监管政策的结构性功能，需要加快完善金融市场结构和政策工具基础。

金融配置具有顺周期特点，在经济波动的收缩阶段倾向于支持低风险实体，因此，综合运用货币信贷政策和审慎监管政策的结构性工具，引导金融配置、服务实体经济，就要不仅支持金融机构参与政府融资担保基金、战略性新兴产业和创新产业基金，更要通过股权融资支持、再贷款和再贴现、创业板包容性等工具定向支持小微企业和民营企业，实施普惠金融定向精准加大对"三农"的金融支持力度。同时，还要探索对银行不盲目停贷、抽贷的激励机制。

3. 结合资本市场制度建设完善金融结构，疏通货币信贷政策传导机制

金融结构不同，货币信贷政策传导机制和效率不同，审慎监管和风险防范的机制和效率也有所区别。我国金融结构基本上仍然是以银行为主体，影子银行、同业和资管通道等金融"杠杆"的主体是银行体系，银行信贷等间接融资仍然是企业融资的一个主渠道。这意味着货币信贷政策的传导、审慎监管政策的实施更多地要借助银行体系发挥作用，我国资本市场和直接融资的发展制约着货币信贷政策的传导机制和效率。

我国近年来资本市场的强波动和高金融杠杆表明，我国资本市场发展存在重大制度和结构性问题。坚持市场取向，加快完善资本市场基本制度，发挥资本市场功能，不仅是完善金融结构的内在要求，也是疏通货币信贷政策传导机制的必由途径。发挥稳健货币政策和审慎监管的逆周期作用，需要结合资本市场制度完善金融结构，疏通货币信贷传导机制。

（二）保持积极的财政政策，提高针对性和有效性

在美国贸易保护主义抬头、国内经济增长下行、企业经营面临更

多困难的情况下，我国仍需要采取积极的财政政策刺激经济。一方面需要适度扩大赤字规模，另一方面需要增强财政政策针对性，增强政策效果的有效性。

1. 以减税降费为核心，保持财政政策积极性

面临国内外经济不利因素，且考虑到减轻企业负担、调整经济结构、促进高新产业发展等财政政策目标，以及上半年财政收入快速增长的有利条件，建议 2019 年适度增加赤字规模，保持财政政策的积极性。在财政政策工具的选择上，在保持一定财政投入力度和支出强度的同时，需要将积极财政政策的主要着力点放在加大减税降费力度、降低实体经济成本上，减少增加政府消费和投资等直接扩大总需求的政策工具使用。这一方面是将减轻企业负担、调整经济结构、促进创新企业和小微企业发展的政策落到实处的实际需要，另一方面我国在公共支出达到一定规模之后，继续增加支出对经济带来的边际效应也会有所下降。

2. 提高财政政策针对性和有效性

切实降低科技创新企业、小微企业及先进制造业、现代服务业等重点行业企业的税费负担，增强企业竞争力和发展后劲。尤其需要避免我国推进各项税制改革导致企业实际税费负担不降反升的情况。鼓励企业进行科技研发活动，促进我国企业从规模化向质量效益性转型升级。通过财政担保贷款贴息、国家融资担保基金等多种方式解决小微企业、初创企业融资困难。优化财政支出结构，确保加大对供给侧结构性改革、脱贫攻坚、生态环保、教育、国防等领域和重点项目支持力度，严控一般性支出和"三公"经费，打破财政支出结构固化，压减高增长时期支出标准过高、承诺过多的不合理支出，保证基本公共服务和重点民生支出，提升经济发展质量和效益。

（三）防范化解地方政府债务风险

防范化解地方政府债务风险已成为财政政策需要重点考虑的问

题。在当前经济增速下降的背景下，扩张性财政政策的使用、供给侧改革的推进、人口老龄化加剧等导致财政开支的刚性增长，地方财政收支缺口增大趋势导致地方政府债务增加、财政风险上升。首先，在经济下行压力下地方政府出手救市，为促进产业发展和稳定经济进行了大量融资，导致杠杆率的快速攀升；其次，供给侧改革的推进在短期对财政收支都造成很大影响，在产能转换过程中，淘汰煤、铁等过剩产能和关停整顿高污染企业等造成了一些地方政府财政收入大幅下降和当地失业人员增加，而为保障就业和民生又增加了财政开支，从而增加了地方政府财政负担；最后，人口的快速老龄化导致养老保险基金紧张，也增加了地方财政压力。

防范和化解地方债务风险需要采取综合措施。在制度上需要通过建立完备的债务问责机制减弱地方政府借债冲动，降低债务增速。地方政府的财政预算软约束刺激了其过度负债，而将债务风险留给上级和下任政府的冲动。债务问责制度的引入可以打破预算软约束，削弱刚性兑付的预期，从而减少公共风险。通过将地方债务风险业绩与政绩考核、新增债券分配相联系，可以使地方政府在举债时更加谨慎地权衡财政支出的风险和收益。同时，建立对债务风险的终身问责制，以及对违法违规融资的金融机构一并问责的制度，可以让举债责任更多地由行为者承担。

在财政政策实施上，需要协调中央与地方的财权和事权，中央上收部分事权和支出责任，减轻地方财政压力。发挥市场的基础性作用，减少政府过多的产业政策干预经济活动对市场公平竞争的妨碍。优化财政支出结构，减少不合理财政支出项目，降低财政负担。在地方债发行上，需要进一步提升市场化水平。加快建立政府信用评级体系，及时披露政府财务信息，客观、公正、专业地揭示地方债风险情况。打破目前银行间市场和交易所市场分割状况，建立统一、完备、高效、流动性强的二级市场。

（四）落实高质量发展要求，推动制造业转型升级

1. 优化改善制造业发展环境，推动制造业供给侧改革，全面提升制造业发展后劲

近年来，中国制造业投资增速快速下滑。产生这一趋势性投资萎缩的主要原因有：一是从供给来看，低端产品产能过剩与高端产品供给能力不足造成投资增长乏力；二是从需求来看，内需增长不足和外需拓展受限导致制造业市场预期不明。对此，要以提升制造业发展后劲为切入点，一方面，要推动制造业供给侧改革，增强高品质、高复杂性、高附加值制造产品的供给能力，加快制造业从粗放型、数量型的中低端制造向集约型、质量型的高端制造转变。另一方面，要拓展制造业市场空间，以提升中高端制造业竞争力为主线加快国际产业分工定位调整，以国内消费升级为契机推动制造业向高质量发展转型。因此，我国应从供给和需求两方面加快优化制造业发展的国内外环境：在贸易保护主义加剧、逆全球化回潮的国际大背景下，中国要以"一带一路"建设为重点形成全面开放新格局，深化与沿线国家产业合作，强化与欧洲、拉美国家的科学技术合作，进一步扩大开放范围、加深开放层次、创新开放方式，以更高层次对外开放经济对冲外贸出口下行压力，为推动中国制造"走出去"创造良好的国际环境；我国制造业迈向高质量发展轨道需要进行一系列法治建设，要切实发挥法治的引领、规范和保障作用，靠良法善治稳定和提升企业投资预期，要加快政府职能转变，推动理顺政府和市场、社会的关系，加强企业家财产保护制度建设，推进制造业现代企业制度建设，高度重视制造领域知识产权保护与应用，为企业家投身制造领域营造良好的法治环境；制造业是国家综合实力和国际竞争力的重要体现，要鼓励倡导以制造业为根基，强化制造业在产业体系中的地位，推动社会各界对制造业的重要性达成高度共识，促进各类资源向制造领域高度汇聚

和合理配置，进一步挤压稳定性差和投机性强的虚拟经济的空间，健全正向激励机制，激发和增强制造领域供给者与需求者信心，弘扬工匠精神对制造业水平提升的巨大贡献，切实提高制造业一线工程师、工人薪资待遇和社会地位，为制造业全面发展营造良好的社会环境；高端制造业发展有力夯实我国消费升级的供给基础，要遏制并挤压资产泡沫，促进社会资源流向实体经济，继续放宽限制、有序扩大开放不同制造领域，进一步降低企业税负负担，有效拓宽企业盈利空间，加大服务业和高端制造业等领域外商投资力度，鼓励企业强化自主品牌产品和服务的供给创新，为制造业企业营商创造良好的市场环境。

2. 完善制造业创新生态系统，增强制造业创新能力建设，引领驱动制造业转型升级

近几年，美国、德国、日本等传统制造业强国在物联网、智能制造、数字化车间等领域正在形成新优势，而我国高技术虽然有所发展，但整体占比仍较小，且技术与传统制造业强国之间仍有较大差距，大而不强、缺核少芯、产能过剩是我国制造业亟待突破的困境。2017年，中国高技术制造业投资实现了17%的高速增长，但其在全部制造业投资中占比仅为13.5%，而化工、电力、黑色金属等传统高能耗制造业投资仍占全部制造业投资的21.9%。高端制造薄弱与低端制造禁锢是中国制造业遭遇的现实困境，而高端制造突破和低端制造淘汰都不能一蹴而就，需要提升制造业基础能力、把握先进制造方向。在新的国际国内形势下，破解中国制造业困境的关键是加快完善制造业科技创新生态系统。一是构建新型制造业创新平台，提高科技成果转化率。受体制机制限制，我国科技成果转化率仅为发达国家的1/4左右，科技成果转化率不高直接造成科研经费的浪费和科研人员的低效，更为重要的是对我国制造业创新能力提升产生极大的负面影响。因此，要逐步打破科研事业单位体制束缚，激发事业单位科研创新活力。围绕产业发展需求汇聚整合创新资源，以开展产业共性关

键技术、高端装备技术、颠覆性技术、先进制造基础工艺等前沿制造技术研发为导向，加快构建新型制造业创新平台，重塑技术研发与产业化之间的创新转化链条，提高科技成果转化速度、提升科技成果转化质量，有效提高科技成果转化率。二是构建制造业创新网络，提高制造领域开放协同性。长期以来，我国不同组织之间，包括政府、企业、高等院校、科研机构、中介机构等，在创新信息共享、科研人员合作以及创新要素流动等方面的开放协同程度仍然较低。因此，要加快构建制造业科技创新网络，鼓励金融机构深度嵌入制造业发展，推进制造领域的国际合作与交流，推动不同类型创新资源在各类组织之间高效流动和使用，推动建立开放性高、协同性强、合作度紧的制造业创新体系。三是构建制造业新型产业链，增强创新要素整合程度。企业自我封闭、不同科研机构之间信息不对称造成我国技术孤岛现象比较严重，加之创新资源要素在产业链各环节上分布较为分散，导致我国在重点制造领域难以实现整体性突破。因此，我国要加快步伐构建制造业新型产业链，推动实现涵盖技术、人才、资本、政策、平台等创新要素交互相融、协同推进的现代制造业体系，促进单向技术产品竞争向整体性升级产业链竞争转型。

3. 推动构建靶向人才培养和引进机制，聚焦制造业核心技术攻关

改革开放 40 年来，我国制造业实现了"从无到有"的巨大飞跃，建立了门类齐全、独立完整、基础完善的制造业产业体系。当前，中国制造业处于"从有到强"的关键阶段，即要实现从中低端制造领域向高端制造领域的转变。然而，核心技术受制于人成为中国制造业转型升级的最大隐患，直接影响制造业发展士气，打击制造业固定资产投资信心。2018 年 7 月，工信部对全国 30 多家大型企业 130 多种关键基础材料的调研结果显示，52% 的关键材料、95% 的高端专用芯片、70% 以上的智能终端处理器等制造业必需核心元器件仍然依赖进口。在我国制造业转型的关键阶段，要集中我国不同区域不

同产业的研发能量，攻克关乎制造业核心竞争力且具有较强带动性的关键核心技术，打破发达国家的技术垄断，抢占先进制造业制高点，因此，需要加快完善市场经济下新型举国体制。一是充分发挥市场在资源配置中的决定性作用。通过科技政策、产业政策以及其他手段引导市场发展、推动产品品质提升，强调制造企业的技术创新主体地位，运用市场机制、经济手段倒逼制造业迈向高质量发展轨道。二是构建靶向人才机制，补齐核心技术短板。技术人才的培养和储备是迈向制造业强国的重要基础。应健全多层次人才培养体系，重视融合型技术人才的培养，加快构建靶向人才机制，以核心技术短板为靶向精准聘请世界一流领军人才和顶尖团队，领衔攻关阻碍我国制造业发展的重大技术问题。三是推动新一代信息技术与制造业深度融合，加快推进制造业服务化转型。在"中国制造2025"战略的引导下，推动关键技术革命、大力发展智能制造，通过不断加强技术创新提升制造业国际竞争力，通过不断完善政策体系推动市场环境建设，通过实施一体化解决方案推动促进制造业服务化转型。四是协调区域间产业布局，塑造不同区域竞争优势。制造业具有明显的区域性，我国东部沿海地区制造业的硬件基础、技术水平、人才储备均显著高于中西部地区，因此，要加强区域协调，发挥区域内领先行业的引领和带动作用，在战略性主导产业布局上注重产业空间的协调与互补。在做大做强本地区主导产业基础上，加强不同区域间协调发展，形成不同区域的竞争优势，优化产业结构，凸显区域制造优势，推动制造业专业化、多元化、特色化发展。

B.2

"经济形势分析与预测 2018年秋季座谈会"综述

彭 战[*]

2018 年 10 月 29 日中国社会科学院经济形势分析与预测座谈会在北京举行。中国社会科学院经济形势分析与预测课题组在会上发布了《中国经济形势分析与预测 2018 年秋季报告》。面对国内外复杂形势，与会专家基于各自的领域提出了中肯的分析与研判，课题组报告预计 2018 年中国经济增长 6.6% 左右。在来自国家发展和改革委员会、国务院发展研究中心、财政部、中国人民银行、工业和信息化部、商务部研究院、国税总局研究院及部分高校的专家学者参加了座谈会，中国社会科学院经济学部主任李扬到会报告。

一 对当前经济形势及2018年经济走势的基本判断

2018 年前三季度，国内生产总值同比增长 6.7%，其中第一、二、三产业分别增长 3.4%、5.8% 和 7.7%。消费平稳增长，前 10 个月社会消费品零售总额增长 9.2%，其中网上商品零售额增长 26.7%；消费继续发挥对经济发展的主要支撑作用，前三季度最终消费对经济增长的贡献率达 78%。投资增速缓中趋稳，前 10 个月固定资产投资增长 5.7%，比前三季度提高 0.4 个百分点，其中基础设

---

* 彭战，供职于中国社会科学院数量经济与技术经济研究所。

施、制造业和房地产开发投资分别增长3.7%、9.1%和9.7%，民间投资增长8.8%。进出口保持较快增长，以人民币计价增长11.3%，其中出口和进口分别增长7.9%和15.5%。

在经济平稳运行的同时，出现了小微企业增长困难、基建投资回落过快等问题。中美发生贸易摩擦后，深刻暴露出我国科技创新能力薄弱、产业链和价值链脆弱等问题。相关问题和矛盾叠加，我国宏观经济运行的微观基础发生了一些变化，社会预期不稳信心下降，部分消费群体出现变化，经济下行压力加大。

二 当前经济形势的特点

（一）经济基本维持在合理区间

前三季度，我国国内生产总值同比增长6.7%，比上年同期小幅回落0.2个百分点。前三季度经济分别增长6.8%、6.7%和6.5%。物价走势温和适中，居民消费价格上涨2.1%，受蔬菜、石油价格和医疗价格上涨的影响，涨幅比上年同期扩大0.6个百分点。生产领域价格总体平稳，全国工业品生产价格上涨4.0%。市场价格温和上涨，前10个月居民消费价格、工业生产者出厂价格分别上涨2.1%和3.9%。国际收支基本平衡，汇率基本稳定，中美贸易摩擦对出口和外资的影响尚未没有显现。

（二）新增长动能有所提升

高技术产业、装备制造业、战略性新兴产业增加值增长速度明显高于整个规模以上工业。新能源汽车、光纤、智能电视等新产品产量保持较快增长。服务业中的战略性新兴服务业、高技术服务业营业收入增速快于全部规模以上服务业。与居民消费升级相关的养老、医

疗、旅游休闲、文化娱乐等服务行业供给水平提高。咨询、物流、信息、商务服务业快速发展，新型服务业不断创造新的增长。

（三）经济效益和质量有所提高

产能利用率保持稳定，前三季度，全国工业产能利用率为76.6%，与上年同期持平。工业企业实现利润同比增长14.7%，大大高于企业销售收入增速。9月末，规模以上工业企业资产负债率为56.6%，其中国有企业资产负债率下降明显，宏观杠杆率连续9个季度保持基本稳定。节能降耗扎实推进，能源消费结构继续优化，天然气、水电、核电、风电等清洁能源消费占能源消费总量比重比上年同期提高1.3个百分点，单位GDP能耗同比下降3.1%。

三 2018年及2019年主要国民经济指标预测

大多数与会专家认为2018年GDP增速可以保持6.6%左右，2019年则进一步下降。2018年和2019年主要国民经济指标的预测数据如表1所示。

表1 2018~2019年主要经济指标预测

单位：%

指标	2018年	2019年
国内生产总值GDP增长率	6.6	6.3
社会消费品零售总额实际增长率	7.1	6.0
居民消费价格指数CPI上涨率	2.2	2.5
城镇居民实际人均可支配收入增长率	5.7	5.4
农村居民实际人均纯收入增长率	6.8	6.3
财政收入增长率	7.7	6.6
财政支出增长率	7.2	6.9

指标	2018 年	2019 年
出口增长率	12.4	5.6
进口增长率	20.2	13.2
M2 增长率	8.3	8.2

四 当前经济运行的特点

(一)经济效益总体较好

经济结构持续优化,第三产业比重不断提高,对经济增长的拉动作用不断增强。前三季度,第二产业和第三产业比重分别提高0.2个和0.3个百分点。消费对我国经济增长的拉动作用进一步增强,需求结构不断改善。虽然基建投资明显回落,但制造业、房地产、民间投资稳定,汽车类商品之外的零售总额增速逐季提高,服务消费需求旺盛,前三季度,最终消费支出对 GDP 增长的贡献率为78.0%,比上年同期提高14.0个百分点。居民收入增长与经济增长同步,城乡居民收入差距缩小,前三季度,全国居民人均可支配收入同比实际增长6.6%,与经济增长基本同步。城乡居民人均收入倍差2.78,比上年同期缩小0.03。

(二)就业与收入稳定增长,民生不断改善

就业规模持续扩大,前10个月城镇新增就业1200万人,同比多增9万人;10月全国城镇调查失业率为4.9%,其中31个大城市城镇调查失业率为4.7%,继续保持在较低水平。全国城镇调查失业率稳中有降,维持在5%左右。社会保障水平提升。公共服务补短板持

续发力，均等化水平进一步提升。企业职工基本养老保险基金中央调剂制度正式实施，城乡居民基本养老保险待遇确定和基础养老金正常调整机制建立。居民收入与经济增长保持基本同步，前三季度全国居民人均可支配收入实际增长6.6%，城镇、乡村居民人均可支配收入实际分别增长5.7%、6.8%。

（三）消费成为促进经济增长的重要动力

专家认为，人民群众对美好生活的不懈追求以及为此在社会生产、建设方面持之以恒的艰巨努力，推动了中国消费市场持续快速扩大。这种追求支持了工业、服务业和城乡建设的蓬勃发展，形成了相互促进的良性循环。国内各类消费品、与生活消费相关的服务，供给日益充裕，水平和质量不断提高，种类和技术创新日益丰富，对消费需求形成了不断增强的推动。

五　2019年经济走势与政策建议

（一）继续实施积极的财政政策和稳健的货币政策

继续创新并综合运用货币信贷政策工具，稳定流动性合理增长，为防范流动性风险，积极的财政政策要加力增效，继续降税减费，提高中央政府的财政赤字水平和赤字率，并做好应对中美贸易摩擦加剧引发经济下降、失业增加的财政政策预案。调整优化财政支出结构，加大对重点领域和项目的支持力度。稳健的货币政策要保持中性，保持货币信贷和社会融资规模合理增长，广义货币M2和社会融资总量增速可提高到和经济预期增长目标持平或略高。专家认为2019年还有较大的降准空间。保持人民币汇率在合理均衡水平上的基本稳定，加强资本管制，保证我国货币政策的独立性。

（二）进一步深化改革扩大开放

供给侧结构性改革转向主要依靠市场手段。在电力、电信、民航、军工、石化等领域推动混合所有制改革。加快房地产税立法，通过推出房地产税给地方政府找到稳定的财源，并以此为质押，加大地方政府发债的力度，用于基础设施投资。现有平台债务实施第二次置换，彻底切断融资平台与地方政府的财政联系，改组为国有企业。落实扩大对外开放和降低关税的政策，适度扩大进口，严格保护知识产权，妥善解决中美贸易摩擦。

（三）推进税制改革，降低宏观税负

我国税收结构中间接税比重过高存在价格扭曲、再分配功能偏弱的缺陷；整体来看，我国企业和居民承担的宏观税负偏重；努力使我国个人所得税在调节居民收入方面取得更好效果。推进税制改革需要统一考虑税收结构，确定直接税与间接税的合理比例；进一步减轻企业税负，降低企业经营成本。

（四）鼓励民营经济发展

大力降低实体经济成本，降低制度性交易成本，继续清理涉企收费，加大对乱收费的查处和整治力度。落实保护产权政策，依法甄别纠正社会反映强烈的产权纠纷案件；激发民间投资活力，贯彻落实促进民间投资的各项政策，鼓励民间资本参与 PPP 项目，稳定基础设施投资。

经济增长与经济预测篇

Economic Growth and Forecast

B.3
2018年国民经济发展预测和2019年展望

赵 琨　王宝林*

摘　要： 2018年以来，中国经济运行总体平稳、稳中有进，经济结构持续优化，质量效益稳步提升，改革开放全面深化，民生福祉不断改善，推动高质量发展取得积极进展。2019年是中华人民共和国成立70周年，是决胜全面建成小康社会的关键一年，我国发展虽面临内外部风险挑战，但仍处于重要战略机遇期，经济发展健康稳定的基本面没有改变，支撑高质量发展的生产要素条件没有改变，长期稳中向好的总体势头没有改变，我们有以习近平同志为核心的党中央的坚强领导，有坚实的物质基础、巨大的国内市场、丰富的调控经验，

---

*　赵琨，供职于国家发展和改革委员会综合司；王宝林，供职于国家发展和改革委员会综合司。

我国具有保持经济长期健康稳定发展的有利条件。

关键词： 国民经济　消费投资　高质量发展

一　2018年国民经济发展预测

2018年以来，面对错综复杂的国际政治经济环境和艰巨繁重的国内改革发展任务，以习近平同志为核心的党中央纵观大势、运筹帷幄、果断决策，及时对事关经济社会发展全局的重大问题举旗定向，始终牢牢把握国际国内战略主动。各地区各部门以习近平新时代中国特色社会主义思想为指导，深入贯彻党的十九大和十九届二中、三中全会精神，按照党中央、国务院决策部署，坚持稳中求进工作总基调，坚持新发展理念，落实推动高质量发展要求，以推进供给侧结构性改革为主线，着力深化改革扩大开放，坚决打好三大攻坚战，统筹推进稳增长、促改革、调结构、惠民生、防风险各项工作，经济运行总体平稳、稳中有进，继续保持在合理区间，实现了经济社会持续健康发展。

（一）2018年经济总体平稳

2018年前三季度，国内生产总值同比增长6.7%，其中第一、二、三产业分别增长3.4%、5.8%、7.7%。消费平稳增长，前10个月社会消费品零售总额增长9.2%，其中网上商品零售额增长26.7%；消费继续发挥对经济发展的主要支撑作用，前三季度最终消费对经济增长的贡献率达78%。投资增速缓中趋稳，前10个月固定资产投资增长5.7%，比前三季度提高0.4个百分点，其中基础设施、制造业、房地产开发投资分别增长3.7%、9.1%、9.7%，民间

投资增长 8.8%。进出口保持较快增长，以人民币计价增长 11.3%，其中出口和进口分别增长 7.9% 和 15.5%。市场价格温和上涨，前 10 个月居民消费价格、工业生产者出厂价格分别上涨 2.1% 和 3.9%。

（二）经济结构调整优化

1. 供给侧结构性改革深入推进

关键领域薄弱环节补短板工作持续加强，前 10 个月生态保护和环境治理业、农业等领域投资分别增长 36.7% 和 13.4%。企业负债率下降，9 月末规模以上工业企业资产负债率为 56.7%，比上年同期下降 0.4 个百分点。新动能不断发展壮大，前 10 个月高技术制造业、装备制造业增加值分别增长 11.9%、8.4%。实体降成本取得积极进展，全年减税降费超过 1.3 万亿元。前 10 个月，规模以上工业企业每百元主营业务收入中成本费用同比下降 0.25 元。

2. 三大攻坚战扎实推进

打好防范化解重大风险攻坚战三年行动方案出台实施。结构性去杠杆稳步推进，地方政府违法违规举债行为得到遏制，宏观杠杆率增长趋缓。重点城市商品住宅销售价格上涨态势基本得到控制。打赢脱贫攻坚战三年行动方案启动实施，对深度贫困地区和特殊贫困群体的帮扶力度加大。全面加强生态环境保护顶层设计进一步完善，蓝天、绿水、净土保卫战扎实推进，前三季度单位国内生产总值能耗下降 3.1%。

3. 城乡区域发展协调性增强

乡村振兴战略规划出台实施，农业供给侧结构性改革取得积极进展，农村一二三产业融合发展加快。新型城镇化质量提升，都市圈、城市群建设加快。"一带一路"建设、京津冀协同发展、长江经济带建设成效明显，粤港澳大湾区规划建设迈出实质性步伐，海南全面深化改革开放政策体系初步建立。国家级新区、综合配套改革试验区等功能平台的引领作用不断增强。

（三）增长动能加快转换

1. 改革向纵深推进

"放管服"改革继续推进，"证照分离"改革在全国推开，政务服务"一网、一门、一次"改革扎实推进，社会信用体系建设初显成效，世界银行公布的我国营商环境世界排名由第78位大幅提升至第46位。着力健全产权保护制度体系，进一步完善要素市场化配置机制，国企国资、财税、金融、消费、投融资、价格等重点领域改革持续加力。

2. 开放范围和层次不断拓展

"一带一路"倡议得到广泛响应，一批建设项目有序推进。汽车、消费品等进口关税下调，关税总水平由9.8%下调至7.5%。国际产能合作深入开展。首届中国国际进口博览会成功举办。金融领域对外开放稳步推进。前10个月，实际利用外资增长6.5%，非金融类对外直接投资增长3.8%。

3. 创新引领作用不断强化

创新驱动发展战略深入实施，全面创新改革试验取得新成效，科研管理机制和评价激励制度不断完善。出台推动创新创业高质量发展打造"双创"升级版的意见，对新业态新模式的包容审慎监管进一步加强。新登记注册企业快速增长。

（四）质量效益总体较好

1. 就业形势总体稳定

前10个月城镇新增就业1200万人，同比多增9万人；10月全国城镇调查失业率为4.9%，其中31个大城市城镇调查失业率为4.7%，继续保持在较低水平。

2. 社会保障水平提升

公共服务补短板持续发力，均等化水平进一步提升。企业职工基本养老保险基金中央调剂制度正式实施，城乡居民基本养老保险待遇确定和基础养老金正常调整机制建立。

3. 经济效益总体较好

居民收入与经济增长保持基本同步，前三季度全国居民人均可支配收入实际增长 6.6%，城镇、乡村居民人均可支配收入实际分别增长 5.7%、6.8%。规模以上工业企业利润增长 14.7%。前 10 个月，财政收入增长 7.4%，财政支出增长 7.6%。

与此同时，金融运行总体稳定，前 10 个月广义货币供应量 M2 余额增长 8%。

综合分析，第四季度经济面临下行压力，但全年国内生产总值仍有望实现 6.6% 左右的增长。消费有望保持平稳增长，投资增长将缓中趋稳，外贸将延续较快增长态势。居民消费价格温和上涨，涨幅为 2.2% 左右。

二 2019年国民经济展望及政策建议

展望 2019 年，我国经济发展环境仍将错综复杂，世界经济不稳定不确定性因素仍然较多，全球贸易保护主义升温，主要经济体政策变动、地缘政治局势动荡等可能加大我国经济的输入性风险。我国经济发展不平衡不充分的问题仍然突出，推动高质量发展的需求更为迫切，经济发展仍面临不少困难和挑战。

但更要看到，我国经济发展具有巨大的潜力、韧性和回旋余地，支撑经济平稳健康可持续发展的有利条件依然较多。一是以习近平同志为核心的党中央的坚强领导是做好 2019 年经济工作的根本保证。二是中华人民共和国成立近 70 年、改革开放 40 年的历史成就为经济持续健康发展奠定了坚实基础。三是高质量发展持续推进将不断增强发展动力。四是新一轮高水平改革开放深入推进将不断激发市场活力。五是制度优势、调控经验和政策空间有利于应对复杂困难局面。2019 年尽管面临中美经贸摩擦等外部风险挑战，我国经济仍有望保持健康稳定发展。

（一）从需求看，消费增长总体平稳，投资增长有望缓中趋稳，进出口增速可能有所回落

1. 消费方面

个税制度改革将增加居民收入，有利于增强居民消费能力；消费环境不断改善、供给质量持续提升，有利于增强居民消费意愿；居民消费升级态势延续，餐饮等传统消费持续较旺，文化消费活跃，网络零售较快增长，都有利于带动消费增长；汽车消费增速在 2018 年的较低基数上可能企稳，家电、家具、家装等消费活力可能有所减弱。

2. 投资方面

房地产开发投资增长可能受销售放缓和基数较高影响；基础设施领域补短板力度加大，资金保障得到加强，有利于支撑基础设施投资企稳；制造业投资增长可能受到企业利润增速放缓等制约。但政府高度重视民营经济困难，加大对民营经济的支持力度，着力稳定民营经济信心，有望促进民间投资继续增长。

3. 外贸方面

2019 年全球经济和贸易有望延续增长态势，我国积极推进"一带一路"建设，推动出口市场多元化，有利于促进出口稳定增长，但中美经贸摩擦对相关外贸企业的影响逐步显现，部分涉及行业出口的企业将受到影响。进口方面，我国积极扩大进口促进贸易平衡，落实首届中国国际进口博览会成果，有利于促进进口增长，但原油等国际大宗商品价格回落等因素将制约进口增速。

（二）从供给看，农业生产有望稳定发展，工业增速可能有所回落，服务业增长可能略有放缓

1. 农业方面

2019 年，乡村振兴战略深入实施，农业供给侧结构性改革稳步推进，农村一二三产业融合发展，有利于改善农业发展环境，稳定农民生产经营预期。种植结构合理调整，玉米面积调减，大豆、棉花、糖料等作物面积增加，有利于种植业稳定发展。但非洲猪瘟疫情持续蔓延，可能对畜牧业生产产生不利影响。

2. 工业方面

2019 年，随着支持实体经济发展的各项政策落地，工业发展的政策环境有望改善；积极支持传统产业改造提升，加快传统产业数字化、智能化、绿色化转型，有望促进传统产业生产效率提升；强化对新动能的培育和支持，着力提高关键核心技术创新能力，有望培育新的产业增长点。但要素成本上涨和税费负担较重仍将制约工业经济发展，中美经贸摩擦对工业生产的影响可能继续显现，部分地区工业下行压力可能增大。

3. 服务业方面

房地产销售可能延续放缓态势，房地产业增长可能放缓；金融支持实体经济力度加大，有利于金融业稳定发展；居民消费持续较旺，有利于带动批发零售、住宿餐饮、快递物流等行业增长；与工业生产相关的交通运输和仓储行业增长可能承压；大众创业、万众创新蓬勃发展，大力培育和壮大数字经济，将带动新兴服务行业继续较快增长。

基于以上分析，要以习近平新时代中国特色社会主义思想为指导，全面贯彻党的十九大和十九届二中、三中全会精神，扎实推动高质量发展，坚持以供给侧结构性改革为主线，加快建设现代化经济体系，保持经济平稳健康可持续发展，以优异成绩迎接中华人民共和国成立70周年。要切实办好自己的事情,坚持稳中求进工作总基调,坚持新发展理念,积极做好稳就业、稳金融、稳外贸、稳外资、稳投资、稳预期各项工作,加大改革开放力度,加强政策预研储备和政策协调配合,强化预期引导,确保经济运行在合理区间。要着眼于满足人民日益增长的美好生活需要,大力培育发展国内市场,以补短板为重点持续深化供给侧结构性改革,促进供需良性循环。要坚持"两个毫不动摇",营造公平竞争的市场环境,实施更大规模的减税降费,增强企业获得感,促进各类所有制经济共同发展,研究解决民营企业、中小企业发展中遇到的困难。要继续推进"放管服"改革取得更大突破,推动要素市场化配置、完善产权制度等领域改革攻坚,扎实推进国企国资、财税金融、投融资等重点领域改革。要扎实有效推进三大攻坚战,防范化解重点领域风险,大力推进精准脱贫,推进污染防治取得新成效。要坚定实施创新驱动发展战略,加强国家创新体系建设,深化科技体制改革,持续打造"双创"升级版。要加快形成高水平对外开放新格局,扎实推进共建"一带一路",加快建设贸易强国,积极有效利用外资,促进对外投资健康发展,主动参与全球治理体系改革和建设。要大力实施乡村振兴战略,持续推进新型城镇化,持续优化区域协调发展新格局。要保障和改善民生,稳步提高居民收入水平,加强社会保障体系建设,完善就业政策体系,加大公共服务补短板强弱项提质量力度,加强和创新社会管理,维护社会大局和谐稳定。

B.4
积极应对短期下行压力，
促进经济稳中向好

张立群*

摘　要： 2018 年三季度 GDP 增长率为 6.5%，较二季度降低 0.2 个百分点。增长数据表明，经济短期下行态势明显。但是市场需求总体平稳，同时经济结构调整成果不断显现，支持经济增长的基本条件已经确立。世界经济复苏态势趋于明朗，出口形势明显好转；城镇化取得积极进展，投资内生动力增强；多项因素支撑国内消费市场持续活跃；供给侧结构性改革综合成效不断显现，供给对需求的动态适应能力明显提高。

关键词： 经济增长　出口　供给

一　经济短期下行态势明显

三季度 GDP 增长率为 6.5%，较二季度降低 0.2 个百分点。从年内走势看，季度 GDP 增长率呈持续下降态势，一至三季度依次为 6.8%、6.7% 和 6.5%。三季度 GDP 增长率已低于保持了 12 个季度的运行区间（6.7% ~ 6.9%）。9 月份工业增长率为 5.8%，较 8 月份

---

* 张立群，供职于国务院发展研究中心宏观经济研究部。

降低 0.3 个百分点，自 2016 年 3 月份以来，首次落到 6% 以下。增长数据表明，经济短期下行态势明显。

同时要注意到，市场需求总体平稳。9 月份出口（美元）同比增长 14.5%，增速较 8 月份提高 4.7 个百分点；消费同比增长 9.2%，名义增长率已连续两个月回升；1~9 月份投资同比增长 5.4%，增速较 1~8 月份提高 0.1 个百分点。国内外市场需求稳中趋升。投资内部，市场主导的投资继续表现活跃。1~9 月份，制造业投资同比增长 8.7%，增速较 1~8 月份提高 1.2 个百分点；房地产投资同比增长 9.9%，增速较 1~8 月份略降 0.2 个百分点；民间投资同比增长 8.7%，增速与 1~8 月份持平。基础设施投资增速降幅收窄。1~9 月份基础设施投资同比增长 3.3%，较 1~8 月份降低 0.9 个百分点，降幅环比收窄 0.6 个百分点。

经济结构调整成果不断显现。前三季度，高技术制造业和装备制造业增加值同比分别增长 11.8% 和 8.6%，分别快于规模以上工业 5.4 个和 2.2 个百分点。战略性新兴产业增加值同比增长 8.8%，比规模以上工业快 2.4 个百分点。新产品快速成长。前三季度，新能源汽车产量同比增长 54.8%，集成电路同比增长 11.7%。生态保护和环境治理业、农业投资同比分别增长 33.7% 和 12.4%，增速分别快于全部投资 28.3 个和 7.0 个百分点。

综合研判，经济处于短期下行过程，但支持企稳向好的因素正在增加。预计全年经济增长 6.7% 左右。

二 支持经济增长的基本条件已经确立

中国经济增速连续 6 年回落之后，于 2017 年企稳。尽管受流动性偏紧、基础设施投资来源调整等短期因素影响，2018 年 GDP 增长率呈现下行态势，但经济增长基本面已经转好，恢复增长的条件已经确立。

（一）世界经济复苏态势趋于明朗，出口形势明显好转

2017年世界进出口贸易额（美元）较上年增长10.6%，较当年世界经济增长率（3.8%）高出近7个百分点，改变了2012年以来连续低于世界经济增长率的情况，反映了经过近10年的持续努力，世界经济基本摆脱了国际金融危机的困扰，生产、就业、收入、市场等全面恢复的事实。受其支持，2017年我国出口（美元）较上年增长7.9%，增速较上年提高15.6个百分点，结束了连续6年的大幅下滑态势，对国内外向型企业增加销售和生产形成有力支持。2018年1~9月份出口（美元）同比增长12.2%，增速较上年同期有所提高。虽然中美贸易争端对未来外贸出口有潜在影响，但也要看到，世界各国经过近10年努力所形成的世界经济复苏态势不会被改变，各国经济恢复对国际贸易和经济全球化的支持局面总体不会被改变。中美贸易争端对我国出口的影响是局部的，达不到国际金融危机的量级。综合分析，预计未来我国出口增速虽有所下降，但不会持续大幅度下滑，也不会陷入负增长。与2010~2016年出口滑坡比较，我国出口形势已经总体好转。

（二）城镇化取得积极进展，投资内生动力增强

近年来，我国城镇化正在发生一系列积极变化。一是城镇化活动的领军城市已从一线城市日益扩展到多个二线城市。据QQ大数据发布的《2018全国城市年轻指数》，南昌、苏州、武汉、郑州、杭州、南宁等一批二线城市年轻指数超过了北上广等一线城市，反映了随着一批二线城市基础设施、公共服务水平持续提高，市场环境改善，产城融合度明显提高，进而带动了城市人气度加快提高的事实。二是新型城镇化积极推进。城市群的规划建设，带动了大中小城市一体化发展，加快了中小城市基础设施和公共服务补短板的工作，促进了一批

中小城市环境改善、产城融合水平提高和人气度提高。这些都有效地扩大了城市发展空间，带动了房地产和基础设施投资的活跃，提高了投资的内生动力。例如更多的城市人气度提高支撑了房地产市场空间扩大、成长性提高，有效缓解了房地产企业的"卖房难"；与此同时，也显著提高了建房用地的供给能力，有效缓解了房地产企业的"拿地难"。城镇化的积极变化，恰恰是 2016 年以来房地产投资增速明显回升的基础性原因。受房地产和基础设施建设趋于活跃的影响，大宗商品市场销售形势明显好转，工业产能利用率提高，企业资金周转形势好转、效益改善。这必然带动制造业投资、民间投资逐步回暖。可见，城镇化走出长周期调整谷底的事实，支持了投资增长企稳回升。

（三）多项因素支撑国内消费市场持续活跃

2010 年后，出口、投资增速持续大幅下滑，但消费增速相对平稳，2018 年一季度最终消费支出对 GDP 增长率的贡献已提高到 70%以上。2018 年 4 月份以来出现的消费增速下降，主要受房地产销售持续滑坡、进口消费品减税预期使相关消费品购买后延、汽车消费滑坡等短期因素影响。应当看到，中国消费市场具有长期的高成长性。一是源于中国经济发展以改善民生为根本目标的特征。十几亿人民群众对美好生活的不懈追求以及为此在社会生产、建设方面持之以恒的艰巨努力，推动了中国消费市场持续快速扩大，也支持了工业、服务业和城乡建设的蓬勃发展，形成了相互促进的良性循环。二是源于国内各类消费品、与生活消费相关的服务供给日益充裕且水平和质量不断提高，技术创新日益丰富，对消费需求形成了不断加强的推动。三是源于中国政府确保基本民生的努力。面对经济持续下行给基本民生带来的威胁，这些年来政府在保就业、精准脱贫、帮扶困难群体、稳定居民收入等方面做了大量工作，取得显著成效，支持了就业稳定、

居民收入增长稳定，也保障了消费市场持续活跃。综上，国内消费市场持续活跃具有深厚的国情和发展模式支持，前景明朗。

（四）供给侧结构性改革综合成效不断显现，供给对需求的动态适应能力明显提高

在长期的高速增长之后，中国市场供给的数量保障能力大幅度提高；相对于市场需求增长转稳，国内市场从普遍短缺转为一定程度的过剩。市场竞争对企业转型的"倒逼"作用加强，对企业和产能的优胜劣汰力度加大。市场调节程度较高的大量中小微企业、民营企业优胜劣汰、转型升级活动启动早，效果也比较明显。与此同时，政府通过去产能、去杠杆等多项供给侧结构性改革工作，积极推动大型企业、国有企业兼并重组、转型升级；特别是以"破、立、降"为重点，着力深化基础性关键领域改革，围绕产权制度和要素市场化配置机制，着力补齐制约市场竞争作用的制度短板，目前已取得积极效果。新动能明显增强，航空航天、人工智能、深海探测、生物医药等领域涌现出一批重大科技成果，新产业新产品蓬勃发展。2017年我国研发（R&D）支出比上年增长11.6%，为GDP的2.12%，较2014年提高0.34个百分点。低水平产能加快退出，行业发展环境持续好转；企业加快从数量扩张型效益转向质量和创新型效益，行业内产量扩张的自律能力增强，提质增效、创新发展活动增加。这些都促进了企业市场竞争力增强、效益明显改善。

综上，支持我国经济增长的因素，无论在需求端还是供给端，都已基本形成。据此可以认为，中国经济增长的态势已基本确立，并具有较强的可持续性。

三 要高度重视面临的困难和挑战

必须注意到，受长期和短期、内部和外部等因素共同作用，当前

经济运行稳中有变，经济下行压力加大，部分企业经营困难较大，长期积累的风险隐患有所暴露。对此要高度重视，增强预见性，及时采取对策。2018 年以来，基于防范化解金融风险等目标，政府加强金融监管、规范金融秩序、规范地方政府融资行为等工作力度加大。银行表外资金业务收缩明显，金融市场流动性下降较多，地方政府融资活动受影响较大。受流动性和资金不足的影响，基础设施投资增速降幅较大，股市下滑明显，部分企业融资困难，短期经济下行压力较大。再考虑到中美贸易争端对出口增长的潜在威胁，中国经济面对的风险挑战仍然不可低估。

四　采取有效措施，推动中国经济稳中向好

面对经济运行存在的突出矛盾和问题，要坚持稳中求进工作总基调，坚持新发展理念，坚持以供给侧结构性改革为主线，加大改革开放力度，抓住主要矛盾，有针对性地加以解决。我国经济已从高速增长阶段进入高质量发展阶段。提高供给体系质量，最重要的是增强市场竞争优胜劣汰的能力，通过开放、有序的市场竞争，促进企业转型升级、提质增效，促进优秀企业不断脱颖而出，促进高质量供给较快增长。因此，中国必须坚定不移地坚持改革开放，着力完善产权制度，加强市场机制在要素配置方面的决定性作用。必须全方位扩大对外开放，从产业、市场、规则等多个方面，加快与世界经济接轨，积极加入和全力推动经济全球化进程。

要着力实施好积极的财政政策和稳健的货币政策，做好稳就业、稳金融、稳外贸、稳外资、稳投资、稳预期等诸项工作，确保经济运行在合理区间。

同时也要看到，中国正处于工业化与城镇化关系调整的关键时期。加快理顺工业化与城镇化的关系，促进新型工业化、新型城镇化之间更好地融合与互动，加快改善大中小城市基础设施和公共服务等硬件

环境、市场和政府服务等软件环境，促进产城融合水平同步提高，支持城市人气度、城镇化率普遍提高，进而支持就业和收入持续增长、国内消费市场持续较快扩大，是培育中国经济当前和长远发展能力的关键，其中也蕴含着巨大需求增长潜力。因此，要大力抓好各城市群面向长远的整体规划工作，认真画好一张蓝图；根据规划目标，合理安排土地用途，保障好城乡一体化发展对土地的各种必要需求；根据规划，基于远期目标，高起点、高标准加快建设覆盖城乡的基础设施和公共服务保障体系；在财政"分灶吃饭"基础上，根据城市群一体化发展要求，适度由小灶并大灶，在更大范围内统一协调财政资金使用，同时完善地方发债工作，保证必需的建设资金；以产城融合水平提高为支撑，综合施策，促进城镇化水平普遍提高，释放中国现代化活动的强大动力。

对短期流动性收紧、投资增速下降等问题，则应综合考虑和适度应对。在加强违规融资活动监管时，注意通过适时适度的货币政策调整，确保流动性合理充裕。在淘汰"僵尸企业"、打破刚性兑付等基础性制度建设方面，应该选准典型目标重点突破，有效控制债务风险连锁传导，由点到面积极稳妥推进。对地方政府融资活动，应按照堵后门、开正门的原则，积极改进和加强地方债发行工作。总之，在坚持补足基础性关键领域的制度短板、加强金融监管和规范融资秩序的同时，要做好货币政策、财政政策适时适度的关联操作，确保支持实体经济、民营企业、中小企业的资金需求；确保基础设施项目建设，满足合理住房需求的房地产建设的资金需求。

综上，中国经济稳中向好的态势已基本确立。尽管面对一些新的风险和挑战，但经过综合施策、合理应对，可以化解短期下行压力，克服诸多不确定性因素，使中国经济稳中向好的能力进一步增强。据此展望，中国经济在克服短期下行压力后，预计2019年将由落转稳，稳中趋升。经济金融活动的规范性、有序性逐步提高；结构优化、供给质量提高的综合成效进一步显现，转向高质量发展将取得积极进展。

B.5
2018年前三季度工业运行情况
及全年预测分析

解三明*

摘　要： 2018年以来，我国国民经济运行平稳，经济结构不断优化，新旧动能转换加快，呈现总体平稳、稳中向好发展态势。但下行压力依然较大，从国内看，影响我国工业发展的内生问题还没有根本解决，企业抵抗风险的能力亟待提高，新兴产业引领性和支撑性尚待增强，工业增长仍存一定压力。从国际看，全球经济复苏共振临近尾声，各国经济、政策继续分化，单边主义、贸易保护主义抬头，特别是美国挑起的经贸摩擦，给今后一个时期我国工业发展带来更多的不确定性。

关键词： 工业运行　经济结构　企业

　　2018年以来，国内外形势呈现深刻复杂的变化。从国内看，国民经济运行总体平稳，但下行压力较大。前三季度工业增长保持在6%以上，物价稳定在2%左右，经济结构不断优化，新旧动能转换加快，国民经济继续保持总体平稳、稳中向好发展态势。但影响我国工业发展的内生问题还没有根本解决，企业抵抗风险的能力亟待提

---

　　* 解三明，供职于工业和信息化部运行监测协调局监测预测处。

高，新兴产业的引领性和支撑性尚待增强，工业增长仍面临一定压力。从国际看，全球经济复苏共振临近尾声，各国经济、政策继续分化，单边主义、贸易保护主义抬头，特别是美国挑起的经贸摩擦，给今后一个时期我国工业发展带来更多的不确定性。

结合工业和信息化部相关研究机构的模型预测结果，经调整后做出综合判断，预计2018年10~12月规模以上工业增加值同比增长5.5%~6.0%，即第四季度规模以上工业增加值也将实现5.8%左右的增长，预测全年增长6.2%左右。

一 国内外经济形势分析

（一）国内经济运行情况分析

国民经济运行总体平稳、稳中有进。经济增长总体平稳，前三季度GDP同比增长6.7%，其中，规模以上工业增加值同比增长6.4%，比1~8月回落0.1个百分点；全国服务业生产指数同比增长7.8%，增速比上半年回落0.2个百分点。物价总体平稳。9月全国居民消费价格同比上涨2.5%，涨幅比上月高出0.2个百分点，环比上涨0.7%，继续保持温和上涨态势。全国工业生产者出厂价格同比上涨3.6%，涨幅比上月回落0.5个百分点，环比上涨0.4%；工业生产者购进价格同比上涨4.8%，环比上涨0.6%。就业稳定向好。9月底新增就业人员1107万人，9月全国城镇调查失业率为4.9%，比上月下降0.1个百分点，比上年同月下降0.1个百分点。31个大城市城镇调查失业率为4.7%，比上月下降0.2个百分点，比上年同月下降0.1个百分点。货币政策总体保持稳健中性。9月末狭义货币供应量（M1）同比增长4%，较上年同期明显回落，比上月末高0.1个百分点；广义货币供应量（M2）同比增长8.3%，比上月末高0.1

个百分点。M1 与 M2 增速差收窄。9 月新增人民币贷款 1. 38 万亿元，同比多增 1119 亿元。非金融企业及机关团体贷款增加 6772 亿元，其中，中长期贷款新增 3800 亿元，短期贷款新增 1098 亿元。支出总体保持稳定。9 月，全国一般公共预算支出 22616 亿元，同比增长 11. 7%，较上月提高 8. 4 个百分点。其中，中央一般公共预算本级支出 2533 亿元，同比增长 10. 9%；地方一般公共预算支出 20083 亿元，同比增长 11. 8%。1～9 月累计，全国一般公共预算支出 16. 33 万亿元，同比增长 7. 5%，完成年初预算的 77. 8%。综合分析，国内宏观经济环境企稳的格局没有改变。

（二）世界经济运行形势分析

发达国家制造业复苏态势持续分化。美国经济保持稳健。生产端继续扩张，9 月美国 ISM 制造业指数 59. 8%，低于市场预期值 60. 3%，但已连续 25 个月高于荣枯线；消费者信心回升，9 月密歇根消费者信心指数 100. 1%，较上月回升 3. 9 个百分点；劳动力市场稳健，9 月失业率 3. 7%，较上月下降 0. 2 个百分点；物价温和上涨，9 月 CPI 同比增长 2. 3%，较上月下降 0. 4 个百分点；出口和进口增速都有所提升，8 月出口季调同比增长 7. 1%，较上月下降 1. 1 个百分点，进口季调同比增长 9. 6%，较上月上升 0. 5 个百分点。欧元区制造业活动继续放缓。9 月欧元区制造业 PMI 终值为 53. 2%，前值 54. 6%，预期值 53. 3%。欧元区制造业 PMI 创下 28 个月低点，商业信心恶化至 2015 年 11 月以来的最低水平。其中，德国制造业 PMI 终值为 53. 7%，为 2016 年 8 月以来最糟糕的表现，由于出口销售三年来首次出现下滑，制造业新订单增速与上年同期相比基本持平；法国 9 月制造业 PMI 终值为 52. 5%，前值 53. 7%，预期值 52. 5%，新订单、产出和出口销售额增速均有所放缓。日本经济温和复苏。9 月日本制造业 PMI 终值为 52. 5%，与上月持平，连续第 25 个月高于 50% 的荣枯分

水岭。出口分项指数从初估值50.9%下降至49.8%，为连续两个月出现衰退。英国产出增长放缓。制造业PMI创新低，9月英国Markit制造业采购经理人指数终值53.8%，高于前值52.8%和预期值52.5%，新订单增长仍然处于两年多来的疲弱时期，产出增长放缓。

新兴经济体经济有所放缓。俄罗斯经济发展势头减缓，受新订单和就业率下降的影响，9月俄罗斯制造业采购经理人指数为50%，刚好位于荣枯分界线。巴西制造业增长有所缓慢。9月巴西制造业采购经理人指数略有回落，由8月的51.1%下降至50.9%。印度经济景气略有上升。9月，印度制造业采购经理人指数从8月的51.7%升至52.2%。

总体来看，全球制造业仍保持较快增长，但增速呈现逐季放缓趋势，新兴经济体面临较多困难，国际金融市场出现大幅波动。考虑到未来经济发展仍存在不确定性，包括经合组织和世贸组织在内的国际组织均下调了2018年和2019年两年全球经济增长的预期。中美经贸摩擦下一步的走势还具有不确定性，我国经济面临的外部环境依然严峻。

二 工业经济运行的主要特点

（一）工业生产增长平稳，工业结构持续优化

9月全国规模以上工业增加值同比增长5.8%，增速比上月回落0.3个百分点，比上年同期回落0.8个百分点。1~9月，规模以上工业增加值同比增长6.4%，增速较1~8月放缓0.1个百分点。分三大门类看，除制造业略有放缓外，其他两大门类9月增速均有所提高。其中，采矿业增加值同比增长2.2%，增速较8月增加0.2个百分点；制造业增加值同比增长5.7%，增速回落0.4个百分点；电力、热力、燃气及水生产和供应业增加值同比增长11%，增速提高1.1个百分点。

从供给结构看，1~9月高技术制造业增加值同比增长11.8%，增速高于规模以上工业5.4个百分点。战略性新兴产业增加值同比增长8.8%，增速高于规模以上工业2.4个百分点。

（二）重点行业增长分化，汽车行业增速持续下滑

9月，41个大类行业中有38个行业增加值保持同比增长，行业增长面为92.7%，比8月提高4.9个百分点。电子、化学纤维、电力、燃气生产和供应等行业保持两位数增长。上游原材料及其加工行业整体回升，但中下游制造业表现欠佳。17个主要制造业行业中，从消费品行业看，农副食品加工业、食品制造业、纺织业增速均有所放缓，其中，纺织业增速为0.8%；装备制造业增速回落，其中，通用、电气增速放缓，专用增速虽有所回落，但仍保持高位，汽车制造业增速明显下降，9月增速进一步下降为0.7%，比上月降低1.2个百分点。铁路等运输设备增速恢复为正增长。原材料行业增速整体加快，其中，黑色、有色、橡胶、化工增速加快，9月黑色同比增速为10.1%，比上月提升4.2个百分点；非金属矿物质同比增速与上月持平。电子持续高速增长，9月同比增速为12.6%，比上月回落4.5个百分点，高于全部工业增速6.8个百分点。

（三）重点工业产品生产总体向好

9月，596种产品中有324种产品实现同比增长，产品增长面为54.4%，较上月下降2个百分点。其中，钢材产量9675万吨，同比增长9.8%；水泥产量20781万吨，同比增长5.0%；十种有色金属产量456万吨，同比增长5.8%；乙烯产量161万吨，同比增长3.5%；发电量5483亿千瓦时，同比增长4.6%；原油加工量5134万吨，同比增长4.9%。工业新产品快速成长。1~9月，新能源汽车、工业机器人、集成电路产量分别同比增长54.8%、9.3%、11.7%。

（四）工业企业效益改善，供给侧改革成效继续显现

工业利润总体保持较快增长。前三季度，全国规模以上工业企业利润总额增长14.7%，增速比1~8月减缓1.5个百分点，其中，9月利润增长4.1%。工业企业主营业务收入利润率为6.44%，同比提高0.29个百分点。前三季度新增利润主要来源于原材料钢业，钢铁、建材、石油开采、石油加工和化工行业分别增长71.1%、44.9%、4倍、30.8%和24.5%，合计对规模以上工业企业利润增长的贡献率为72.4%。产能利用率保持在较高水平。随着供给侧结构性改革不断深化，工业品供给结构持续改善，1~9月，工业产能利用率为76.6%，与上年同期持平。受益于去产能政策持续发力，煤炭、钢铁行业产能利用率同比提高。此外，企业成本和资产负债率均下降。前三季度，每百元主营业务收入中的成本为84.31元，同比下降0.29元；9月末，规模以上工业企业资产负债率为56.7%，同比降低0.4个百分点。

（五）消费市场保持平稳较快增长

消费总量继续扩大，9月，社会消费品零售总额32005亿元，连续5个月突破单月3万亿元，同比增长9.2%，增速较8月增加0.2个百分点。国内消费对经济增长的拉动作用进一步增强。消费继续为经济增长的第一驱动力，据测算，前三季度最终消费支出对经济增长的贡献率为78%，比上年同期提高14个百分点。乡村市场零售占比稳步提高。1~9月，乡村消费品市场零售额同比增长10.4%，增速高出城镇市场1.3个百分点，乡村市场占社会消费品零售总额的比重为14.4%，比上年同期提高0.1个百分点。消费升级类商品销售增长明显快于其他商品。9月，限额以上单位通信器材、家电类商品同比增速分别比上月加快10.5个和0.9个百分点。基本生活等多数商品成为拉动消费增长的重要动力。1～9月，限额以上单位服装、日用品类商品同比分别增长9.7%和13.4%，增速分别比上年同期加快2.6个和5.0个百分点；粮油食品类也保持两位数较快增长。粮油食品类、服装和日用品类商品对社会消费品零售总额增速的拉动比汽车类商品高约1个百分点。

（六）制造业投资支撑作用持续增强

全国制造业投资保持了较快增长态势。1～9月制造业投资同比增长8.7%，增速比1～8月提高1.2个百分点，比上年同期高4.5个百分点，高于全部投资3.3个百分点。创新驱动与转型升级并驾齐驱是制造业投资增速回暖的最大动力。1～9月，高技术制造业投资增长14.9%，增速比1～8月提高2个百分点，比全部制造业投资高6.2个百分点。

（七）进出口保持较快增长，贸易结构持续优化

9月，进出口总额28852亿元，同比增长17.2%，增速比上月加快4.5个百分点。其中，出口15492.2亿元，同比增长17%，比上月加快9.1个百分点；进口13359.9亿元，同比增长17.4%，比上月回落1.4个百分点；实现贸易顺差2132.3亿元，略高于上月水平。9月，工业企业实现出口交货值11839亿元，同比增长11.7%。分国别来看，9月，出口方面，我国对美国出口增长强劲，同比增长6.5%，美国仍是中国第二大贸易伙伴；对欧盟出口同比增长7.3%，对东盟出口同比增长12.6%，"一带一路"倡议在一定程度上为我国开拓欧洲地区的出口市场提供了条件。进口方面，我国进口总体增长，对韩国进口同比增长5%，对巴西进口同比增长44.5%。9月中国对美贸易顺差为341.3亿美元，较8月的310.5亿美元再创历史新高。

三 影响工业运行的因素分析及全年预测

（一）有利于工业增长的主要因素

1. 主要先行指标表现稳中向好

2018 年 9 月、10 月，中国制造业采购经理人指数分别为 50.8%、50.2%，虽分别比上月回落 0.5 个、0.6 个百分点，但仍继续运行在景气区间，制造业总体延续扩张态势，增速有所放缓，主要特点如下。一是制造业基本面保持平稳。在调查的 21 个行业中，14 个行业的 PMI 位于扩张区间，其中医药、专用设备、电气机械器材等制造业 PMI 均位于 53.5% 以上较高运行水平，增速较快。有色金属冶炼及压延加工、通用设备、木材加工及家具等制造业 PMI 继续位于收缩区间。二是供需小幅波动。生产指数和新订单指数分别为 53.0% 和 52.0%，分别比上月回落 0.3 个和 0.2 个百分点，供需持续保持景气状态，但扩张速度略有放缓。三是大型企业运行稳健，小型企业经营状况继续改善。大型企业 PMI 为 52.1%，与上月持平，2018 年以来该指数始终位于 52.0% 及以上的扩张区间，且本月生产指数和新订单指数环比均有所提升，是制造业保持扩张的主要动力；中型企业 PMI 为 48.7%，低于上月 1.7 个百分点，位于收缩区间；小型企业 PMI 为 50.4%，高于上月 0.4 个百分点，连续两个月上升。

2. 制造业投资支撑能力不断增强，投资结构持续改善

一是制造业投资增速已连续 6 个月不断提高，1~9 月增速达到 8.7%，比全部投资增速高出 3.3 个百分点，对工业发展的支撑能力持续增强。二是高技术制造业投资增速持续加快。高技术制造业投资继续保持高速增长，1~9 月高技术制造业投资增长 14.9%，增速比 1~8 月提高 2 个百分点，比全部制造业投资高 6.2 个百分点；制造

业中技术改造投资增长 15.2%，增速比全部制造业投资高 6.5 个百分点。

3. 新动能增长较快

代表转型升级方向的高技术产业、装备制造业、战略性新兴产业增加值增速继续保持高于整体增速的水平，在制造业 PMI 回落的情况下，1~9 月，高技术产业、装备制造业和战略性新兴产业同比分别增长 11.8%、8.6% 和 8.8%，分别快于规模以上工业 5.4 个、2.2 个和 2.4 个百分点。工业新产品快速成长，1~9 月，新能源汽车、工业机器人、集成电路产量分别同比增长 54.8%、9.3%、11.7%。

4. 财政和金融体系继续加强对实体经济的支持

9 月，全国一般公共预算支出 22616 亿元，同比增长 11.7%，增速时隔 6 个月再次回到两位数，显示政府支出意愿加强。9 月新增人民币贷款 1.38 万亿元，同比多增 1119 亿元。非金融企业及机关团体贷款增加 6772 亿元，其中，中长期贷款新增 3800 亿元，短期贷款新增 1098 亿元。企业中长期贷款增加，一方面，固定资产投资依然稳定，对企业信贷需求形成支撑；另一方面，由于信贷政策加大对实体经济的支持力度，资金更多流向了企业。

（二）不利于工业增长的主要因素

1. 出口面临的国际环境不确定性加大

受国际经贸摩擦升温和外部环境不确定性因素等影响，进出口景气度有所回落。9 月，新出口订单指数和进口指数分别为 48.0% 和 48.5%，分别低于上月 1.4 个和 0.6 个百分点，景气度均落至年内低点。近期衡量国际贸易水平的波罗的海干散货运价指数（BDI）大幅回落，表明国际贸易摩擦持续发酵对全球贸易产生了一定负面影响。前三季度我国外贸进出口实现较快增长，但考虑到当前国际环境不稳定性因素仍然较多，不少外贸企业提前安排了订单以降低因关税提高

而带来的损失。此外，2017 年四季度我国外贸进出口规模相比三季度提升了 5%，受基数抬高因素的影响，2018 年四季度外贸进出口增速可能会有所放缓。

2. 消费保持稳定增长的动力不足

9 月我国社会消费品零售总额虽然总体继续保持较快增长，但无论是当月增速还是累计增速均连续 6 个月低于 10%，与上年各月 10% 以上的高速增长形成反差，其原因：一方面，由居民可支配收入增速过缓、房贷负债过高、医疗教育负担过重等造成消费疲势未有改观；另一方面，代表消费升级方向的汽车、化妆品类、体育娱乐用品类消费增速持续放缓，对消费快速增长也形成较大压力。

3. 企业成本上涨压力较大

社保费征收体制改革增加人工成本上涨压力。据测算，社保缴费改革后，企业实际承担的社保、公积金金额占名义工资比重将明显提升。企业资金成本持续上升。8 月，规模以上工业企业利息支出累计增速为 10.6%，连续 6 个月保持高速增长，增速较上月增加 0.4 个百分点，较上年同期增加 6.1 个百分点。原材料价格高位运行对企业原材料成本造成较大压力。9 月，工业生产者购进价格方面，建筑材料及非金属类价格同比上涨 10.0%，燃料动力类价格同比上涨 9.2%，黑色金属材料类价格同比上涨 5.1%。

4. 部分省市增长速度回落较大

二季度以来，江苏、重庆等地企业出现较大面积停产限产和企业搬迁情况，波及钢铁、煤炭、有色、化工、纺织、农产品加工等多个行业，这不仅使此类行业增长放缓，而且对其上下游配套企业产生较大影响。据统计，9 月，江苏和重庆工业增速分别为 3.4% 和 1.5%，分别连续 4 个月和连续 7 个月低于 4%；山西增速为 0.8%，较 5 月下降 7.8 个百分点。

（三）模型预测结果

虽然9月工业出现了低于6%的增长，但考虑到供给侧结构性改革扎实推进、制造业投资持续回升，工业生产企稳的格局没有改变。对此，基于工业和信息化部相关研究机构的模型预测结果，综合工业生产的有利因素和不利因素，对模型预测结果做一定调整，预测2018年10～12月规模以上工业增加值增速为5.5%～6.0%，四季度规模以上工业增加值增速在5.8%左右，全年可实现6.2%左右的增长速度。

四　政策建议

（一）继续做好中美经贸摩擦的应对工作

一是应对中美经贸摩擦的前景及影响进行及时、准确的判断与宣传，让企业有预期，保持信息渠道畅通，同心协力，共渡难关。二是制定应对预案，通过开展国际合作、分散采购、建立战略储备等多种方式，应对短期难以突破、进口来源单一等潜在供应链风险，构建多元化产业链供应体系。三是加强对出口企业的专项指导，引导企业正确研判中美贸易未来形势，为出口业务规划指明方向。

（二）多举措挖掘内需潜力

一是要积极引导消费预期，提振消费信心，提倡绿色、环保等消费理念，降低部分产业准入门槛，全力培育新的经济增长点。二是减税降费，努力把此项政策红利传导到消费终端，降低部分商品税率有助于降低企业成本进而惠及终端消费者。三是提供消费新产品，构建更加成熟的消费细分市场，满足广大人民消费升级的需求，壮大消费新增长点，促进实物消费不断提挡升级。

经济蓝皮书

（三）加大推进降低实体经济成本落实力度

一是加快落实 2018 年以来实施的定向降准等措施降低企业财务成本，深化商事制度改革降低制度成本，降低电网环节收费，降低用电成本等，加快要素市场化改革，破除土地、资金、能源等要素市场化配置的体制机制障碍，进一步降低融资、用能成本。二是加快研究更大规模的减税降费措施，进一步降低增值税、企业所得税等税率，确保社保现有征收政策稳定，研究社保费率降低等问题，与征收体制改革同步实施，确保总体上不增加企业负担，稳定市场预期。

（四）进一步优化营商环境

通过制度改革，遵循市场规律，释放企业主体的活力，进一步发挥好政府的服务职能。一是进一步优化服务平台，逐步完善"在线咨询、在线申请、网上预审、网上办理"等功能，大力推进"移动办理""自助办理"模式，健全部门间政务信息数据交换共享机制，破除信息壁垒。二是加强金融机构和中小企业之间的产融对接，发挥产业引导基金作用，整合社会资本和产业基金，加大对主导产业关键企业的支持力度。三是完善"互联网＋政务大厅"，积极推进行政服务信息化建设，拓展互联网模式下的服务渠道，最大限度实现"信息多跑路、企业少跑路"的并联审批模式。

B.6
2018～2019年经济景气形势分析与预测

陈 磊 孙晨童 王琳琳*

摘　要：　我国月度经济景气波动从2015年12月开始进入新一轮短周期，出现稳中向好态势。本轮短周期的峰顶转折点已经在2017年3～4月出现。2017年4月以来的经济景气下滑可能会持续到2018年底或2019年1季度，但下降幅度较小。经济运行有望在新的景气水平继续保持大体平稳的运行态势。预测2018年和2019年GDP增长率将分别达到6.6%和6.4%左右，CPI上涨率分别为2.2%和2.4%左右，经济和物价周期波动将继续呈现新常态下的"微波化"特征。

关键词：　中国经济　经济周期　经济预测　物价

　　2017年以来，我国经济运行继续呈现稳中向好态势，工业企业效益明显好转，需求结构、产业结构进一步优化，新动能发展迅速，以CPI为代表的物价波动仍然处于2%附近的温和范围。然而，经济发展长期积累的深层次结构性矛盾尚未得到根本性缓解，部分领域的风险隐患仍然很大，固定资产投资增长乏力，消费增速也有所下滑，

---

　　* 陈磊、孙晨童、王琳琳，供职于东北财经大学经济计量分析与预测研究中心、数学与数量经济学院。

增长的内生动力尚待增强。2018 年前 3 个季度经济分别增长 6.8%、6.7% 和 6.5%，经济下行压力加大。同时，世界主要经济体增长放缓、通胀上升，国外需求有所减弱。尤其是由美国引发的贸易摩擦对我国和世界经济造成很大冲击，国际局势动荡加剧。

2018～2019 年的中国经济运行能否继续保持稳中向好的态势？未来一段时间的经济景气和物价走势如何？政府的宏观政策取向应如何调整？为了对这些人们关注的热点问题做出比较科学和准确的回答，本文基于改进后的"经济景气分析系统"和"宏观经济监测预警信号系统"，对当前的经济周期态势和经济景气状况、物价波动特征及影响因素进行分析和判断，采用先行指标方法和多种经济计量模型对经济增长、物价等主要经济指标的走势进行分析和预测，在此基础上，对政府下一步的宏观调控提出政策建议。

一 利用景气分析法对经济周期态势的分析和预测

我们在仔细考察景气指标的基础上，继续沿用近两年的一致和滞后指标，其中，一致指标由工业增加值、累计固定资产投资（不含农户）、社会消费品零售额、财政收入、进口商品总值和国房景气指数 6 个指标组成；滞后指标包括 CPI、PPI、出口商品价格指数、工业企业产成品和货运量合计 5 个变量。在先行指标方面，由于统计部门从 2018 年开始停止公布与固定资产投资相关的一些统计指标，固定资产投资新开工项目数、固定资产投资本年施工项目计划总投资额两个先行指标无法继续使用。经过筛选，补充汽车产量为先行指标，该指标的平均先行期为 5 个月。调整后的先行指标包括人民币贷款总额、人民币各项存款余额、广义货币 M2、房地产开发企业商品房销售额（累计）、水泥产量和汽车产量 6 个指标。此外，制造业采购经理人指数（PMI）仍然作为短期先行指标单独进行考察。

各景气指标均为同期增长率序列，经季节调整并消除不规则因素。利用美国全国经济研究所（NBER）方法，分别建立了一致、先行和滞后合成指数（各指数均以2000年平均值为100）与扩散指数。需要说明的是，基于各指标的重要性及统计和周期特征，在构造先行、一致、滞后合成指数时，分别对相关指标赋予了不同的权重。

（一）基于景气合成指数对经济周期态势的分析

根据一致合成指数所反映的宏观经济总体走势和对经济短周期转折点的测定结果（见图1，其中阴影部分为短周期的收缩阶段，下同），按谷—谷的周期测算方法，1998年以来我国经济增长第6轮短周期始于2015年12月，从1997年以来的最低景气水平位置启动了新一轮小幅回升。2015年12月至2017年3月，主要受进口增速、工业生产增速和国房景气指数止跌回升影响，经济景气在低位出现15个月的波浪形小幅回升，形成了本轮短周期的扩张期，经济运行呈现稳中向好态势。2017年4月以后，投资、消费和工业生产增速再次出现小幅下滑，受此影响，经济景气出现波浪形缓慢回落，进入本轮短周期的收缩期。截至2018年9月，本轮景气收缩已经持续18个月，但下降幅度不大。初步判断，此轮短周期呈现出与以往不同的低位小幅波动的"新常态"。

主要反映物价和库存变动的滞后合成指数（见图1虚线）在2016年2月到达波谷，较一致合成指数的谷底滞后3个月。2016年3月至2017年4月，该指数出现明显回升，进入本轮短周期的上升阶段。此后，该指数转入回落态势，尽管2018年4月以后出现小幅反弹，但难以改变2017年5月以来的收缩态势，从而可以确认本轮经济景气的波峰已经在2017年3月出现。

滞后景气指标中，工业企业库存增速（剔除季节和不规则因素）从2016年8月至2017年4月出现中等幅度的反弹，此后保持大体平

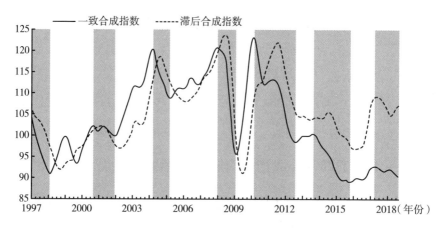

图1 一致合成指数和滞后合成指数

稳的走势，反映"去库存""去产能"结构调整任务取得阶段性成效后，随着PPI的回升和保持相对高位，工业企业进入短期补库存阶段，2017年2季度以来，企业库存进入稳定增长阶段，没有出现预期的"去库存"周期下降局面。尽管2018年4～5月曾出现短暂减速，但目前尚无法判断库存周期的波峰时间。

（二）利用先行合成指数和扩散指数对经济运行走势的预测

由6个先行指标构成的先行合成指数变动如图2中的虚线。图2显示，该指数2000年以来具有比较稳定的先行变动特征，经过测算，平均领先一致合成指数6个月。该指数在2015年3月形成波谷从而结束前一轮先行景气短周期，其谷底超前一致合成指数谷底8个月。从2015年4月开始该指数进入新一轮短周期。2015年4月至2016年4月，先行指数出现连续13个月的低位温和回升，提前预示了本轮经济景气的企稳回升，其周期波峰较一致合成指数的波峰提前11个月出现。此后，该指数进入小幅下滑的周期收缩阶段，并分别于2017年10月和2018年3月创造了1997年以来的最低水平和次低水平，且两者很接近。2017年10月以来，该指数呈现止降回稳态势。

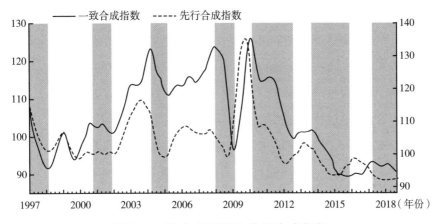

图2　一致合成指数和先行合成指数

　　根据该先行合成指数的走势和最近一轮周期转折点的先行期推测，始于2017年4月的本轮经济景气收缩有望在2018年底左右结束，下降幅度不大。2019年经济景气有望在新的水平上继续保持大体平稳的运行态势。

　　从各先行指标的变化趋势（剔除季节和不规则变动因素）来看，2016年2季度以后，广义货币M2、人民币各项存款余额增速、人民币贷款总额增速、房地产开发企业商品房销售额增速、汽车产量增速先后出现不同程度的回落，但进入2018年以后都出现止跌企稳走势；水泥产量增速经过近1年的回落后，从2017年9月开始出现小幅反弹。单独监测的制造业PMI从2016年初开始呈现缓慢上升态势，2017年以来各月指数在50以上大体保持平稳走势，2017年4季度以来稍有回落，同样预示短期内经济运行将继续保持平稳。可见，多数先行指标在2018年呈现回稳走势，少数指标保持大体平稳或小幅回升。

　　反映景气指标组中上升指标占比的扩散指数可以从另一个侧面反映景气的扩散和变动过程。由6个一致指标构成的移动平均后的一致扩散指数如图3所示。该指数在2015年11月至2017年4月位于50%以上，表明经济景气在此期间处于回升态势。2017年5月以后，

扩散指数除 2017 年 12 月至 2018 年 4 月外，多数时间处于 50% 荣枯
分界线下方，同样显示此期间经济景气总体处于回落态势。与前两轮
的走势不同，扩散指数此轮在 50% 以下的回落幅度并不大，且中间
出现反弹，显示景气下降的力量较小，回落相对比较温和。

由 6 个先行指标构成的先行扩散指数（移动平均后如图 3 中的虚
线）在 2016 年 5 月至 2018 年 4 月处于 50% 以下的收缩区，显示先行
景气在此期间一直呈下降局面，下降的波谷时间为 2018 年 4 月，与
先行合成指数的次低点时间（2018 年 3 月）基本对应。此后，该指
数回到 50% 以上，但截至 9 月上升幅度不大，且有见顶迹象，显示
先行景气有所回暖，但回升力量较弱。根据先行和一致扩散指数的变
动特征推断，经济景气在 2018 年底或 2019 年 1 季度触底企稳的概率
较大。

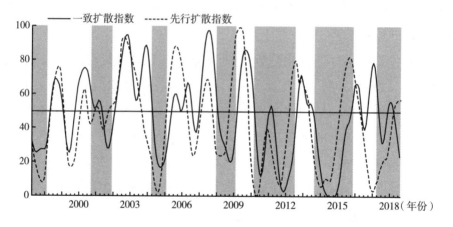

图 3　移动平均后的一致扩散指数和先行扩散指数

综合以上合成指数和扩散指数的分析预测结果，我国月度经济景
气波动从 2015 年 12 月开始进入新一轮短周期，出现稳中向好态势。
本轮短周期的峰顶转折点已经在 2017 年 3 ~ 4 月出现。2017 年 4 月以
来的经济景气下滑可能会持续到 2018 年底或 2019 年 1 季度，但下降

幅度较小。经济运行有望在新的景气水平继续保持大体平稳的运行态势,新常态下经济周期的"微波化"特征将更为鲜明。

我们在 2017 年已经指出,本轮景气收缩与以往的经济下滑有所不同,其下降幅度不大,回落较为温和,更重要的是,本轮景气收缩是在供给侧结构性改革的背景下展开的,根本原因是"转方式、调结构",是解决深层次结构性问题必然经历的阶段,进而获得更高质量的可持续发展。

二 基于监测预警信号系统对经济景气状况的监测和分析

下面根据由 10 个预警指标构成的"宏观经济监测预警信号系统"对各预警指标的警情和目前的总体经济景气状况和变动趋势做进一步的考察和判断(见图4)。考虑到我国经济进入新常态后的新变化,结合对预警指标变化情况的统计分析和发展趋势判断,我们再次对工业增加值、投资等部分预警指标在不同景气区间的预警界限进行了适当调整,以便更准确地反映新常态下经济景气的变动情况。

对预警指标近一年的监测结果显示(见图4),2017 年 9 月以来,工业生产等部分指标的景气度先升后降;消费和投资类指标的景气度呈现下降态势;工业企业效益、M2 等降中趋稳;进出口总额增速和国房景气指数主要呈缓慢上升趋势。截至 2018 年 9 月,进出口总额增速处于"趋热"的黄灯区;发电量增速、工业企业主营业务收入累计增速、CPI 和国房景气指数等 4 个指标处于"正常"区间;工业企业增加值增速、社会消费品零售总额增速发出"趋冷"信号;而固定资产投资完成额累计增速、全国财政收入可比口径和 M2 增速则发出"过冷"信号。

指标名称	2017			2018								
	10	11	12	1	2	3	4	5	6	7	8	9
1.工业企业增加值增速	◉	◉	◉	○	○	○	○	○	◉	◉	◉	◉
2.发电量增速	○	○	○	○	○	●	●	○	○	○	○	○
3.工业企业主营业务收入累计增速	●	○	○	○		○	○	○	○	○	○	○
4.固定资产投资完成额累计增速	◉	◉	◉	◉	◉	◉	◉	◉	⊗	⊗	⊗	⊗
5.社会消费品零售总额增速	○	○	○	○		○	○	○	○	○	○	○
6.进出口总额增速	○	●	●	●	●	●	○	●	●	●	●	●
7.全国财政收入可比口径	○	◉	◉	◉	◉	◉	○	◉	◉	◉	◉	⊗
8.广义货币和准货币增速	◉	◉	⊗	⊗	⊗	⊗	⊗	⊗	⊗	⊗	⊗	⊗
9.居民消费价格指数	○	○	○	○	○	○	○	○	○	○	○	○
10.国房景气指数	○	○	○	○	○	○	○	○	○	○	○	○
综合判断	○	○	○	○	○	○	○	○	○	○	◉	◉
	45	43	43	45	45	48	45	45	38	38	33	33

注：　●<过热>　◉<趋热>　○<正常>　◉<趋冷>　⊗<过冷>

图 4　月度监测预警信号

（一）工业生产增速在"趋冷"区上界附近稳中趋缓

随着我国经济向高质量发展的转变，"三去一降一补"的供给侧改革效果逐步显现，规模以上工业增加值增速经过 2016 年的温和回升后，2017 年以来基本稳定在 6.5% 的"正常"区间下界附近，扭转了 2010 年以后的回落态势，2017 年全年增长 6.6%，较 2016 年提高 0.6 个百分点，体现了工业转型升级的效果。2018 年前 5 个月工业企业增加值增速回到"正常"区间，此后，受内需收缩、工业企业利润增长高位下行等因素影响，该指标走势略趋缓，再次降到"趋冷"区。

作为工业运行重要关联指标的发电量增速在 2017 年 4 季度至 2018 年 1 季度出现较快回升，2018 年 3 ~ 4 月甚至超过 8%，发出新常态以来少见的"趋热"信号。此后，发电量增速趋缓，但处于适中的"正常"区间。

受工业价格大幅回升后趋降和库存增速趋稳等因素影响，经过2017年上半年工业企业效益的较大幅度回升，从2017年3季度开始，工业企业主营业务收入累计增速呈现小幅回落态势并脱离12%以上的"趋热"区间。进入2018年后，该指标增速基本稳定在10%左右，处于"正常"区间内的中上水平。

（二）固定资产投资完成额累计增速下滑到"趋冷"区间，投资低迷，但内生动力有所增强

尽管2018年1季度固定资产投资完成额累计增速在靠近8%的"正常"区下界有所回暖，但受调结构、去产能大背景下高耗能投资和基建投资减速的影响，4月以后投资增速延续了近5年来的持续下滑趋势，6月以后投资增速降到6%以下，发出"趋冷"信号。8月投资增长5.3%，创造了2001年以来的最低水平。投资增速继续下降是导致2018年内需收缩和经济景气度不断回落的主要原因。

需要指出的是，与2017年相比，制造业和民间投资增长有所加快，内生增长动力增强。2018年1~9月，制造业投资和民间投资均增长8.7%，较上年分别提高3.9个和1.7个百分点。

（三）消费增长出现下滑趋势，发出"趋冷"信号，应高度关注

2017年5月以来，社会消费品零售额总额增速结束了前两年的平稳运行态势，再次出现下滑趋势。从2018年4月开始该指标进入"趋冷"区间（8.5%～9.5%）。该指标既受到居民收入增速放缓、居民杠杆率上升等因素的制约，也与2018年汽车、居住消费增速放缓有关。此外，电商促销也在一定程度上影响了消费者的预期。

剔除物价因素后，社会消费品零售总额增速自2017年7月以来

出现了更为明显的较快下滑，2017年12月和2018年9月的消费实际增长分别为7.9%和6.4%，较2017年6月的10%分别下降了2.1个和3.6个百分点，后者创造了2004年以来的月度最低值，需引起政府部门的高度关注。

（四）外贸景气回暖到"趋热"区间后走势趋稳

受全球经济增速回升、国际市场需求增加、"一带一路"建设的推进以及关税减让等扩大进口政策的不断推出的影响，我国外贸进出口总额增长（美元计价）在2017年大幅反弹基础上进一步回暖。从2017年10月开始进出口总额增速进入"趋热"区间（13%~19%），显示外贸总体的景气度较高。2018年1~9月进出口累计增长15.7%，较上年全年提高4.3个百分点。剔除季节和不规则因素后，2018年前9个月的进出口走势大体保持平稳。

2018年的出口和进口形势均好于2017年，但两者的走势出现分化。出口增速经过2017年的较大幅度上升后，2018年出现先扬后抑走势，1季度、上半年和1~9月的累计增长分别为13.7%、12.6%和12.2%，增速有所回落，但均超过2017年全年7.9%的增速。受贸易摩擦和全球经济运行不确定性加大的影响，9月PMI新出口订单增速由49.4%下降到48%，短期内出口增速可能继续下降。进口增长速度在2017年大幅跃升基础上，2018年前9个月继续呈现温和上升态势。1季度、上半年和1~9月的累计增长分别为19.2%、19.9%和20%，明显高于2017年全年15.9%的增速，处于2012年以来的相对高位。随着汽车行业等领域关税减让等扩大进口政策的不断推出，进口增速短期内或仍然维持高位运行。

（五）2018年财政收入景气前高后低，回到"过冷"区间

在经济运行稳中趋缓、政府减税降费政策不断推出等因素的影响

下，财政收入增长代表的全国财政收入可比口径指标在 2018 年呈现前高后低走势。1 季度、上半年和 1～9 月的累计增长分别为 13.6%、10.6% 和 8.7%，增速逐渐回落。特别是，从 8 月开始由 1～5 月的"正常"区间（7%～12%）落入"过冷"区间（4.5% 以下），显示财政景气度过低。预计财政景气短期内仍可能继续降温。

（六）2018年货币供应增速在"偏冷"区下界附近趋稳

受房地产市场调控加强、"防风险"政策效果逐步显现和经济增长趋缓等因素影响，狭义货币 M1 增速延续了 2016 年 8 月以来的大幅回落态势，处于周期下降阶段。

进入 2018 年，M2 增速缓中趋稳，结束了前两年的持续小幅回落走势，各月增长大体保持在 8.4% 左右，处于"过冷"区间（8.5%以下）上界附近的历史低位，显示货币供应偏紧，央行应继续给予高度关注。

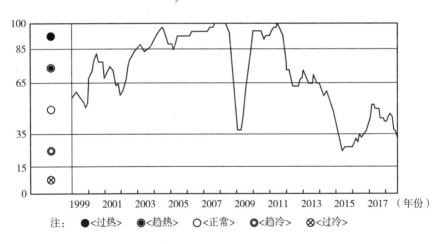

注：● <过热> ◉ <趋热> ○ <正常> ◎ <趋冷> ⊗ <过冷>

图 5　月度景气动向综合指数

此外，2018 年金融机构人民币贷款增速继续在 13% 左右的低位呈现触底企稳态势，反映信贷景气同样偏紧。

由 10 个预警指标构成的景气动向综合指数与景气一致合成指数的走势比较接近（见图5）。景气动向综合指数在2016年10月回到"正常"区间后，于2017年2～3月达到本轮景气回升的高点（52.5），显示经济运行呈现稳中向好态势。此后，受工业增加值、投资、消费、财政收入等景气指标回落的影响，景气动向综合指数出现波浪形小幅回落走势，2018年8～9月的指数均为32.5，再次发出"趋冷"信号。

通过对10个预警指标走势的分析并结合目前的政策取向，预计2018年4季度至2019年，景气动向综合指数在30～35的"趋冷"区内上部保持大体平稳走势的概率较大。

三 物价波动特征及影响因素分析

（一）物价波动特征分析

剔除季节和不规则因素后的我国居民消费价格指数（CPI）和我国工业生产者出厂价格指数（PPI）的走势如图6所示。根据物价周期转折点判别准则和测量方法，按照"谷—谷"的周期计算，自1997年1月起，CPI已先后经历了6轮短周期。其中，第6轮短周期从2015年1月开始到2017年3月结束，周期持续时间为27个月。此轮周期与第5轮周期类似，呈现出波动幅度微弱、持续时间较短的新常态特征。从2017年4月开始，CPI进入了第7轮短周期的温和扩张期，此轮扩张的持续时间较长，截至2018年9月波峰尚未出现。受食品价格持续上涨及周期性因素影响，预计短期内CPI仍可能缓慢上升，然后趋稳。

经过2017年的高位震荡后，2018年PPI总体处于第6轮短周期的收缩期，但经历了先降后升的波动，其走势与CPI继续发生背离。

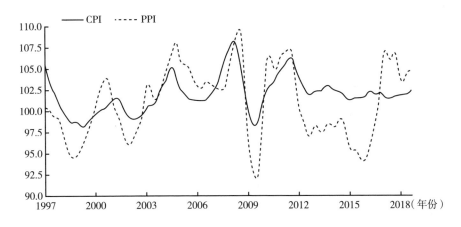

图6　剔除季节和不规则因素后的 CPI 与 PPI

在工业品需求疲软的大背景下，预计未来 PPI 涨幅或将趋缓。

从 CPI 的两大分项来看（见图7），2018 年 1 月以来，食品价格分项与非食品价格分项的走势出现了明显的差异。非食品价格分项的变动较为平缓，而食品价格分项在相对低位呈持续上涨态势，主要原因在于，受洪灾、台风等恶劣天气及上年同期基数较低等因素影响，食品价格分项中的鲜菜、鲜果价格持续上涨，同时，受"猪周期"上行、猪瘟疫情蔓延等因素影响，猪肉价格降幅持续收窄。虽然 CPI 中食品价格分项的权重低于非食品价格分项，但同以往一样，CPI 的波动主要受食品价格变化的带动。这也是导致 CPI 与 PPI 走势背离的主要原因。

从 PPI 的两大分项来看（见图8），生产资料价格变动仍然主导 PPI 的走势。2018 年生产资料价格与 PPI 走势保持高度一致，同样经历了先降后升的波动过程，总体处于周期下降阶段。生活资料价格波动较平缓，年内呈缓慢上升趋势。2018 年 2 季度以后，受石油、煤炭、冶金等上游产品价格上涨的影响，石油工业和冶金工业分项 PPI 的涨幅明显扩大，加之经济运行稳中向好，工业企业利润增长较好，带动了工业产品价格有所回升。

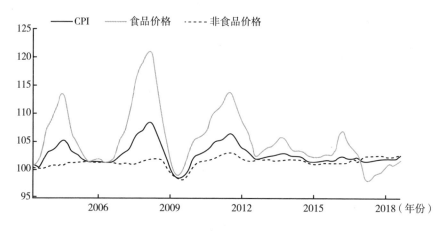

图7 CPI、食品价格与非食品价格

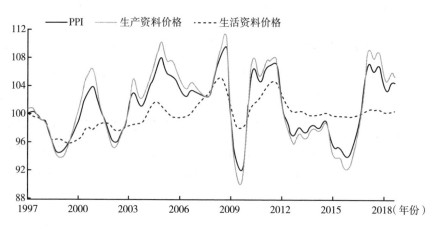

图8 PPI、生产资料价格与生活资料价格

（二）物价波动的影响因素分析

物价波动受国内经济波动、居民收入变化、生产成本变动和货币供应等诸多因素的影响，在此情况下，仅仅靠单一因素或者几个指标难以对物价影响因素及其走势做出准确判断。为此，我们从货币因素、成本因素、宏观因素、需求因素四个方面来考察物价的影响因素

指标。受个别指标数据长度的限制，样本区间为 2003 年 1 月至 2018
年 9 月，数据来源为中经网和 Wind 数据库。

表 1   物价影响因素的主成分分析

因素类型	指标名称	因子载荷
货币因素(f_1)	1. 货币和准货币（M2）增速	0.98
	2. 货币（M1）增速	0.52
	3. 准货币（M2 - M1）增速	0.76
	4. 人民币各项存款增速	0.86
	5. 人民币各项贷款增速	0.7
成本因素(f_2)	1. 工业生产者出厂价格指数	0.98
	2. 工业生产者购进价格指数_燃料、动力	0.91
	3. 工业生产者购进价格指数_农副产品类	0.69
	4. 工业企业成本费用利润率	0.68
	5. 国际原油价格_布伦特	0.85
宏观因素(f_3)	1. 工业企业增加值增速	0.66
	2. 固定资产投资完成额增速	0.66
	3. 进口总额增速	0.83
	4. 全国公共财政收入增速	0.80
需求因素(f_4)	1. 城镇居民可支配收入增速	0.64
	2. 社会消费品零售总额增速	0.19
	3. 消费者信心指数	0.18
	4. 上证综合指数增速	0.66

指标的筛选和归类如表 1 所示。货币因素主要从货币供给、货币
流动性角度来挑选指标；成本因素从国内生产成本及国际成本两个方
面考虑；宏观因素主要挑选与经济景气波动走势相一致的指标；需求
因素主要从消费者的收入水平、消费能力与预期来反映居民的消费需
求，并通过股票价格指数来反映居民的投资需求。然后，使用主成分
分析方法将四类指标组分别提取共同因子来代表物价的影响因素，四

个共同因子分别代表货币因素（f_1）、成本因素（f_2）、宏观因素（f_3）和需求因素（f_4）。相关分析表明，相对于 CPI，货币因素、宏观因素、需求因素都具有一定的先行性，成本因素与 CPI 的走势基本保持一致。

考虑到各影响因素在不同时期对物价变动产生的影响并非固定不变，本文建立了物价（CPI）与各影响因子的时变参数向量自回归（TVP－VAR）模型，用于分析各影响因素对物价的时变影响效应。

经过 ADF 单位根检验，四个影响因子与 CPI 都为平稳时间序列，满足建立 TVP－VAR 模型的基本条件。根据 SIC 和 AIC 信息准则，确定模型的滞后期为 2 期。使用基于贝叶斯推断的马尔科夫链蒙特卡洛（MCMC）算法进行模型估计，连续抽样 10000 次。为了保证抽样的有效性，使用卡尔曼滤波对时变参数进行取样。估计结果中所有变量的无效率因子取值都小于 50，表明 TVP－VAR 模型的参数估计是稳健的，参数估计的判别标准由 Chib 给出。

各影响因子对物价的影响效应一般通过脉冲响应函数来刻画。普通 VAR 模型的脉冲响应函数是根据整个样本估计出的 VAR 模型获取的，但在 TVP－VAR 模型中，系统的参数估计具有时变特性，这意味着我们可以得到不同时点下的脉冲响应函数。

图 9 至图 12 为 2009 年 3 月、2013 年 3 月、2018 年 3 月物价对各影响因素的时点脉冲响应函数图。三个时点分别代表全球金融危机爆发时期、新常态开始时期及现阶段。为了排除春节因素的干扰，月份设定没有选择 1 月或 2 月。从整体上看，各因子对物价的影响在不同时期有着明显的差异，在金融危机爆发期间和新常态开始时期，各因素对物价的影响强度明显高于现阶段。

图 9 显示，货币因素对物价的影响在不同时期存在明显差别。具体来看，在金融危机爆发时期，货币因素冲击对物价产生较强且时间较长的正向影响；在 2013 年的新常态开始阶段，货币在前 10 个月产

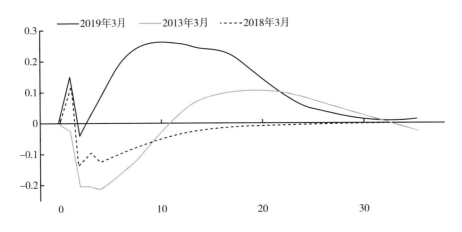

图9 物价对货币冲击的脉冲响应函数

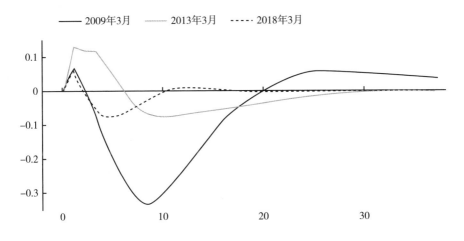

图10 物价对成本冲击的脉冲响应函数

生较强的负向影响后转为正向拉动；2018 年，货币冲击除第 1 期产生正向影响外，其余时间基本为负向影响，且持续时间较短。分析其中原因，一方面说明为应对金融危机采取的超常扩张性货币政策所带来的货币冲击效果，无论从影响强度还是影响时间都远高于其他时期；另一方面受货币政策传导时间的制约，货币冲击对物价的正向影响需要一定时间才能显现。近期货币因素对物价主要为负向影响的可

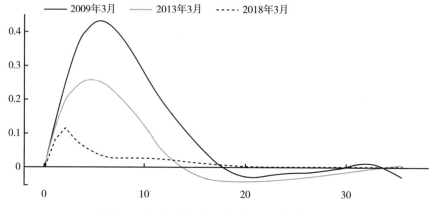

图 11　物价对宏观冲击的脉冲响应函数

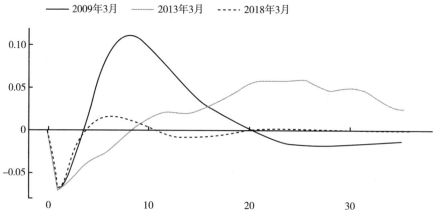

图 12　物价对需求冲击的脉冲响应函数

能原因在于，2017 年以来 M2 同比增速呈缓慢下降走势，而 CPI 则缓慢上升，二者走势相反。这在一定程度上反映出在去杠杆的供给侧改革背景下，货币供给增速缓中趋稳，且稳健性货币政策释放的流动性很多没有进入实体经济，而去产能导致 PPI 不断攀升后呈高位震荡，并逐渐部分传导至 CPI。

图 10 显示，成本因素对物价的影响在不同时期都存在正负交替的情况，这表明成本因素冲击对物价的影响并不稳定，上游产品价格

变动对 CPI 的传导并不顺畅。从需求和供给角度分析，CPI 主要反映消费领域的供需状况，而成本因素主要反映的是生产领域的供需状况。当供需失衡时，CPI 与成本因素的走势可能会发生背离，因此，成本因素对物价的影响存在不确定性。2009 年 3 月，成本因素对物价产生了较大的负向影响，脉冲响应函数在 8 期达到谷底，随后在 20 期由负转正。这反映了金融危机爆发后，国际大宗商品价格快速下滑导致上游原材料价格大幅下降，而此时消费领域的需求下滑并不明显。2013 年 3 月，成本因素在前 6 期产生正向的推动影响（在第 2 期达到峰值），此后影响由正转负，力度有限但持续时间较长。现阶段，成本因素除了在第 1 期产生一定的正向推动冲击外，第 2 到第 9 期对物价的影响为负，但力度不大，此后影响基本消失。这在一定程度上既反映了近期 CPI 与 PPI 走势背离的现状，也反映出近期物价受成本因素的影响较小。

图 11 显示，宏观因素对物价的冲击在不同时期主要为正向影响，但因经济周期波动及经济政策的调控力度不同，宏观因素的影响大小存在差异。金融危机爆发期间，宏观因素对物价产生了很大的正向影响，脉冲响应函数在第 6 期达到峰值 0.45，然后逐渐回落，一年半以后影响基本消失。在 2013 年 3 月的经济新常态初期，国内经济运行趋于平稳，物价温和上涨，宏观因素对物价的冲击影响有所减弱，脉冲响应函数在 4 期达到峰值 0.25，14 期以后转变为较弱的负向影响并持续到 30 期左右。2018 年 3 月的脉冲响应函数在 2 期就达到最大值 0.12，然后逐渐下降，20 期以后影响几乎为零，反映 2018 年我国物价上涨主要源于食品价格上涨的推动，宏观因素对物价的拉动影响进一步减小。

图 12 显示，需求因素对物价的冲击在不同时期主要表现为正向影响。金融危机爆发期间，社会消费品零售总额增速快速下滑，股市也遭受重创，国内有效需求出现短暂不足，进而带动物价下降。此时需求冲击对物价的影响相对较大，脉冲响应函数在第 8 期达到峰值

0.11。新常态开始时期，受人均可支配收入下降影响，需求因素在前8期为负向影响，之后才转为正向拉动，且影响的持续时间较长，在30期以后才逐渐减弱。2018年3月的脉冲响应函数在第6期达到峰顶，峰值仅为0.02，显示近期我国需求环境稳中趋缓，需求因素对物价的影响较弱。

根据以上的模型结果分析，2018年，M2和PPI走势与CPI发生背离，货币因素与成本因素对物价主要产生负向影响，解释能力弱化。宏观因素与需求因素对物价产生正向影响，但两者对物价的影响力度较弱，反映国内消费和投资需求有所减弱。

四 2018~2019年主要宏观经济指标预测

下面利用多种经济计量模型对主要宏观经济指标的变动趋势进行预测，以便进一步把握经济增长的未来走势，为政府的宏观调控提供参考信息。各指标的具体预测结果如表2所示。

表2 主要宏观经济指标预测结果

单位：%

指标名称	2018年4季度	2018年全年	2019年1季度	2019年全年
GDP增长率(可比价)	6.4	6.6	6.3	6.4
规模以上工业增加值增长率(可比价)	5.8	6.3	5.8	6.0
固定资产投资(不含农户)累计增长率	5.7	5.7	5.8	6.0
社会消费品零售额增长率	9.0	9.2	8.8	9.0
出口总额增长率	10.3	11.9	8.0	7.0
进口总额增长率	19.4	19.9	16.0	14.0
广义货币供应量(M2)增长率	8.5	8.5	8.2	8.0
金融机构人民币贷款总额增长率	13.3	13.3	13.3	13.0
居民消费价格指数CPI上涨率	2.5	2.2	2.4	2.5
工业生产者价格指数PPI上涨率	3.2	3.8	2.5	2.0

注：数据均为同比增长率，预测的样本数据截至2018年9月。

（一）2018年和2019年的经济增长速度将分别达到6.6%和6.4%左右

在需求和供给双收缩以及国际贸易摩擦不断加剧的背景下，2018年前3季度GDP增速出现小幅下滑走势，累计增速为6.7%，3季度增速为6.5%。随着改革进入攻坚阶段，以及全球经济复苏和地缘政治的不确定性影响，结合前面的监测和分析，2018年4季度至2019年，预计经济增速将出现小幅回落，2018年全年GDP增长率为6.6%左右，比上年下降0.3个百分点，但超过政府工作报告提出的预期目标。2019年的GDP增长率或下降至6.4%，各季度经济增长有望在6.2%~6.6%区间大体保持平稳运行，经济增长周期继续呈现"微波化"的新常态。

（二）物价走势保持平稳，预计CPI 2018年和2019年分别上涨2.2%和2.5%左右

2016年以来，CPI走势与PPI等其他价格指数出现一定背离，且相对经济景气的滞后稳定性也明显减弱，值得特别关注。短期内，猪瘟疫情扩散将导致猪肉价格延续涨势，从而提高整个食品价格水平。房租提升引导服务类项目价格上升的刚性特征明显，对物价的影响具有持久性。结合前面对物价波动特征和走势的分析以及模型外推结果，预计2018年4季度物价上涨2.5%左右，全年CPI上涨2.2%左右，涨幅比上年增加0.6个百分点。受较高翘尾因素的影响，预计2019年CPI涨幅可能先升后缓，全年上涨2.5%左右，略高于2018年。总体来看，2018~2019年物价会继续在"正常"区间小幅波动，走势大体平稳，通胀压力不大。

在去产能、环保政策落实推进下，相关工业产品价格或维持高位，但受上年高基数和需求下降的影响，PPI涨幅将总体延续回落趋

势。预测 2018 年 4 季度 PPI 上涨 3.2% 左右，全年上涨 3.8% 左右，比上年大幅下降 2.5 个百分点。预计 2019 年 PPI 仍将呈现下滑态势，全年上涨 2% 左右，涨幅进一步回落，低于 CPI 涨幅。

（三）工业生产增速或在6%附近的"趋冷"区小幅波动，走势大体平稳

短期内工业领域相对过剩的局面难以根本改变，投资需求不旺，工业主营业务收入增速已出现回落，工业进入去库存阶段，去产能、去杠杆和环保限产政策等会持续推进，中美贸易摩擦加剧将影响出口增长。但与此同时，影响工业生产的积极因素也在改善。一是减税降费、"降准"等财政金融政策将协同发力，加大对实体经济支持力度，改善企业营商环境；二是宏观政策有所放松，基建投资企稳回升，内需或有所改善；三是产业结构持续优化，高技术行业、战略性新兴产业仍将保持较快增长。综合这些因素的影响，规模以上工业增加值增速仍将处于低位运行，在"趋冷"区间（5.5%～6.5%）小幅波动。预测 2018 年 4 季度规模以上工业增加值增速约为 5.8%，全年增长 6.3% 左右，较上年下降 0.3 个百分点。预计 2019 年规模以上工业增加值增长 6% 左右，增速有所回落，但有望继续保持 2015 年以来的大体平稳走势。

（四）固定资产投资增速可能在"过冷"区止跌回升

2018 年，受社会融资持续低迷、地方债监管较严、积极政策效应滞后等因素制约，投资增速逐月下行。但 1～9 月投资增速触底回稳，年内首次出现小幅回升。近期，国家出台多项减税降费措施，企业负担有所减轻。制造业投资特别是高技术制造业投资有望保持 4 月份以来的较快增长态势，成为拉动投资增长的重要动力。随着政府一系列稳定投资政策措施的作用效果逐渐显现，从 2018 年 4 季度开始，

投资增长有望在历史低位止跌企稳，甚至出现小幅回升。在基建投资补短板、地方投资项目落地、民间投资稳定以及财政基建类支出明显加速的背景下，预计2018年4季度基建投资有望止跌企稳，全年固定资产投资（不含农户）累计增长5.7%左右，较前3季度有所提升，但比上年下降1.5个百分点，处于6%以下的"过冷"区间，创造21世纪以来的最低年增长水平。但投资结构将继续改善，高新技术产业和民间投资有望保持高位运行。预计2019年我国固定资产投资结构将继续深化调整，不断升级，增速趋稳，全年增长6%左右，略高于2018年。

（五）消费增长有望在"趋冷"区间止降回稳

受汽车类消费需求下滑、股市低迷、P2P平台问题频出、居民杠杆率上行过快、居民收入增速减缓等因素拖累，2018年前3季度社会消费品零售额增长出现下滑态势。9月份，中央出台了关于促进消费、激发居民消费潜力的文件。考虑到一系列促消费政策逐渐落地会对消费形成支撑，特别是个税改革方案落地将有效提高居民收入增长，预计2018年4季度和2019年，社会消费品零售额增速将止降回稳，保持平稳较快增长。预测2018年名义消费品零售额增长9.2%左右，比上年下降1个百分点，位于"趋冷"区（8.5%~9.5%）内上部。剔除物价因素后的实际消费增长7%左右，比上年低2个百分点。但全年最终消费支出对经济增长的贡献率将超过70%。预计2019年社会消费品零售额名义增长9%左右，实际消费增长6.9%左右，与上年大体持平。总体上消费将恢复以稳为主的增长态势。

（六）进出口景气将从"趋热"回到"正常"，外贸顺差继续缩减

未来一段时间，我国外贸面临的不确定性较大，中美贸易摩擦加

剧，全球经济和贸易周期性趋缓，地缘政治的不确定性增加。受到这些因素的影响，外贸出口增长可能呈现回落态势。预测 2018 年 4 季度出口总额增长 10.3% 左右，全年出口总值约 25320 亿美元左右，增长 11.9%，增速较上年增加 4 个百分点，超出预期。预计 2019 年出口总额增长 7% 左右，增速明显回落。

受国内经济景气度下滑影响，进口景气或将继续小幅回落。预计 2018 年 4 季度进口总额增长 19.4% 左右，全年进口总值 22100 亿美元左右，增长 19.9%，增速较上年提高 3.8 个百分点。初步估计 2019 年进口总额增长 14% 左右，增速有所回落。

按此预测，2018 年进出口总额增长总体处于"趋热"区间，全年进出口总额约为 47420 亿美元左右，增长 15.5%，超出预期。全年贸易顺差 3220 亿美元，比 2017 年下降 23.3%，降幅进一步扩大。初步预计 2019 年进出口总额增长约 10.3%，处于"正常"增长区内的上部，外贸顺差约 1900 亿美元，比 2018 年减少约 40%，对全年经济增长产生较大负向冲击。

（七）货币供应量继续在"趋冷"区下界徘徊，贷款保持平稳增长

在前期金融去杠杆政策使 M2 增速出现持续下滑后，2018 年前 3 季度 M2 增速出现触底企稳态势。随着近期政府"六稳"政策的落地和显效，信贷传导机制将进一步理顺，金融结构有望出现更积极的变化。预计 M2 仍将在"趋冷"区的下界附近大体保持平稳增长。预测 2018 年末 M2 增长 8.5% 左右，比上年小幅增加 0.3 个百分点。估计 2019 年 M2 增速为 8% 左右。作为重要的信用创造观察指标，央行应做好政策预案防止其进一步下滑，以保持经济平稳运行。

在稳健货币政策的基调下，预计信贷增长仍将保持 2016 年 4 季度以来的平稳增长态势，2018 年末增速约为 13.3%，增速较上年增

加0.6个百分点，全年新增贷款接近16万亿元。预计2019年人民币贷款增长13%左右，全年新增贷款约17.7万亿元。

五 结论和相关政策建议

综合以上分析和预测结果，我国月度经济景气波动从2015年12月开始进入新一轮短周期，本轮短周期的峰顶转折点已经在2017年3～4月出现。2017年4月以来的经济景气下滑可能会持续到2018年底或2019年1季度，但下降幅度较小，经济运行有望在新的景气水平继续保持大体平稳的运行态势。预测2018年和2019年GDP增长率将分别达到6.6%和6.4%左右，CPI上涨率分别为2.2%和2.4%左右，经济和物价周期波动将继续呈现新常态下的"微波化"特征。

在经济下行压力加大的情况下，下一步的宏观经济调控应该继续坚持"稳中求进"的主基调，以"稳就业、稳金融、稳投资、稳消费、稳预期、稳外资"为主要发力点实施精准调控，继续深化改革，防范风险，进而重振市场信心，努力保持经济稳定且高质量的增长。

（一）货币政策应稳健偏宽松，继续实施积极财政政策，避免投资和消费增速下滑过快

货币政策宜稳健偏宽松，灵活适度，着重疏通货币政策传导机制。建议针对地方性或特色金融机构出台定向激励的政策试点，减少资金在传导环节的沉淀及由此产生的资金获得成本；继续保持银行间流动性合理充裕，通过适当补充资本、行政干预、激励调整等手段增强银行体系放贷意愿；加强政策性金融机构的职能作用，可针对小微企业的融资问题进行定向降准。应进一步优化信贷环境，降低企业融

资成本，稳定投资。

积极财政政策应继续加大结构性减税降费力度，稳定微观主体预期，增加企业内生活力。建议减税方式从增加抵扣等间接减税转向直接降低名义税率，尤其是降低企业所得税税率和增值税税率，增强减税后企业和居民的获得感。同时，为了改善发展不平衡、不充分的问题，应加大中央政府转移支付力度，增加专项债发行，增加基建补短板。

针对个税改革，要尽快保障个税改革过渡期政策稳健落地，同时尽快完善出台《个人所得税专项附加扣除暂行办法》。建议推出以家庭为纳税主体的税制，充分考虑不同家庭收入结构、负担情况的差异，夫妻间的抵扣可以调剂；征税模式尽快实现综合征收，确保所有收入来源按照同样标准纳税，同等对待资本与劳动所得；专项附加扣除应考虑地区差异，依照地区工资水平及物价水平设立不同扣除标准，让广大人民群众切实享受到改革的红利。

（二）坚持房地产调控政策，稳定居民杠杆率

为了解决居民部门高杠杆率和居民负债与可支配收入比大幅上升问题，应继续坚持房市调控政策不动摇，尽快推出有利于房地产健康发展的长效机制。应明确房产税征收时间及形式，稳定市场情绪，相对弱化房屋交易环节的税费与流动性限定；构建合理、高效的房地产二手房交易市场，扩大有效供给、满足市场需求；完善房地产调控的法律法规体系，提高房地产市场的法治化水平。加大对保障房的基建投资力度，并对参与保障房建设的社会资金予以一定的税收减免，同时银行在对该类企业贷款方面予以一定优惠，加快保障性住房建设。应继续加快新型城镇化建设步伐，为经济增长提供长期动能。

此外，稳定居民家庭债务杠杆还需综合施策。在遏制楼市价格持续上涨的同时，应大力完善社会保障机制，在养老、医疗、教育等方面提供更多的政府服务与支持，消除民众的后顾之忧。

（三）促进实物消费，鼓励服务消费

就消费水平而言，我国相对世界平均水平还有很大的提升空间。鉴于2018年消费品零售额增长释放出的"趋冷"信号，加之近几年电商平台在优化消费结构、促进消费升级等方面起到了重要作用，建议除加快个税改革过渡期政策的稳健落地、增加家庭的可支配收入外，财政政策应加强对信息、地下管网等公共基础设施建设的投入力度，改善偏远地区联网条件；积极培育第三方物流企业，打造完善的全国物流体系，如可以根据地方的实际需求，适当增加中西部地区和农村地区的邮政和快递营业网点数。同时，建立健全相关法律法规，如加快推进电子商务立法，制定电子商务安全技术管理标准等，并加强对电子商务活动的监督管理。此外，为了保持汽车行业的稳定增长，一方面应强化道路资源的建设与释放，加大对立体停车库、衔接公共交通停车场等基建投资力度；另一方面应大力发展节油型汽车以及新能源汽车，促进汽车产业转型升级，抢占国际竞争制高点。同时，创新和优化汽车消费信贷产品，发放汽车企业固定资产贷款、汽车经销商存货抵押贷款、汽车消费按揭信贷等，让汽车金融服务涵盖汽车制造、销售、使用、维修、售后服务等全领域。

考虑我国消费结构由物质型消费为主向服务型消费为主转变，建议推进服务消费提质扩容，引导社会力量进入文化娱乐、休闲旅游、教育培训、医疗卫生、健康养生、养老服务、家政服务等居民需求旺盛的服务消费领域，支持社会力量提供更多高品质的服务供给。此外，应建立和完善消费后评价体系和消费环境监测评价体系，加快完善守信激励和失信惩戒机制，加大对虚假宣传、欺诈消费者等行为的打击力度；健全消费者维权法律体系，加快个人信息安全立法，加大消费者个人信息保护力度。

（四）扩大对外开放，稳定外汇市场

随着世界主要经济体增长放缓和美国引发的全球贸易摩擦不断加剧，世界经济很可能进入周期收缩期，全球贸易增速将回落，我国出口增速也将受到冲击。首先在扩大内需、做好对冲的同时，以建立区域全面经济伙伴关系（RCEP）为抓手，强化与周边国家之间的自贸区建设，大力发展与欧盟、加拿大、墨西哥等国的多边贸易关系。其次，虽然美联储频繁加息导致中国面临资本流出和人民币贬值压力，但与此前的资本净流出相比，本轮中国经济放缓中去产能和去杠杆的压力较小，在汇率和资本项目管理政策方面积累了更丰富的经验，资本净流出压力较小。因此，政府应保持政策定力，保留货币政策的独立性，利用汇率价格弹性自发平抑短期资本流动。由于近期外汇市场供求整体延续继续改善的趋势，供求推动而非央行干预的人民币汇率双向波动更加明显，预计未来外汇供需趋于稳定。

（五）加速新旧动能转换，提升创新活力

目前我国新旧动能切换正处于从量变到质变的关键期，新动能在国民经济中的占比正在加速提升。在此关键时点，建议进一步扩大对高技术制造业、装备制造业等新产业的投资规模，提高投资增速；提升研发的 GDP 占比，以高校和科研院所为创新活动起点，通过科技成果向应用环节的逐步转化来拉动经济系统的创新活动，带动整个国家竞争力的提升；同时，充分发挥地方积极性，打造若干地方区域创新中心，实现差异化发展；要充分发挥企业的创新主体作用，出台真正管用的政策措施，激励企业自觉加大自主创新力度，以企业新产品开发需求为导向进行技术研发，以国家制造业创新中心为抓手，通过产学研合作，优化配置中央和地方创新资源，实现自主创新目标。

参考文献

陈磊、孔宪丽:《转折点判别与经济周期波动态势分析》,《数量经济技术经济研究》2007年第6期。

陈磊、孟勇刚、孙晨童:《2017~2018年经济景气形势分析与预测》,《经济蓝皮书:2018年中国经济形势分析与预测》,社会科学文献出版社,2018。

邓郁松、刘涛、张晨:《物价指数的监测预警》,社会科学文献出版社,2013。

东北财经大学经济运行与财政政策研究基地:《预测专报》,载《2018年4季度宏观经济形势分析预测报告》,2018年9月28日。

高铁梅、陈磊、王金明、张同斌:《经济周期波动分析与预测方法(第二版)》,清华大学出版社,2015。

中国银行国际金融研究所:《2018年第4季度"中国经济金融展望报告"》,2018年9月28日。

刘达禹、刘金全、张菀庭:《财政、货币与世界经济冲击的时变特征检验——基于TVP-VAR模型的实证分析》,《数量经济研究》2016年第2期。

谭小芬、张峻晓:《基于TVP-FAVAR模型的国际油价驱动因素研究:2000~2015》,《投资研究》2015年第8期。

Chib S., Nardari F., Shephard N., "Markov Chain Monte Carlo Methods for Stochastic Volatility Models", *Journal of Econometrics*, 2015 (2).

宏观政策与供给侧改革篇

Policies Analysis and Supply-side Reform

B.7
当前我国经济形势和2019年展望

祝宝良*

摘　要：　2018年，我国坚持稳中求进工作总基调，以供给侧结
构性改革为主线，着力打好"防范化解重大风险、精
准脱贫、污染防治"三大攻坚战，国民经济运行总体
平稳，稳中有进，结构不断优化，新动能加快成长，
质量效益提高，预计全年经济增长6.6%，圆满完成宏
观调控的预期目标。但经济运行稳中有变，变中有忧，
民营企业经营困难增加、基建投资回落过快、房地产
泡沫不断加大、中美贸易摩擦不确定性明显上升。建
议把2019年的经济增长目标定为6%左右，物价控制
在3%左右。继续坚持稳中求进工作总基调，按照高质

* 祝宝良，供职于国家信息中心预测部。

量发展要求，以供给侧改革为主线，打好三大攻坚战，激发微观主体的活力，继续实施积极的财政政策和稳健中性的货币政策，做好"稳就业、稳金融、稳外贸、稳外资、稳投资、稳预期"政策落实，保持经济持续健康发展。

关键词： 经济形势　经济结构　宏观调控政策

2018年初，基于世界经济继续复苏、我国经济稳定增长的实际情况，我国把继续推进供给侧结构性改革和"防范化解重大风险、精准脱贫、污染防治"作为全年经济工作的主要任务，加快清理地方政府隐性债务，处置国有企业不良资产，加强金融监管。进入4月份后，一些难以预料的问题先后出现，中美贸易摩擦加剧、民营企业出现信用风险、否定民营经济的言论不时出现、基建投资大幅度下滑、股市暴跌等，各项政策叠加和矛盾问题接连出现，导致经济下行压力明显加大。面对这一局面，中央审时度势，在保持战略定力的同时，对宏观经济政策进行预调微调，提出了"稳就业、稳金融、稳外贸、稳外资、稳投资、稳预期"的目标，释放鼓励民营企业发展和深化对外开放的政策信号，社会预期开始稳定，经济总体平稳、稳中有进。但外部挑战明显增多，国内结构调整阵痛继续显现，经济运行稳中有变、变中有忧。

一　2018年经济形势基本稳定

2018年前三季度，面对严峻的国际形势和国内艰巨的改革发展任务，我国按照高质量发展总要求、以深化供给侧结构性改革为主

线，打好三大攻坚战，统筹推进稳增长、促改革、调结构、惠民生、防风险各项工作，国民经济运行总体平稳、稳中有进。

一是经济基本维持在合理区间。前三季度，我国国内生产总值同比增长6.7%，比上年同期小幅回落0.2个百分点。三个季度经济分别增长6.8%、6.7%和6.5%。物价走势温和适中，居民消费价格上涨2.1%，受蔬菜、石油价格和医疗价格上涨的影响，涨幅比上年同期扩大0.6个百分点。生产领域价格总体平稳，全国工业品生产价格上涨4.0%，由于上年同期基数较高，涨幅比上年同期回落2.5个百分点，工业价格和居民消费价格剪刀差收窄。就业规模持续扩大，到9月末，全国城镇就业总量达到4.33亿人，比2017年末增加900万人以上。三季度末，外出务工农村劳动力总量18135万人，比上年同期增加166万人，同比增长0.9%。全国城镇调查失业率稳中有降，维持在5%左右。国际收支基本平衡，汇率基本稳定，中美贸易摩擦对出口和外资的影响还没有显现。

二是经济结构持续优化。第三产业比重不断提高，对经济增长的拉动作用不断增强。前三季度，三次产业增加值占GDP的比重分别为6.5%、40.4%和53.1%，第二产业和第三产业比重分别提高0.2个和0.3个百分点。消费对我国经济增长的拉动作用进一步增强，需求结构不断改善。虽然基建投资明显回落，但制造业、房地产、民间投资稳定，不含汽车类商品的零售总额增速逐季提高，服务消费需求旺盛，前三季度，最终消费支出对GDP增长的贡献率为78.0%，比上年同期提高14.0个百分点。居民收入增长与经济增长同步，城乡居民收入差距缩小，前三季度，全国居民人均可支配收入同比实际增长6.6%，与经济增长基本同步。城乡居民人均收入倍差2.78，比上年同期缩小0.03。

三是新增长动能有所提升。高技术产业、装备制造业、战略性新兴产业增加值增长速度明显高于整个规模以上工业。新能源汽车、光纤、智能电视等新产品产量保持较快增长。服务业中的战略性新兴服务业、高技术服务业营业收入快于全部规模以上服务业。与居民消费升级相关的养老、医疗、旅游休闲、文化娱乐等服务行业供给水平提高。咨询、物流、信息、商务服务业快速发展，信息传输、软件和信息技术服务业势头较好。

四是经济效益和质量有所提高。产能利用率保持稳定，前三季度，全国工业产能利用率为76.6%，与上年同期持平。工业企业实现利润同比增长14.7%，大大高于企业销售收入增速。杠杆率降低，9月末，规模以上工业企业资产负债率为56.6%，同比下降0.5个百分点，特别是国有企业资产负债率下降明显，宏观杠杆率连续9个季度保持基本稳定。节能降耗扎实推进，能源消费结构继续优化，前三季度全国能源消费总量同比增长3.4%，天然气、水电、核电、风电等清洁能源消费占能源消费总量的比重比上年同期提高1.3个百分点，单位GDP能耗同比下降3.1%。

二 经济运行面临较大下行压力

在经济平稳运行的同时，出现了民营企业困难增加、基建投资回落过快、房地产泡沫不断加大等问题。中美发生贸易摩擦后，也暴露出我国体制改革滞后、科技创新能力薄弱、产业链和价值链脆弱等问题。这些问题和矛盾叠加，我国宏观经济运行的微观基础发生了一些变化，国进民退，外资企业观望情绪上升，部分消费群体出现消费降级。微观主体行为的变化必然影响内生经济增长动力，经济下行压力加大。

一是民营企业经营困难。2016年以来，依靠行政和环保等手段去产能，钢铁、煤炭、有色、建材等价格出现大幅度上升，大大提高了国有企业的利润，再加上债转股和剥离不良资产等措施，国有企业

的杠杆率开始下降。但处于中下游行业的民营企业受到上游价格上涨、去杠杆、污染防治、出口预期下降、消费结构升级等多重因素挤压，利润增长缓慢，民营企业的资产负债率不降反升。2018年4月27日，《关于规范金融机构资产管理业务的指导意见》等金融监管政策正式出台后，银行表外融资受到抑制，金融机构风险偏好明显降低，民营企业的融资成本有所上升，引发股市暴跌、债市下滑、企业资金链断裂，一些企业开始出现信用违约，一些上市企业的股权质押被强制平仓，国进民退现象随之出现。

二是房地产泡沫危害越来越大。在土地财政和土地制度的约束下，我国的房地产调控一直是重需求、轻供给，甚至人为限制供给以抬高地价和房价。同时，为鼓励房地产去库存，2016年以来，国家采取了棚户区改造货币化安置政策，鼓励居民增加按揭贷款，导致房地产价格不断上升，居民杠杆率迅速攀升。房地产持续火爆拉动了经济增长和财政收入增加，却大大推高了实体经济的生产经营成本，提高了居民的杠杆率，加剧了财产和收入分配不平等，挤出了消费和制造业投资，影响了产业结构升级和经济可持续发展。从2016年以来居民消费、制造业投资、居民按揭贷款、企业房地产抵押融资等指标看，房地产价格上涨对经济发展和金融稳定的负面影响越来越大。

三是处置地方隐性债务与稳定基建投资两难。在"稳增长"和"惠民生"的驱使下，不少地方政府依托地方政府融资平台、政府与社会资本合作（PPP）、产业投资基金等渠道，通过明股实债、购买服务、担保等手段，大规模融资用于基建投资，政府隐性债务数量可观。支撑债务偿还能力的地方财政收入存在虚高问题，地方政府的债务率和偿债率被低估。在2018年初把规范地方政府隐性债务作为去杠杆的重点任务后，地方政府融资平台融资受到制约，基础设施建设投资开始急剧下降。在如何处理地方政策融资平台去杠杆和防止基建投资急剧下跌，如何协调金融监管、信贷、财政等诸多问题上出现不同看法。

四是中美贸易摩擦不确定性增大。从关税看,短期内对我国的影响不大。我们数量经济模型估计,短期内由于出口产品不可替代,我国对美国出口的短期价格弹性为0.7%,也就是说出口价格提高10%,对美国出口下降7%;由于出口合同往往提前3~6个月签订,短期出口出现回落有3~6个月的滞后期。中长期内,由于商品可以部分替代,我国的出口价格弹性会提高到1.5%,即出口价格提高10%,对美国中长期出口下降15%。从短期和中长期的价格弹性看,关税调整对我国出口的影响要持续大约两年零两个月。美国对中国500亿美元商品征收25%的关税和对2000亿美元商品征收10%的关税,合计影响对美国出口减少700亿美元,两年内GDP减少0.6个百分点左右。如果美国对剩余出口商品加征25%关税,影响对美国出口减少1800亿美元,两年内我国GDP增速减少1.6个百分点左右。对美国进口商品加征关税。我国CPI上涨0.3%左右。但从中长期看,中美贸易摩擦的背后还涉及知识产权保护、市场准入、产业政策、国有企业补贴等问题,这些问题难以一时解决。这必然影响双边贸易、投资、技术转移、人员交流,影响我国的科技创新能力的提升和产业链的安全。对外开放对我国科技进步和产业链、价值链提升至关重要,我们估计,改革开放40年,通过对外贸易和利用外资的技术外溢效应对我国经济增长的贡献每年在0.8个百分点左右。

三 2019年经济会有所放缓

2019年,我国经济发展面临的外部环境和2018年相比有所恶化,科技创新能力和内生增长动力提升是一个缓慢过程,货币和财政等宏观调控政策的空间和余地并不大,经济增长将有所减慢。与此同时,供给侧结构性改革对降低企业成本、稳定经济的效应将继续显

现，稳就业、稳金融、稳外贸、稳外资、稳投资、稳预期的政策会逐步发挥作用。在目前的宏观经济政策背景下，如果中美贸易摩擦维持现状，2019年我国经济增长预计在6.2%左右；如果出现美国对所有中国商品征收25%关税的情况，我国经济增长在5.6%左右。建议2019年把经济增长目标定为6%左右，物价控制在3%左右，新增就业1100万人左右。

基础设施投资低位稳定。2018年7月以来，国家把稳定基建投资作为补短板的重要抓手，地方政府专项债发行速度加快，PPP项目清理基本告一段落，但由于基建投资盈利水平不高，在严格管控地方政府隐性债务扩张的情况下，银行资金来源会受到制约，基建投资不会大幅度反弹，预计2019年基建投资（不包括电力）增长5%左右。在房地产限购、限贷的严厉政策调控下，2018年房地产销售量有所回落，销售额基本稳定，资金来源基本稳定，房地产土地购置面积自2017年以来持续增长，房地产开发投资增速基本稳定，预计2019年房地产投资增长9%左右。2018年以来，制造业产能利用率已经达到77.6%左右，部分行业高于80%～82%的合理水平，制造业投资出现了回升势头，预计2019年制造业投资增长6%左右。综合来看，2019年投资增长5.5%左右。

消费稳中略降。2019年，个人所得税起征点提高和六项费用扣除调整、进口关税下调会刺激消费增长，居民消费结构升级步伐会继续加快，养老、医疗、健康、教育、旅游等服务消费会继续快于零售商品的消费，网络购物、共享单车等新型消费模式继续带动新兴消费发展。但由于中美贸易摩擦和基建投资减慢，就业和居民收入会受到影响，房地产价格高位运行会继续挤出汽车等产品的消费，消费需求会有所下降，预计2019年社会消费品零售总额增长9%左右。

出口增长速度将有所回落。2019年，世界经济仍处于复苏阶段，国际货币基金组织预计世界经济增长3.9%，和2018年持平。提高出口退税率和2018年以来人民币兑美元汇率贬值7%左右会提升出口竞争力，我国出口仍会保持增长势头，正常情况下，2019年我国出口增长预计在8%左右。但中美贸易摩擦对我国出口带来不利影响，如果中美贸易摩擦维持现状，2019年我国对美国出口减少350亿美元，影响出口增速1.4个百分点，2019年我国出口增长预计在6.5%左右；如果美国对所有中国商品征收25%关税的情况，对美国出口减少930亿美元，影响出口增速3.7个百分点，2019年我国出口增长预计在4%左右。

价格总体稳定，工业品和消费品价格的剪刀差缩小。上游产业去产能工作基本完成，煤炭、钢铁、有色、建材和石化等行业供需关系扭曲得到调整，价格过快上涨的势头将明显缓解。美国页岩油气增产，全球油气供求基本平衡。考虑到基数因素，2019年，我国工业品价格涨幅将稳中略降。经济增速减慢会导致工资增速减缓，服务业价格上升空间不大，工业品消费品市场仍然供过于求，食品和农产品价格受非洲猪瘟、进口减少的影响有所上升，对美国进口商品加征关税会使我国消费品价格上涨0.3%左右，居民消费价格涨幅略有提高。预计2019年居民消费价格指数2.6%左右，工业生产者价格指数3%左右，工业品和消费品价格的剪刀差缩小，物价尚不构成对货币政策调整的压力。

四　宏观调控政策建议

当前，我国经济的主要问题就是如何提高微观主体活力、增强企业和居民信心，这就需要保护产权、降低税费负担、解决"融资难""融资贵"等问题，切实降低生产成本和生活负担。因此，必须坚定不移地深化供给侧结构性改革，大力推进国企、财税、金融、市场准入、对外开放等领域的政策落地，继续实施积极的财政政策和稳健中

性的货币政策，稳就业、稳金融、稳外贸、稳外资、稳投资、稳预期，保持经济基本稳定。

（一）继续实施积极的财政政策和稳健的货币政策

积极的财政政策要加力增效，继续降税减费，提高中央政府的财政赤字水平和赤字率，并做好应对中美贸易摩擦加剧引发经济下降、失业增加的财政政策预案。调整优化财政支出结构，确保对重点领域和项目的支持力度。在堵后门的同时，要扩大地方政府专项债规模，保证基础设施投资稳定。稳健的货币政策要保持中性，保持货币信贷和社会融资规模合理增长，广义货币 M2 和社会融资总量增速可提高到和经济预期增长目标持平或略高。2019 年还有较大的降准空间。保持人民币汇率在合理均衡水平上的基本稳定，加强资本管制，保证我国货币政策的独立性。

（二）深化改革扩大开放

供给侧结构性改革从主要依靠行政手段和环保手段转向主要依靠市场手段，加快出清"僵尸企业"。在电力、电信、民航、军工、石化等领域推动混合所有制改革。加快房地产税立法，通过推出房地产税给地方政府找到稳定的财源，并以此为质押，加大地方政府发债的力度，用于基础设施投资。现有平台债务实施第二次置换，彻底切断融资平台与地方政府的财政联系，改组为国有企业。落实扩大对外开放和降低关税的政策，适度扩大进口，严格保护知识产权，妥善解决中美贸易摩擦。

（三）推进土地制度改革，严控房价上涨

在通过首付比例、利率等手段严控投资、投机需求的同时，房价过高的城市要增加住宅用地，改革房地产商垄断住宅供应的体制，允

许小城市和小城镇的自然人合作建房,允许非房地产企业在取得土地使用权的土地上建设商品房和租赁房,允许农村集体经济组织在自有建设用地和闲置宅基地上建设商品房和租赁房,允许大城市周边生态修复企业在修复的生态用地上开发一定比例的低密度住宅。

(四)鼓励民营经济发展

大力降低实体经济成本,降低制度性交易成本,继续清理涉企收费,加大对乱收费的查处和整治力度。落实保护产权政策,依法甄别纠正社会反映强烈的产权纠纷案件;激发民间投资活力,贯彻落实促进民间投资的各项政策,鼓励民间资本参与 PPP 项目,稳定基础设施投资。

表1 2019 年主要宏观经济指标预测

指　标	2017 年		2018 年预测		2019 年预测	
	绝对值（亿元）	增长率（％）	绝对值（亿元）	增长率（％）	绝对值（亿元）	增长率（％）
GDP	827122	6.9	906520	6.6	989680	6.2
一产	65468	3.9	66950	3.3	69800	3.1
二产	334623	6.1	368550	5.7	405330	5.3
三产	427031	8.0	471020	7.6	514550	7.2
规模以上工业增加值	—	6.6	—	6.2	—	5.5
城镇固定资产投资	631684	7.2	666430	5.5	703080	5.5
房地产投资	109799	7.0	120230	9.5	131050	9.0
社会消费品零售总额	366262	10.2	381130	9.2	415430	9.0
出口（美元）	22635	7.9	25240	11.5	27260	8.0
进口（美元）	18410	15.9	22000	19.5	24420	11.0
居民消费价格指数		1.6		2.2		2.6
工业生产者价格指数		6.3		3.6		3.0

B.8
2019年中国经济发展的政策选择

李泊溪*

摘　要： 2018年我国经济实现了总体平稳。国内各地区各部门贯彻新发展理念，以供给侧结构性改革为主线，坚持稳中求进工作总基调，努力打好防范化解重大风险、精准脱贫、污染防治三大攻坚战。各主要宏观调控指标运行在合理区间，人民群众获得感、幸福感、安全感增强，成绩的取得来之不易。虽然存在众多不确定性，但是面对国际经济贸易形势的变化和逆全球化因素的存在，我国是最有能力采取应对措施的国家。

关键词： 中国经济　宏观调控指标　国际经济贸易

2018年的中国经济，从国内看面临一些新问题，从外部看，环境发生明显变化，面临新挑战。这给我国经济带来一些困扰和难题，有的甚至可能是初次遭遇。面对这样的情况，2018年以来，各地区各部门按照党中央部署，贯彻新发展理念，落实高质量发展要求，以供给侧结构性改革为主线，着力打好防范化解重大风险、精准脱贫、污染防治三大攻坚战，加快改革开放步伐，坚持稳中求进工作总基调，2018年我国经济实现了总体平稳。主要宏观调控指标处在合理

---

* 李泊溪，供职于国务院发展研究中心。

区间，人民群众获得感、幸福感、安全感增强，成绩的取得来之不易。我们面临的国内外情况还很复杂，需要认真总结，加强统筹协调、扎实细致安排好2019年的工作，是至关重要的。

一 稳中求进需谋划

自2012年中央提出稳中求进以来已经有6年，实践证明，中央提出的经济工作总方针非常正确，"坚持稳中求进工作总基调"是近年我国经济运行在合理区间的重要原因。面向复杂的发展局面，实际上稳中求进的内涵是不断发展和充实的，开始主要涉及财政政策、金融政策，再配以其他相关政策要求，而后逐步扩大至对稳中求进的要求。稳中求进的难度在加大，要求我们的工作更深入、更全面。我国进入社会主义新时代以来，随着改革开放的不断深入，中国经济发展新动能逐步形成，经济结构的优化明显使过剩产能化解面临着新选择，对多元化的产业体系提出了高质量发展的新要求，经济发展风险的存在，需要我们提高警惕，认真面对，总之，国内外环境的变化对稳中求进工作提出新的要求、新的挑战，我们要深刻认识客观形势。

要稳中有进，就要看到稳中有变，如何在面对这些"变"的同时做到"进"，这是对经济工作很高的要求。稳中求进要与贯彻新发展理念、落实高质量发展要求相结合，要与着力打好防范化解重大风险、精准脱贫、污染防治三大攻坚战相结合，要与应对国际经贸新形势和挑战相结合，要与国家重要战略部署相结合，因此，2019年的"稳中求进"的工作难度加大、内容更加丰富。

在党中央和国务院领导下，有关综合部门要联合对2019年"稳中求进"工作进行谋划，提出综合宏观调控方针和方案，要与国家战略和长期发展规划相衔接，并对可能发生的国内外环境变化和出现

的问题提出应对预估方案，包括化解金融风险等重大风险，确保稳中求进总基调，使 2019 年我国经济发展处在合理区间。

二　防范金融风险　促进经济持续发展

面对我国经济发展成绩总结经验，发挥正能量作用是必要的；找出经济存在的问题和风险，同样是必要的。在取得成绩时，防范风险更重要，因为防范风险是保证经济持续稳发展的基础工作。

习近平总书记指出，防范化解金融风险事关国家安全、发展全局、人民财产安全，是实现高质量发展必须跨越的重大关口。我们要贯彻中央要求，把防范化解金融风险的工作抓好。中国经济发展风险反映在金融风险上，或者说金融风险集中反映了中国经济发展风险，金融风险主要体现在政府债务和企业债务两大方面。

（一）政府的债务风险

政府的债务风险主要指的是地方政府债务风险，有关研究显示，仅 2009 年，由于国家推行了"地方政府债"，放开了地方政府债务，地方政府通过融资平台的债务增加了 6 万亿元。地方融资风险，主要是地方政府金融行为，需认真防范。政府的投资，一般都是长期项目，用短期债务去做长期项目，会造成短期贷款难以支撑，要化解这类风险难度很大，会影响到中国经济的宏观调控。因此，地方政府以平台公司作为财政加杠杆的融资工具，过度发挥土地融资功能，是存在很大风险的。

（二）企业的债务风险

为了追求经济发展速度，各类产业都在发展，体现为国企民企都在扩张，相对而言，民企负债率比国企要低 10 多个百分点，国企的金融风险要高些。具体风险要根据不同行业不同企业的情况分析，化解金融风险需要做详细深入的工作，难度很大，又可能与创新、兼并重组化解过剩产能结合在一起。特别是企业风险与商业银行的风险紧密相关，化解金融风险要统筹安排，只有不懈努力，方能奏效。

金融改革和创新方面，国家监督工作和监管体系建设一定得跟上，监管是金融健康发展的必要保证，监管是中央要求，也是国际经验，监管能防范和化解金融风险。我国正在完善监督体系，可与金融发展相比，监督工作跟不上，特别是针对互联网金融等金融创新的监管滞后，相关部门机构要抓紧跟上来，这是防范金融风险最重要的工作，也是化解金融风险的必需。金融创新促进经济发展和效率提升，带来机遇的同时也带来挑战和风险。在改革中追求金融创新的同时，一定要防范风险，每项金融创新都有相应的监管举措，创新之时至少做到监管保住安全底线，根据创新的推进，再进一步完善监管机制。

我国金融风险特别是债务风险是严重的，需认真对待。国家有关部门分析和有关研究表明，我国金融风险是可控的，我国人民储蓄率高，还有3万亿美元的外汇储备，是我国防范金融风险的有利条件。我们要有信心，认真面对，以确保经济持续稳定发展。

三 深入应对国际贸易环境变化

国际经济全球化因美国搞逆全球化而出现贸易自由化的逆转现象，给世界经济贸易带来不利影响。各国明确支持贸易自由化，对美国采取的贸易保护措施提出应对举措。考虑到对世界（包括美国）经济贸易带来的影响，各主要国际机构调低了世界经济贸易发展的预期。

中美贸易额很大，对两国经济发展和人民消费带来重要影响，这在美国也表现得很突出，因为性价比高的中国产品深受美国人民喜

爱。世界贸易格局是在全球经济复杂多变的发展中形成的，通过竞争合作，由货物和服务贸易中的附加值结构权衡，使得不同的生产环节可以分布在不同的国家和地区，实际上形成了全球价值链，在全球化发展中，全球价值链逐步优化。突发的逆向阻力具有破坏性，涉及相关国乃至多个国家的经济秩序。

我国对美国的行为予以积极应对，并采取了对策举措，这是非常正确和恰当的。我们要对此事的深刻影响展开进一步的研究，分析涉及的有关产业、有关地区、有关企业等，要细致生产结构、贸易结构方面的调整要求。无论是调整国际贸易伙伴关系还是转向供应内需，或是部分内需产业转向国际贸易，都要有发展变化。特别是要考虑创新升级的前瞻性，这是有一定难度的，需要国家、地区、产业、企业各个层次在谋划的基础上采取行动。

同时，我们还面临着WTO规则的变化，对此，我们既有战略性原则要求，还得有具体细则。为此，细则方面的工作一定要跟上，以便在WTO的谈判中取得主动权，发挥在经济全球化中的作用，维护我国和发展中国家的利益。

我们要从强度、时间、范畴等方面持续关注美国在反全球化的道路上要走多远，如提高关税，强度有多大、持续时间有多长、范畴有多宽，要动态地看待这些问题。我们要深入研究，分析现实，并做出预案。总之，我们要超前准备，力争主动，更好发挥我国在经济全球化中的引领作用。

四 高质量发展与战略提升

高质量发展涉及产品高质量、服务高质量、技术领先、科技革命和"互联网＋"等，这是传统意义上的工业化做不到的。高质量发展表明我国的产品和服务进入国际高标准的竞争层次，高质量发展意味着我们在发展战略和发展更高层次上与发达国家展开竞争。

推动高质量发展，关键是要按照新发展理念的要求，以结构性改革为主线，推动经济发展质量变革、效率变革、动力变革。要推动产业优化升级，推动创新驱动发展，推动基础设施建设，推动深化改革开放，以推动高质量发展取得有效进展。

高质量发展体现在对发展业态、发展环境、发展动力的要求，反映了我国发展战略的提升、发展模式的转变。国家发展战略提升已经开始，在发展理念、发展原则上都反映出来。第四次科技革命、"互联网＋"、智能化已进入国民经济系统，这些情况需要我们予以深刻认识。

从改革开放 40 年我国经济发展历程看，在经济发展水平低又百废待兴的初期，强调发展是硬道理，促使经济快速增长，达到国强民富的效果。与此同时，出现了环境污染、产能过剩等问题，标志着发展要进入创新驱动的更高阶段，实现高质量发展。

五　重视消费对经济发展的重要影响

随着我国的经济总量增大和发展阶段的转变，消费对我国经济发展的贡献比例逐步上升，表现在消费对 GDP 增长的贡献率从 2013 年的 47％提高到 2017 年的 60％左右，已连续 4 年保持 GDP 增长第一拉动力的地位[1]。这种变化对我国经济的持续发展影响深远、意义重大。

经济发展过程中，结构体系调整升级相随而生，经济发展到一定体量和水平，人均 GDP 达到中等收入水平，结构转换明显加快。多年来以投资为主要动力的经济发展会转为以消费为主要支持力，这种情况体现了经济发展的规律。我国消费结构、消费模式、消费格局等出现的深刻变革，与对外开放进展和全球化深化有关。

---

[1]　来自国务院发展研究中心有关研究。

国发中心的有关研究资料显示，"根据典型工业化国家的发展经验，随着人均 GDP 的提高，服务消费占整个消费支出的比重将持续上升"。这表明随着我国从中等收入经济体向高收入经济体迈进，带来的消费结构、消费模式变化，所展现的消费性服务的需求、结构和质量变化，既展现中国特色又与国际经验相吻合。

要认清消费领域的深刻变革，为我国经济增长提供新的动力，并从供给和需求两个方面，促进经济结构优化和增长动力转换，为实现高质量发展提供重要的基础。

要密切关注有些部门对投资作用的把握。政府对于推动"投资"更为热衷，有的部门、有的地区存在对经济发展速度太在意的情况，出现有的部门为了保速度而将有些投资项目提前启动的情况，以致可能人为增加投资的拉动作用。

消费发展和居民用于消费的收入增长及居民负债增长有关，2017年居民存款与贷款之差出现由正转负，影响了消费需求，一些消费基础设施不完善也影响了消费增长等，要针对消费发展中存在的问题采用相应的政策措施，为消费增长铺平道路。

国际上出现的国际消费中心对其所在国乃至全球经济发展产生重要影响。我国从消费需求和供给两个方面分析，北京、上海、深圳、成都等城市都具备了发展国际消费中心的条件，既能满足我国需要，又能为国际消费提供条件，可形成高档消费品的国际供给和消费中心。这是创新引领发展的重要领域，在我国建立国际消费中心应列入国家规划。

六　发挥健康中国战略的重要作用

新中国成立以来，在经济发展水平较低的情况下，我国就重视人民卫生事业，被联合国相关机构评为发展中国家关注人民健康的典范。改革开放之后，我国经济突飞猛进，建立起强大的经济基础，我国从关心人民卫生事业逐步转为关注全民健康，这是重大的战略性变化。

从2013年始，习近平总书记在多个场合针对"健康中国"发表重要讲话，提出"没有全民健康，就没有全面小康。要把人民健康放在优先发展的战略地位……，加强推进健康中国建设，努力全方位、全周期保障人民健康，为实现'两个一百年'奋斗目标，实现中华民族伟大复兴的中国梦打下坚实健康基础"。

《"健康中国2030"规划纲要》于2016年10月颁布，充分体现了党为人民服务的宗旨和对人民健康的高度重视，表明进入社会主义新时期后，我国完成了从关注人民卫生到重视全民健康的转变。这个转变正在影响全国的发展，为经济发展带来重大改变。

从对健康影响因素的研究来看，人类对健康的认识不断深化，对健康的关注从疾病治疗转向重视预防——消除引致疾病危害健康的因素，提出从社会、环保等诸多方面促进人类健康。

健康中国上升为国家战略以来，国务院领导各部门、各地区积极开展工作，取得了成效。由于健康中国是复杂的大系统，全面实施需要一个过程。我们要发挥健康中国战略的引领作用，将健康中国战略的实施作为贯彻新时期社会主义建设的主要路径之一。由于健康中国建设涉及国民经济的方方面面，内容丰富，一些地区正在筹划如何满足健康中国产业和服务业发展要求，培养新的增长点，这种情况值得重视。

在《"健康中国2030"规划纲要》中提到普及健康生活、优化健康服务、完善健康保障、建设健康环境、发展健康产业等要求。这几大方面涉及广泛的领域。在2019年应结合健康中国战略要求，深入开展工作，为中国经济发展注入新活力，用健康中国等国家战略引领发展，应成为2019年我国经济发展的特色。

　　国际经济贸易形势的变化和逆全球化因素的存在，给世界经济贸易带来不利因素，各重要国际组织均调低了对 2018 年、2019 年世界经济增速的预期，而且这些不利因素的影响又广又深，可能会持续发挥作用。各国纷纷采取应对措施。世界公认我国是最有能力采取应对措施的国家，将我国作为应对此次危机的引领国家，这种分析判断是有道理的。我们要理性对待，认识困难和挑战。要化解这些问题是不容易的，甚至要付出代价。我们要深入分析，认识应对需要一个过程，我国是主张全球化、支持世界多边贸易的国家，调整生产结构、服务结构、国别结构会影响我国经济结构调整、企业战略提升，甚至影响世界金融政治秩序，这是相当复杂的，我们只有做到战略上藐视、战术上重视才能确保成功。我们不要太在乎经济增长速度，在中速增长区间（6% 左右）就很好了。2019 年中国要重视国家战略引领，促进经济全面发展，在世界经济发展中发挥更大作用。

B.9

中国宏观经济形势与政策：
2018~2019年

郑超愚*

摘　要： 2018 年，中国经济保持平稳运行的总体态势，但受外部冲击而增长速度有所回落，并且面临进一步经济下行压力。2019 年，中国经济应该实行更加积极的财政政策和货币政策，通过反周期需求管理的扩张性操作，努力促进经济复苏进而实现总体经济景气的正常化，以恢复中国经济发展的高储蓄—高投资—高增长模式。

关键词： 中国经济　经济政策　CMAFM 模型

一　中国宏观经济指标预测

中国经济经历 1982~1990 年和 1991~2001 年的完整波谷—波谷周期后，从 2002 年起逐年加速扩张并在 2007 年达到波峰，受次贷危机冲击而在 2008 年进入经济周期的收缩阶段。实际 GDP 增长速度在 2009 年首次触底，在 2010 年短暂反弹而补偿性高速增长。随着需求刺激政策的提前退出，中国经济的自主扩张势能无法维持，实际 GDP 增长速度在 2011~2016 年持续回落。

* 郑超愚，供职于中国人民大学经济学研究所。

2017 年，中国经济结束较长时期的通货紧缩过程，实际 GDP 增长速度转折上行。

2018 年，中国经济在继续深化供给侧结构性改革的同时扩大有效需求，在结构优化、动能转换和效益提升方面取得重要进展，基本保持生产、就业、收入和价格的平稳运行态势。然而，中国经济复苏受到外部经济环境变数的严重冲击，总体经济景气无法耦合主要发达经济体稳步复苏和率先正常化的国际经济周期条件，实际 GDP 增长减速下行。全年实际 GDP 增长速度将低于 2016 年，再次触底而形成新经济周期波谷，中国经济尚未在 2018 年进入新一轮周期扩张阶段。

2019 年，中国经济应该适应高质量发展要求，积极应对不确定性国际经济环境的负面影响，进一步扩大有效需求而实行更加积极的财政政策和货币政策，通过反周期需求管理的扩张性操作，全面发挥国内需求与国外需求、投资需求与消费需求以及直接生产性投资需求与基础设施投资需求的积极拉动作用，努力促进经济复苏而及时实现总体经济景气的正常化。

依据中国人民大学中国宏观经济分析与预测模型——CMAFM 模型，分年度预测 2018 年与 2019 年中国宏观经济形势，如表 1 所示。2019 年主要宏观经济政策假设包括：（a）中央财政预算赤字为 17500 亿元；（b）人民币与美元年平均兑换率为 6. 843∶1。

表 1　2018 年、2019 年中国宏观经济指标预测

预测指标	2018 年	2019 年
1. 国内生产总值(GDP)增长率(%)	6. 64	7. 40
其中:第一产业增加值	3. 5	3. 6
第二产业增加值	5. 9	7. 1
第三产业增加值	7. 7	8. 2

预测指标	2018 年	2019 年
2. 全社会固定资产投资总额（亿元）	682280	753230
社会消费品零售总额（亿元）	399960	440750
3. 出口（亿美元）	24720	26570
进口（亿美元）	21660	24090
4. 狭义货币供应（M1）增长率（%）	7.3	12.6
广义货币供应（M2）增长率（%）	9.1	10.2
5. 居民消费价格指数（CPI）上涨率（%）	2.2	2.4
GDP 平减指数上涨率（%）	2.8	3.3

预测日期：2018 年 10 月。

二 中国宏观经济形势分析

（一）潜在国民收入与经济周期相位

二元结构条件下，中国经济采取准 AK 型总量生产函数 $Y = \Phi (t) \cdot K$ 而具有准 AK 模型的内生增长性质，其潜在国民收入 $Y_t^* = \prod_{i=1}^{k} \{ [Y_{t-i} \cdot (1+\delta)^i]^{w(i)} \}$，能够容纳实际国民收入的滞后效应。选取朱格拉周期时滞阶数 $k = 5$，分别在几何级数 $w(i) = q^i$ 与余弦函数 $w(i) = \cos [(i-1) \cdot (\pi/2k)]$ 的代表性分布概率情形下，使用 OLS 方法在 1978～2017 年间拟合中国实际 GDP 指数时间序列的对数线性方程 $\log Y_t = \sum_{i=1}^{k} \{ w(i) \cdot [\log Y_{t-i} + i \cdot \log (1+\delta)] \}$，实际计量结果如表 2 所示。

表 2　中国潜在国民收入计量方程

$\log Y_t = \sum_{i=1}^{5} \{ w(i) \cdot [\log Y_{t-i} + i \cdot \log(1+\delta)] \}$		
$w(i)$	q^i	$\cos[(i-1) \cdot (\pi/2k)]$
δ	0.097738 (28.15953)	0.097787 (30.83939)
R^2	0.998693	0.997991
SE	0.0349771	0.043109

　　静态预测和动态预测 1983~2017 年中国实际 GDP 指数而分情形建立中国潜在 GDP 指数时间序列,以计算 1983~2017 年间中国国民收入相对缺口,其时间路径如图 1 所示。中国国民收入的自然增长率,在几何级数权数情形下 $\delta = 9.7738\%$ 而在余弦函数权数情形下 $\delta = 9.7787\%$,未呈现统计显著的减缓趋势。2017 年中国国民收入的通货紧缩缺口超过 1991~2001 年经济周期波谷水平,已经接近 1982~1990 年经济周期波谷水平。由于次贷危机前的超高速增长,中国经济周期的动态预测相位在 2008 年以来的收缩阶段明显滞后于静态预测相位。

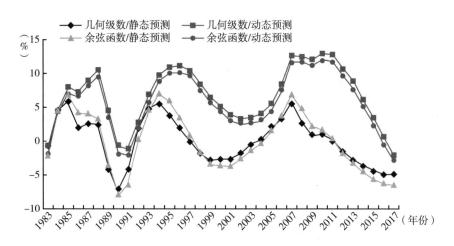

图 1　1983~2017 年中国国民收入相对缺口

（二）经济循环过程与经济均衡机制

中国宏观经济分析的结构主义方法假定国有企业和地方政府的超经济投资动机以及非国有企业的非理性投资行为，而货币主义方法假定相对于国际收支平衡目标的低估人民币汇率，二者均认为固定资产投资、国际贸易顺差与银行体系流动性相互激发，形成高速增长时期固定资产投资增长过快、国际贸易顺差过多与银行体系流动性过剩的不平衡、不协调和不可持续问题，如图2（a）所示。然而，中国国际贸易顺差表明相对于国内储蓄能力的国内投资需求不足和相对于国际收支平衡目标的人民币汇率低估。凯恩斯主义分析方法从国内投资缺口和人民币汇率低估起始，在固定资产投资、银行体系流动性与国际贸易顺差的循环过程中，揭示同时存在的缩小国内储蓄剩余和升值人民币实际汇率负反馈过程，如图2（b）所示。

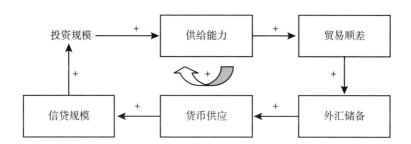

图2（a）　中国经济循环：结构主义和货币主义正反馈观点

正反馈假设的中国经济循环过程蕴含中国经济体系的内在不稳定性，理论支持控制固定资产投资规模的结构主义政策与升值人民币名义汇率的货币主义政策。在次贷危机以来的低速增长时期，中国经济景气面临通货紧缩陷阱威胁，固定资产投资减速、国际贸易顺差减少与银行体系流动性萎缩交互作用而陷入恶性循环，控制固定资产投资规模和升值人民币名义汇率的政策主张失去任何现实意义。基于中国

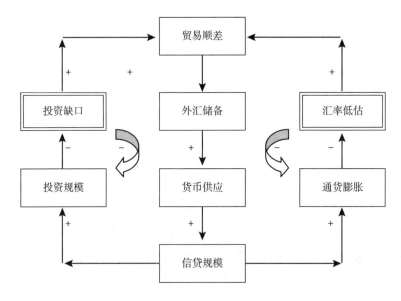

图 2 （b）　　中国经济循环：凯恩斯主义负反馈观点

经济循环具有自我均衡调整的内在稳定机制，凯恩斯主义的需求刺激政策实际追求的，正是促进固定资产投资、保持国际贸易顺差和扩大货币信贷规模从而重新启动固定资产投资、国际贸易顺差与银行体系流动性的良性循环。

（三）人民币汇率的波动和升值态势

次贷危机以来，中国经济进行外部再平衡调整而净出口与国民收入比重下降，国际资本流动而不是国际收支的贸易项目开始主导即期和远期外汇市场供求，而投机性和非投机国际资本必然反映经济复苏相位和经济增长前景的国际差异。2012～2013 年，中国经济发展从高速增长向中速增长转变的新常态认识开始形成，但从相对较高的国内利率水平以及中国经济复苏处于快车道而美国经济复苏处于慢车道的国际形势判断，仍然支持人民币汇率的升值趋势。从 2014 年起，中国经济发展向中低速增长转变的新常态认识被逐渐接受，而美国经济稳步复苏，中国经济复苏与美国经济复苏的快车道与慢车道角色完全转换，2014 年因而成为人民币汇率从升值到贬值的转折时刻，进入实行有管理浮动汇率制度以来的首次贬值周期。

动态 PPP 理论定性预测，发展中国家的实际汇率相对传统 PPP 理论水平长期被低估，并且随着开放化程度、贸易部门供给效率以及与国际市场融合程度的逐步提高而向传统 PPP 理论水平持续升值，却可能随市场化程度提高而贬值。基于 2017 年世界发展指标（WDI）数据库的各国家和地区人均国民收入指标 Y 与人均 PPP 国民收入 Y_PPP，使用 OLS 方法估计动态 PPP 理论而取得可计算方程 Y/Y_PPP = C + α·lnY + β/lnY。各国家和地区 Y 与 Y_ PPP 指标的散点图示及其 Y/Y_ PPP 比率拟合曲线，如图 3 所示。其中，U 形拟合曲线在 Y = 1245. 27 美元处触底而从降转升。

$$Y/Y\_PPP = -6.271691 + 0.462357 \cdot \ln Y + 23.48571/\ln Y$$
$$(-11.57263) \quad (14.12373) \quad (10.69260)$$
$$R^2 = 0.745609, adj R^2 = 0.742598, SE = 0.111990, DW = 1.770839$$

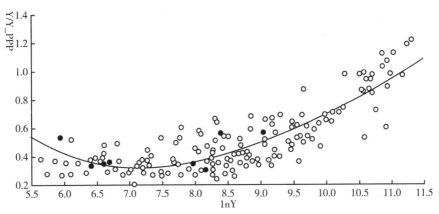

图 3　国际人均国民收入与 PPP 国民收入（国际美元，2017 年）

2017 年中国人均国民收入与人均 PPP 国民收入比率 Y/Y_ PPP = 0. 51850，而 PPP 理论可计算方程的对应拟合值为 0. 51126，二者相

对离差为 1.416%。中国人均国民收入超过实际汇率从降转升的临界水平后，人民币汇率升值的驱动力量长期以来是双重的，即中国 Y/Y_ PPP 比率与可计算方程 Y/Y_ PPP = C + α · lnY + β/lnY 的历史拟合离差缩小而向国际趋势收敛，以及中国人均国民收入增长而推动 Y/Y_ PPP 比率沿程可计算 Y/Y_ PPP = C + α · lnY + β/lnY 的国际趋势增强。至 2017 年，中国 Y/Y_ PPP 比率非常接近世界趋势，人均国民收入增长已经成为人民币汇率实际升值的主要驱动力量，从而人民币汇率稳定和升值的未来趋势主要依存于中国经济增长前景。

三 中国宏观经济政策建议

（一）积极需求管理及其投资政策取向

中国经济景气的完全正常化应该顺序分别以 d（ΔlnY）/dt = 0、d［ln（Y/Y^*）］/dt = 0 与 ln（Y/Y^*）= 0 为标志的转折点 tp1、tp2 与 tp3，而在实际经济复苏分别停止于转折点 tp1、tp2 与 tp3 的可能情形下，中国经济复苏过程以及长期经济增长趋势相应形成轨迹Ⅰ、Ⅱ与Ⅲ，如图 4 所示。仅轨迹Ⅲ代表总体经济景气的完全正常化。当需求刺激政策提前退出时，截距向下漂移而形成轨迹Ⅱ，速度进一步向下漂移而形成轨迹Ⅰ。

中国总供给函数采取附加总需求的理论结构 Y^S = S（P/P^E，Y^D）即 Y^S = f（P/P^E）· Y^* 而 Y^*=ψ（Y^D），以体现实际总需求影响潜在总供给的瞬时结构效应、中期滞后效应和长期储蓄效应，使得凯恩斯定理适用瞬时、中期和长期时间维度。由于国民收入增长速度正向依存于国民收入储蓄倾向，国民收入储蓄倾向又正向依存于国民收入的增长速度，中国经济发展同时包含高水平均衡的高储蓄—高投资—高增长模式和低水平均衡的低储蓄—低投资—低增长模式。中国需求管理

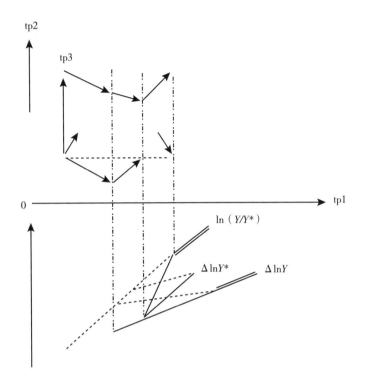

图4　中国经济复苏过程和经济增长前景

应该建立以投资需求管理为轴心的政策体系，促进高储蓄向高投资的有效转化和持续快速的经济增长，恢复高储蓄—高投资—高增长的经济发展模式，以充分积累的资本存量与相对短缺的劳动力互补来支持老龄社会。

依据总量生产函数 $Y = \Phi(t) \cdot K$，固定投资增长速度 i 与前期国民收入投资比率 I/Y 间的协同演进关系反映潜在国民收入增长速度 δ 与资本生产率 Φ 的周期性和结构性配合条件。1991 年以来的中国固定投资周期如图 5 所示，在 1991～2001 年的完整波谷—波谷周期内形成顺时针旋转闭环，在 2002～2010 年仍然顺时针旋转，但从 2011 年起逆时针旋转。在次贷危机以来的中国经济紧缩阶段，投资需求被动跟随总体经济周期，固定投资加速数连续攀升而恶化投资效

益和弱化投资乘数，长期低速经济增长正在增加低储蓄—低投资—低增长均衡陷阱危险。

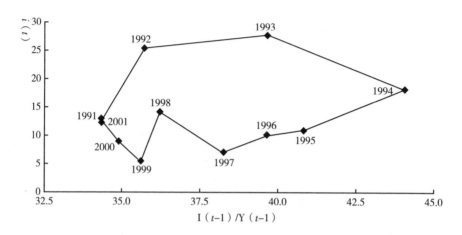

图 5（a）　中国固定投资周期：1991～2001 年

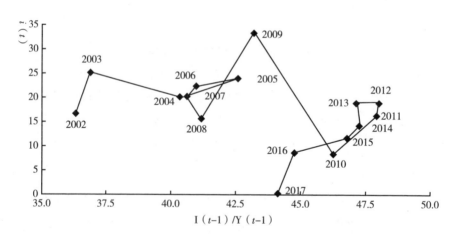

图 5（b）　中国固定投资周期：2002～2017 年

（二）反危机方案的类型化事实

凯恩斯革命是保守哲学观念和激进政策设计的复合体，在维护政治自由和经济自由的前提下经由需求管理途径开辟走出大萧条的第三条道路。表3比较亚洲金融危机时期国际货币基金组织（IMF）的亚洲经济稳定计划与次贷危机时期美国联邦储备委员会（FRB）的美国经济稳定计划。针对本国的FRB方案符合需求管理规范，针对他国的IMF方案却实行顺周期的财政和货币政策，难以遮蔽国家歧视立场。对于发达经济体的欧元区，次贷危机时期也出现类似IMF方案，反复宣传财政健全化名义下的财政紧缩和超过货币贬值极限的货币退出这样的外部政策建议。表4尝试以"乐观预期＋积极政策"与"悲观预期＋消极政策"两分法，总结和概括反危机宏观经济政策选择和设计的基本国际经验。

表3 IMF 和 FRB 反危机政策方案

项目	财政政策		货币政策		汇率政策
	政府支出	税收	货币供应	利率	
IMF	G↓	T↑	M↓	r↑	E↑
FRB	G↑	T↓	M↑	r↓	E→

表4 反危机政策设计路线

项目		乐观预期＋积极政策	悲观预期＋消极政策
Ⅰ．危机性质	新常态		√
	旧周期	√	
Ⅱ．政策重点	扩张性财政政策	√	
	扩张性货币政策	√	
	结构性改革		√
Ⅲ．战略次序	救济	1	3
	复苏	2	2
	再平衡	3	1

反危机的宏观经济政策方案分歧,其深层次源于有关经济萧条和经济危机性质的新常态与旧周期对立认识,从而分别归属于悲观经济增长预期基础上的消极需求管理类型与乐观经济增长预期基础上的积极需求管理类型。次贷危机发生后,美国财政部和联邦储备委员会迅速对危险金融企业和冻结金融市场开展大规模紧急救助,其反危机政策表现出从救济(relief)到复苏(recovery)到再平衡(rebalance)的所谓3R战略次序显著特征。危机后的经济复苏进程和后危机时代的经济增长趋势均是预期依存和政策依存的,必须警惕过度悲观的长期经济增长预测、相当满意的短期经济景气判断、较为消极的需求管理政策及其循环累积和自我实现。面临经济转折时期持续扩张而实时未知的潜在总供给能力,积极需求管理应该采取微撞(fine-tapping)而不是微调的操作模式,通过间歇性扩张总需求而探索和扩展潜在总供给前沿。

B.10
2018~2019年中国经济高质量发展指标测度与分析

师 博 张冰瑶*

摘 要： 经济高质量发展是我国进入新时代建设社会主义现代化强国的必由之路。遵循"新发展理念"测算的经济高质量发展指数显示，我国城市经济高质量发展水平在波动中上升，并呈现出质量收敛的特征。推动经济高质量发展需要加大教育、医疗和环保等公共投入，以有效解决社会发展和生态发展的短板。同时以东部、大城市的高质量发展，外溢和带动中西部、中小城市的发展质量的提升，在质量层面实现区域平衡发展。经济高质量发展和增长数量呈"倒U"型变动特征，处理好发展数量和质量的关系，能够推动经济高质量发展和经济增长数量的协同并进。

关键词： 中国特色社会主义 高质量发展 城市发展

一 引言

经过改革开放40年的稳健高速增长，中国经济不仅总量跃居世

---

* 师博，供职于西北大学经济管理学院；张冰瑶，供职于中国西部经济发展研究中心。

界第二，而且人均收入也迈入了中高收入经济体行列。毋庸置疑，中国取得了举世瞩目的增长奇迹。然而要素投入驱动型的高速增长，也使得中国经济发展出现了诸如经济增长效率不高、收入差距拉大、生态环境污染等一系列问题。2012 年中国 GDP 增速为 7.9%，自 2000 年以来首次低于 8%，在"三期叠加"的新常态背景下，中国经济需要向高质量发展阶段转型。"理念是行动的先导"，五大发展理念是我们在深刻总结国内外发展经验教训的基础上形成的，也是在深刻分析国内外发展大势的基础上形成的，集中反映了我们党对经济社会发展规律认识的深化，也是针对我国发展中的突出矛盾和问题提出来的，这也决定了中国经济发展的转型需要遵循"创新、协调、绿色、开放、共享"新发展理念。

党的十九大报告作出了"中国特色社会主义进入新时代"的重大判断，在新的历史方位中中国经济也表现出由高速增长转向高质量发展的新时代特征。在理论研究层面，与经济高质量发展相关联的增长质量已受到了广泛关注。[1] 但是经济增长质量和高质量发展之间有着本质区别，前者属于宏观经济范畴，而后者则具有更为广泛的经济、社会和生态维度的内涵。新时代具有新的质态条件，现有文献构建的经济增长质量评价体系是基于高速增长阶段的经济社会特征，进而探讨相较于经济增长数量意义上的经济增长质量，因此缺乏针对性地研究新时代背景下经济高质量发展水平与特征。在质量变革、效率变革和动力变革的背景下，传统的评价方式难以准确反映新时代的要求和新发展理念，在一定程度上制约着对高质量发展的深入研究和对

① Thomas, V. etc., *The Quality of Growth*, Oxford : Oxford University Press, 2000; Barro, R. J., "Quantity and Quality of Economic Growth", *Working Paper*, Central Bank of Chile, Growth, United States, 2002; 钞小静、任保平：《中国经济增长质量的时序变化与地区差异分析》，《经济研究》2011 年第 4 期；郝颖、辛清泉、刘星：《地区差异、企业投资与经济增长质量》，《经济研究》2014 年第 3 期。

未来中国经济发展趋势的准确研判。鉴于此，我们在新时代中国特色社会主义背景下，基于五大发展理念，探讨经济高质量发展的理论内涵、指标体系和测度方法。本文通过测算 2004～2015 年我国 283 个地级城市经济高质量发展水平，并对其时空演进特征进行分析，以期能够为推动新时代中国特色社会主义经济高质量发展提供启示和借鉴。

二 新时代中国特色社会主义经济高质量发展的理论内涵

经济高速增长转向高质量发展，是一种"以物为本"到"实现人的全面发展"的实质性转变。发展质量高低以能否满足人民日益增长的美好生活需要为准则[①]，而美好生活的内涵绝不局限于单纯的以物质需求为代表的经济领域，其核心更拓展至优质的生态环境与和谐的社会发展等方面。习近平总书记在中央政治经济会议上指出，"发展必须是遵循经济规律的科学发展，必须是遵循自然规律的可持续发展，必须是遵循社会规律的包容性发展"。这为新时代中国特色社会主义背景下推动高质量发展提供了理论指导，[②] 经济社会发展必须遵循一个复杂系统的规律和要求。

一是，高质量发展必须遵循经济规律。在改革开放之前，我国处于一种产品短缺状态，为满足人民的物质文化需要，可以通过规模效应实现经济数量和规模的快速扩张。经过改革开放近 40 年的高速增长，我国完成了经济起飞，基本解决了"落后"问题。在此期间，中国经济的质态发生了显著变化，从低收入变为中等收入、从生产力落后的贫穷国家变为世界第二大经济体、从以 GDP 论英雄变为实现

---

① 金碚：《关于"高质量发展"的经济学研究》，《中国工业经济》2018 年第 4 期。
② 任保平：《新时代中国经济从高速增长转向高质量发展：理论阐释与实践取向》，《学术月刊》2018 年第 3 期。

平衡和充分发展最重要。① 与此同时，社会的主要矛盾已经转化为人民日益增长的美好生活需要和不平衡不充分的发展之间的矛盾，而不平衡不充分的发展的实质是经济发展的质量不高。因此，基于基本经济质态的变化特征，中央实事求是指出我国经济已由高速增长阶段转向高质量发展阶段。新时代下的高质量发展必须坚持质量第一、效益优先，通过质量变革、效率变革、动力变革促进全要素生产率的提升，不断培育经济发展的新动能。

二是，高质量发展必须遵循自然规律。在经济高速增长阶段，虽然物质财富得到了迅速积累，但同时也付出了沉重的生态环境代价。粗放式的增长方式不仅引发了资源约束趋紧，还造成环境污染和生态退化，使人与自然的矛盾激化。人民群众的生活环境和身体健康受到生态环境恶化的严重影响，对优美生态环境的需要与日俱增。生态破坏和环境污染问题能否得到解决成为新时代下经济高质量发展的重要判断之一。人与自然是生命的共同体，人类应尊重自然、顺应自然、保护自然。要实现高质量发展，必须树立和践行绿水青山就是金山银山的理念，坚定走生产发展、生活富裕、生态良好的文明发展道路，为人民群众提供更多的优质生态产品。

三是，高质量发展必须遵循社会规律。在低收入阶段社会物质产品和精神文化产品相对匮乏，为了解决贫困问题人们对经济和社会的不平衡发展具有一定的包容性。但是进入中等收入阶段后居民的物质生活条件得到极大的改善，对公平正义的诉求愈发强烈，要求基本公共服务实现均等化。社会发展的相对滞后令民生问题日益凸显，如果不能妥善解决可能会成为经济高质量发展的羁绊。新时代下和谐的社会发展能够为高质量发展营造稳定的社会环境，而尖锐的社会矛盾可能为高质量发展带来诸多不确定性，甚至可能造成一定的风险隐患。

---

① 金碚：《关于"高质量发展"的经济学研究》，《中国工业经济》2018 年第 4 期。

新时代下必须多谋民生之利、多解民生之忧，积极主动回应群众关切，增进民生福祉，在高质量发展中补齐民生短板、促进社会公平正义。

对经济高质量发展的评价应建立在对其内涵准确把握的基础上。立足于新时代中国特色社会主义背景，本文认为高质量发展的内涵体现在，具有增速稳定和结构合理的经济增长基础，并能产生社会友好型和生态友好型的发展成果，最终服务于富强民主文明和谐美丽的社会主义现代化强国和人的全面发展。在经济高质量发展水平测算的过程中我们主要遵循以下三个准则。

1. 以新发展理念为核心

党的十九大报告指出，发展必须是科学的发展，必须坚定不移贯彻创新、协调、绿色、开放、共享的发展理念。中央经济工作会议强调坚持新的发展理念，推动质量变革、效率变革、动力变革，促进经济社会持续健康发展。发展的不平衡不充分难题需要用新发展理念来破解，因而我们将高质量发展指数进行细分来评价各地级城市在贯彻新发展理念方面所做的努力。具体来讲，用对创新载体人力资本水平的测度来反映创新发展理念，用对经济结构合理性的测度来反映协调发展理念，用对生态成果的测度来反映绿色发展理念，用对经济外向性的测度来反映开放发展理念，用对医疗水平的测度来反映分享发展理念。

2. 以有效但有限的测算为基础

首先，高质量发展内涵丰富，如果过分强调全面可能会因其概念晦涩难懂而不具有可实施性。其次，高质量发展具有多维属性特征，对其各个维度均进行测评会因缺少相关数据而不具有可操作性。最后，高质量发展本质上是一种价值判断，不同人对于"质量"的判断大相径庭，评价标准难以统一。所以本文力求用最基本、最重要的要素来测度中国283个地级城市经济高质量发展情况，对其进行较客观的评价，希望通过简明且易达成共识的指标，为经济高质量发展确

定努力的方向，鼓励各地级城市从自身的经济发展状况和地方优势出发，制定相应的高质量发展战略，提升经济发展的质量和效益。

3. 以淡化经济增长速度为导向

我国经济已由高速增长阶段转向高质量发展阶段，这不仅意味着推动高质量发展是当前和今后一个时期我国经济发展的根本要求，还意味着经济工作的关注重点已由经济增长速度转向经济发展质量。在新的发展阶段，经济的"好"与"快"是"鱼和熊掌不可兼得"，高质量发展阶段速度肯定是逐步下降的。[①] 作为世界第二大经济体，我国已经不需要过度关注经济增长速度，在经济增长保持基本稳定和可持续的条件下应将经济发展的注意力更多地放在提质增效上。[②] 所以本文所构建的高质量指数重在反映经济增长的强度、稳定性、合理化和外向性，更加重视反映社会、生态的发展变化情况。

三　经济高质量发展指标体系的构建与测算方法

2018 年中央经济工作会议指出，"推动高质量发展是当前和今后一个时期确定发展思路、制定经济政策、实施宏观调控的根本要求，必须加快形成推动高质量发展的指标体系、政策体系、标准体系、统计体系、绩效评价、政绩考核，创建和完善制度环境，推动中国经济在实现高质量发展上不断取得新进展"。尽快建立对经济高质量发展的评价体系，不仅可以找出当下经济发展质量所存在的问题为经济高质量发展指明方向，还可以对经济高质量发展的成效进行量化评估。

本文在 Mlachila 等的基础上，[③] 从三个维度表征经济高质量发展

---

① 蔡昉：《转向高质量发展"三谈"》，《经济日报》2018 年 2 月 8 日。

② 胡敏：《高质量发展要有高质量考评》，《中国经济时报》2018 年 1 月 18 日。

③ Montfort Mlachila, René Tapsoba, Sampawende J. A. , "Tapsoba. , A Quality of Growth Index for Developing Countries: A Proposal", *Social Indicators Research*, 2017, 134 (2).

的内涵：

经济高质量发展 = a × 发展基本面 + d × 发展的社会成果 + g × 发展的生态成果

发展基本面 = d_1 × 强度 + d_2 × 稳定性 + d_3 × 合理化 + d_4 × 外向性

发展的社会成果 = F_1 × 每万人大学生人数 + F_2 × 每万人医生人数

发展的生态成果 = η_1 × 单位气体污染排放产出 + η_2 × 单位固体污染排放产出 + η_3 × 单位液体污染排放产出

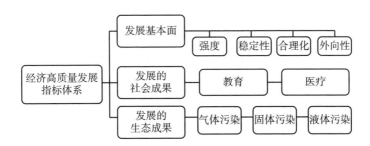

图 1　经济高质量发展的指标体系

　　高质量发展基本面可表述为：①经济增长的强度用以衡量产出水平，较高的产出水平表明国家和地区更为富足、居民生活水平更为丰裕，相应地经济增长更为强劲，本文将采用地区实际人均 GDP 测算经济增长的强度。②经济增长的稳定性由增长率变异系数的倒数换算得到。变异系数反映了对平均值的偏离程度，为了得到更为稳健的结果，我们使用 3 年期滚动窗口测度增长率的变异系数。变异系数越高，相应地经济增长越不稳定，进而导致较高贫困率和发展的不公平程度。③经济增长的合理化与协调发展理念一致，用以衡量产出结构和就业结构的耦合程度，产业结构越合理意味着劳动力投入和产出水平越契合，劳动力资源得到了充分有效利用，经济结构越趋于均衡。借鉴干春晖等提出的方法，[①] 这里利用三次产业结构和就业结构数据测算基于产业结构的泰尔指数，并用 1 与泰尔指数的差值表征经济增

───────────────

　　① 干春晖、郑若谷、余典范：《中国产业结构变迁对经济增长和波动的影响》，《经济研究》2011 年第 5 期。

长合理化指标。在实证层面，干春晖等的研究发现产业结构的合理化有助于抑制经济波动，[①] 对经济增长的贡献较高。④经济增长的外向性与开放发展理念相关，用净出口占 GDP 比重测度。大量研究发现，经济增长的外向性有助于通过干中学、引进技术、竞争以及外商直接投资提升生产效率，然而外向性也会增大外部冲击对经济增长的不确定性。

社会成果与共享发展和创新发展理念相衔接，具体体现在社会成员通过人力资本积累的增加而充分分享到经济发展的成果，并且人力资本作为创新的载体能够促进创新驱动。社会成果用人力资本水平加以测度：①教育是人力资本在知识和创新层面的表征。本文将采用每万人大学生人数作为代理变量；②医疗是人力资本在健康层面的表征。我们用每万人医生人数作为代理变量。新时代中国特色社会主义要实现人的全面发展。人力资本水平越高，意味着个体在经济发展中所获得的发展能力和机会越大，经济发展给人所创造的社会福利越高。

生态成果与绿色发展理念紧密联系，具体包括：①单位气体污染排放产出；②单位固体污染排放产出；③单位液体污染排放产出。这三个指标均表征在给定污染排放时经济产出水平，间接反映了经济发展的生态成果。

由于上述指标具有不同的性质，直接加总后无法反映不同作用力的综合结果，这里使用"最小—最大标准化"方法将各指标原始数据转换为无量纲化指标测评值。在此基础上，经济增长质量指数通过设定权重加总获得。任保平采用主成分分析法确定经济增长质量各维

---

① 干春晖、郑若谷、余典范：《中国产业结构变迁对经济增长和波动的影响》，《经济研究》2011 年第 5 期。

度指标的权重,[①] 然而主成分分析法不仅会因降维而损失原始变量的经济含义,而且当变量超过 3 个时其应用也存在一定困难。值得注意的是,高质量发展需要充分协调经济系统、生态系统和社会系统,把物质生产、生态环境和人民生活有机联系起来,实现经济效益、生态效益和社会效益的统一。因此,我们借鉴联合国人类发展指数(Human Development Index)和经济脆弱度指数(Economic Vulnerability Index),采用简单而透明的均等权重法赋值,对"发展基本面"、"发展的社会成果"和"发展的生态成果"三个维度各赋予 1/3 的权重,以凸显经济、社会和生态三者发展的同等重要性。相应地,"发展基本面"下属指标的权重均为 1/4,"发展的社会成果"二级指标的权重均为 1/2,"发展的生态成果"下属指标的权重为 1/3。虽然采用简单而透明的均等权重法赋值具有一定的随意性,但这里旨在强调经济高质量发展需要多方位均衡发展。

本文经济高质量发展指数计算所采用的数据来自历年的《中国城市统计年鉴》以及 CEIC 数据库。考虑到数据的可得性以及可比性,我们以 2004 年为基年剔除价格波动的影响,缺失数据使用插值法进行补充。

四 经济高质量发展的水平测算结果与分析

(一)城市经济高质量发展水平的测算结果

限于篇幅原因本文未能报告全部城市经济高质量发展水平的测算结果,只在表 1 展示了部分城市经济高质量发展指数。其中,深圳、

---

① 任保平:《新时代中国经济从高速增长向高质量发展:理论阐释与实践取向》,《学术月刊》2018 年第 3 期。

济南、福州、武汉、合肥、南昌、长沙、广州在测算阶段内常年处于经济高质量发展水平前十。上海、北京、天津三大直辖市，以及以青岛、厦门、成都、桂林、昆明和海口为代表的旅游城市，以哈尔滨、宁波、长春、西安、杭州、南京和大连为代表的副省级城市，以兰州、郑州、南宁和石家庄为代表的省会城市，以东莞、温州、烟台和秦皇岛为代表的沿海城市，以湘潭、黄冈和保定为代表的内陆城市，在测算期间经济高质量发展水平均处于全国前四分之一水平。以三亚、珠海、咸阳和贵阳为代表的经济高质量发展"新秀城市"，虽然在测算起始阶段经济发展质量水平不高，但是经过长足发展在2015年经济高质量发展指数排名均进入前35名。

表1 代表性城市经济高质量发展指数

城市	2004 年	2006 年	2008 年	2010 年	2012 年	2014 年	2015 年
深圳	0.6113	0.5770	0.5107	0.5166	0.4675	0.4997	0.5712
济南	0.5148	0.4254	0.4584	0.4315	0.4771	0.4952	0.5250
福州	0.4629	0.3987	0.4452	0.4473	0.4891	0.5087	0.5185
武汉	0.3746	0.3635	0.4119	0.4459	0.4658	0.4818	0.4903
合肥	0.4930	0.3857	0.4493	0.4244	0.4705	0.4646	0.4782
南昌	0.4657	0.4158	0.4464	0.4404	0.4617	0.4916	0.4701
长沙	0.5571	0.4528	0.4749	0.4394	0.4479	0.4587	0.4581
广州	0.4533	0.3871	0.4332	0.3978	0.4379	0.4575	0.4488
上海	0.3629	0.3232	0.3466	0.3294	0.3615	0.3683	0.4194
北京	0.3769	0.3600	0.3202	0.3140	0.3520	0.4032	0.3986
天津	0.3740	0.3149	0.3434	0.3267	0.3628	0.3805	0.3600
青岛	0.4611	0.3798	0.4118	0.3922	0.3927	0.4079	0.4130
厦门	0.4186	0.3590	0.3923	0.3736	0.3987	0.4031	0.3934
成都	0.4057	0.3393	0.4008	0.3539	0.3913	0.4493	0.4189
桂林	0.4173	0.3449	0.3940	0.4125	0.4589	0.5005	0.4159
昆明	0.4018	0.4236	0.2652	0.4544	0.3782	0.4089	0.4266

城市	2004 年	2006 年	2008 年	2010 年	2012 年	2014 年	2015 年
海口	0.3841	0.5046	0.4461	0.3826	0.3604	0.3904	0.3790
哈尔滨	0.4032	0.3244	0.3545	0.3600	0.3750	0.3952	0.4110
宁波	0.3945	0.3428	0.3797	0.3624	0.3927	0.4094	0.4086
长春	0.4856	0.3795	0.3935	0.3619	0.3989	0.4091	0.4045
西安	0.4045	0.3115	0.3997	0.3500	0.3960	0.3994	0.3953
杭州	0.4087	0.3389	0.3949	0.3776	0.4063	0.4013	0.3903
南京	0.3997	0.3366	0.4034	0.3816	0.3877	0.3859	0.3898
大连	0.3912	0.3456	0.3810	0.3639	0.3965	0.3859	0.3733
兰州	0.4118	0.3597	0.3630	0.3849	0.4446	0.4534	0.4895
郑州	0.4677	0.3846	0.4330	0.3248	0.3227	0.3576	0.4324
南宁	0.4415	0.2974	0.3772	0.3531	0.3852	0.4051	0.4161
石家庄	0.4275	0.3589	0.4367	0.4031	0.3924	0.3673	0.3802
东莞	0.3737	0.3415	0.3899	0.3878	0.3902	0.4041	0.4110
温州	0.3787	0.3267	0.3623	0.3506	0.3792	0.4045	0.3841
烟台	0.3740	0.3156	0.3503	0.3413	0.3684	0.3758	0.3748
秦皇岛	0.3657	0.3315	0.3845	0.3342	0.3922	0.4174	0.3386
湘潭	0.4273	0.3594	0.4138	0.3650	0.3959	0.4089	0.4026
黄冈	0.3672	0.3058	0.3519	0.3243	0.3945	0.4379	0.3783
保定	0.4486	0.3369	0.3980	0.3819	0.3513	0.4044	0.3010
三亚	0.2357	0.2334	0.4356	0.5051	0.4823	0.5447	0.4775
珠海	0.3265	0.3213	0.3785	0.3787	0.4129	0.4300	0.4571
咸阳	0.3581	0.3127	0.3764	0.3674	0.4025	0.4111	0.4086
贵阳	0.3356	0.3129	0.3233	0.3426	0.3807	0.3807	0.3954

2004~2015 年，我国地级城市整体经济高质量发展指数的平均值为 0.3038，最高值出现在 2011 年，达 0.3276，2006 年均值最低，为 0.2575。2004~2010 年我国城市经济高质量发展指数波动较大，2011 年后则相对比较平稳，保持在 0.3 以上。从高质量发展的收敛性来看，2004~2010 年经济高质量发展指数的方差为 0.0693，2011~

2015 年则为 0.0690, 2011 年后城市经济高质量发展水平更为趋同。
分维度指数显示, 发展基本面均值最高, 为 0.3975, 发展的社会成
果均值最低, 为 0.2326, 发展的生态成果均值居中, 达 0.2813。高
质量发展三个维度的均值都处于相对较低的水平。在整个样本期, 发
展基本面得分均高于经济高质量发展指数, 说明经济发展是驱动高质
量发展的核心力量, 而社会和生态层面的发展成果提升空间依然较
大。根据各维度经济高质量发展指数变动趋势 (见图 2), 我们将进
一步分析地级城市经济高质量发展的变动特征与周期性规律。

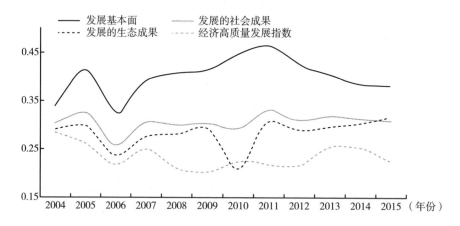

图 2　2004~2015 年地级城市经济高质量发展指数

2004~2015 年地级城市发展基本面在经济高质量发展的三个维
度中表现最好, 表明地级城市在发展经济过程中比较关注经济增长。
在研究样本期内, 地级城市的发展基本面大致经历了三个周期。第一
个周期为 2004~2006 年, 呈现一个短暂的波动状态; 第二个周期为
2007~2011 年, 表现出显著的攀升态势; 第三个周期为 2012~2015
年, 出现逐渐下滑的趋势。中国经济从 2012 年开始进入 "增长速度
的换挡期、结构调整的阵痛期和前期刺激政策消化期" 的新常态,
各地级城市也相应地由经济高速增长转向中高速增长。值得注意的

是，2012 年党的十八大召开后，我国进入以新常态和供给侧结构性改革为主线的新时代，在此之前经济高质量发展指数与发展的基本面变动趋势一致。2012 年后由于宏观经济的结构性减速，发展的基本面呈下降态势，而经济高质量发展指数则保持相对稳定态势，表明我国进入新时代后社会成果和生态成果对经济高质量发展的影响逐渐增强。

2004～2015 年地级城市发展的生态成果与经济高质量发展指数表现出相似的变化趋势。发展的生态成果在 2004～2009 年表现为波动上升，经过 2009～2010 年大幅度波动后，呈现明显的上升趋势。需要指出的是，为了应对国际金融危机，2009 年我国推出了 4 万亿元刺激经济计划，使得围绕基础设施投资的钢铁、水泥和电解铝等高耗能行业产能快速扩张，发展的生态成果下降。同时，2010 年发展的生态成果的显著下降也引发了经济高质量发展指数的下滑，推动高质量发展必须贯彻"绿水青山就是金山银山"的绿色发展理念。在经济高速增长阶段我国主要依赖自然资源的消耗来实现经济增长，经济产出的提高是以增加污染排放为代价，自然环境的承载容量有限，所以这种粗放式的发展模式导致地级城市的生态成果出现波动。新常态以来我国明确了绿色发展理念，树立了生态环境也是生产力的新财富观，因而地级城市在生态建设方面也开始加大投资力度。

2004～2015 年地级城市发展的社会成果在经济高质量发展的三个维度中表现不佳。2004～2006 年发展的社会成果呈下降趋势，经过 2007 年小幅上升后表现为波动上升的态势。其指数值较低，一方面，说明地级城市在经济发展过程中，对全体人民在经济发展成果的共享性以及实现人的全面发展方面的重视程度仍然有待提高；另一方面，由于教育和医疗水平的现代化在一定程度上可以表现一个地区的软实力，发展的社会成果数值较低从侧面表现出我国地级城市在经济发展过程中过于重视 GDP 等硬实力提升，对软实力的提高有所忽视。

因此在社会发展层面，为推动经济高质量发展需要权衡好生产性投资和非生产性投资的比例和关系，加大教育和医疗投入力度，带动高质量的人力资本的积累。

（二）城市经济高质量发展水平的排名分析

2004 年经济高质量发展指数排在前十的城市是深圳、长沙、济南、合肥、长春、郑州、南昌、福州、青岛、芜湖。除芜湖外前十位大都是副省级城市或省会城市，前十位城市的经济高质量发展指数的平均值为 0.4977。2004 年经济高质量发展指数排在后十位的城市为宿州、巴中、巴彦淖尔、来宾、池州、渭南、广安、商洛、贺州、钦州，均是处于中西部地区的小城市，其经济高质量发展指数的平均值为 0.1576。2004 年前十位城市的经济高质量发展指数平均是后十位的 3 倍多，大城市的经济高质量发展情况明显优于小城市。2015 年经济高质量发展指数排在前十的城市是深圳、济南、福州、武汉、兰州、合肥、三亚、南昌、长沙、珠海，除了三亚和珠海外前十位仍都是副省级城市或省会城市，其经济高质量发展指数的平均值为 0.4936。2015 年经济高质量发展指数排在后十位的城市为六安、广安、本溪、商洛、贺州、金昌、昭通、绥化、上饶、咸宁，其中六安、上饶和咸宁位于中部地区，本溪和绥化位于东北地区，剩下的城市均位于西部地区，这些城市的经济高质量发展指数的平均值为 0.1841。2015 年前十位城市的经济高质量发展指数平均是后十位的 2.7 倍，经过 12 年的发展尤其是进入新时代以来，各地级城市经济高质量发展的差距略有缩小。

直辖市在我国区域经济发展格局中占有重要的战略地位，2004 年四大直辖市中，北京市高质量发展指数为 0.3769，排名位居全国地级以上城市第 46 位，天津市、上海市和重庆市的排名分别为第 49、第 59 和第 181 位。2015 年四大直辖市中，上海市、北京市、天津市和重庆市的排名则分别为第18、第36、第63和第159位，上海市的经济高质量发展水平进步显著，北京市和重庆市都略有提升，天津市则略有下滑，东部直辖市的经济高质量发展表现更佳。此外，传统一线城市广州市的经济高质量发展水平排名均稳定在第11位，在一线城市排名中仅次于深圳。值得注意的是，西部的成都市作为新晋一线城市经济高质量发展水平也较高，2004年全国排名第26位，2015年已攀升至第19位。

（三）城市经济高质量发展的空间特征分析

通过对经济高质量发展指数及其各维度的状态和排名分析，能够大致反映我国各地级城市经济高质量发展的情况。但是由于各城市所处的地理位置不同，其所拥有的资源禀赋和发展优势亦不同，可能造成各城市经济发展质量的水平参差不齐。需要从空间层面对城市经济高质量发展情况进行分析。本文利用GIS10.2对研究时段内经济高质量发展指数的平均值及其各维度指数的平均值进行空间演示，尝试揭示城市间经济高质量发展的空间分布特征。

从城市所处的地理位置因素来看，经济发展质量较高的城市大多集中分布在东部地区，其中环渤海经济圈、泛长江经济圈和泛珠江三角圈经济发展质量整体表现较好。这说明东部地区在经济发展过程中，不仅关注经济增长，还注重经济效益、社会效益和生态效益三者之间的协调发展。此外，东部经济发展质量较高的城市对相邻城市经济发展质量有显著的拉动作用。我国的东北和中西部地区虽然也有个别城市经济发展的质量较好，但并未带动周围城市经济发展质量水平的提升。总体来看，我国东部地区经济发展质量优于中西部地区。

从发展基本面指标的空间分布情况看，经济增长较好的城市集中分布在我国沿海地区和一些资源较丰富的地区。这些城市居民生活较富裕，经济增长较稳定，经济结构较均衡，经济的外向性程度较高，

这说明我国城市经济发展在一定程度上还是依赖出口或资源拉动，经济发展方式还有待进一步优化升级。东部地区在发展基本面的表现优于中西部地区，表明我国仍然存在区域发展不平衡和区域发展分化的现象，尽管政府通过西部大开发、振兴东北、中部崛起等战略给予各种政策优惠和支持，但是依然没有缩小东、中、西部在经济发展方面的差距。在新时代推动经济高质量发展的过程中，应支持资源型地区经济转型发展，建立更加有效的区域协调发展机制。

从生态成果指标空间变化情况来看，表现较好的城市大多集中在河南、安徽、山东、上海、江苏、浙江以及一些沿海地区。其中河南和安徽是我国的农业大省，而我国的污染加剧主要是由重工业膨胀所导致的。山东、上海、江苏、浙江以及一些沿海地区在发展的生态成果方面表现突出，一方面，可能是由于经济较发达，有充足的资本来发展节能减排技术，提高了绿色发展的能力；另一方面，这些地区地理位置优越，通过与发达经济体的合作积累了大量的能源管理经验，减少了对生态环境的破坏。虽然中西部地区和东北地区也有部分城市在生态发展方面取得较好成果，但是整体表现不佳。这可能是由我国各地区所处经济发展阶段不同造成的。我国经济较发达的地区新兴产业发展迅速，并开始由工业经济向服务经济转型，其发展的绿色程度较高。而中西部地区和东北地区大多处于工业化和城市化加速发展阶段，第二产业占比较大且第三产业发展相对滞后，导致经济发展的生态环境代价较高。

从发展的社会成果指标空间变化情况来看，表现良好的城市分布较分散。其中京津冀及其周围地区整体水平较高，说明该地区比较关注改善人民的整体福利，重视人民对经济发展成果的共享。整体来看，我国各地区的社会发展水平均不高，一方面可能是各地级城市教育投入的力度不足，国民受教育程度和人力资本的质量有待提高，反映出我国在经济高速增长阶段主要依赖于数量众多且廉价的劳动力；另一方面可能是各地级城市的医疗卫生发展程度现代化水平较低，与人民生活相关的"看病难""看病贵"问题仍未得到较好的解决。所以在高质量发展中应加强对人民的关怀程度，增强人民的幸福感和获得感。

五　经济高质量发展和增长数量的关系探讨

我国经济由高速增长转向高质量发展阶段，经济高质量发展和高速增长之间也存在一定关联，高速增长为高质量发展提供了物质基础和产业条件，但长期的高速增长也会对经济、社会和生态环境造成巨大压力。因此，在经济高质量发展阶段应更加注重经济发展质量的合意性，而不再一味追求经济数量和规模的快速扩张，经济高质量发展也仍需要稳定合理的经济增长速度来提供稳定的发展环境。在高质量发展阶段合意的经济增长速度，在一定程度能够促进经济发展质量的有效提升。我们以实际人均 GDP 表征地级城市的经济增长的数量指标，测算发现 2004～2015 年地级城市经济高质量发展和经济增长数量的相关系数为 0.52，表明二者间有较高的正相关关系。同时通过绘制经济高质量发展指标和人均 GDP 的散点图（见图3），不难发现经济高质量发展和经济增长速度呈现"倒 U 型"变动特征，即经济高质量发展水平随着人均 GDP 的变化而先上升后下降。在人均 GDP 水平较低时，一方面全社会的环境承载容量和自然环境质量相对较好，经济体可以通过消耗自然环境来增加产出水平；另一方面在经济发展水平较低时，经济发展强调效率优先兼顾公平、先富带动后富的原则，在充分激发经济发展活力的同时也满足了人民日益增长的物质文化需求，经济发展数量的提升推动了经济高质量发展。

当我国进入中高收入经济体行列，经济发展达到较高水平，人民的物质生活日益富裕，对美好生活的需求愈加强烈。与此同时，经济

持续高速增长，物质生产和污染排放不断增加，自然环境吸纳和化解各类污染源的能力逐渐下降，自然生态环境的质量下滑，人民生活环境受到影响。在追求效率的导向下，行业和地区间经济发展的差距拉大，也难以保证经济发展的成果能够公平地惠及全体人民。经济发展解决了由贫穷到富裕的问题时，人民日益增长的美好生活需求和不平衡不充分的发展之间的矛盾，就成为现阶段我国社会的主要矛盾。毫无疑问，现阶段的主要矛盾无法通过经济增长数量的攀升来解决，而需要依靠经济高质量发展，通过践行"创新、协调、绿色、开放、共享"的新发展理念来化解。这也是当人均 GDP 达到一定高度，经济高质量发展指数反而下降的原因。

根据经济高质量发展和增长数量之间的关系，现阶段我国地级城市大致可以分为以下四种类型。①第一种类型，以商洛、六安和巴中为代表的位于图 3 区域I的城市，其经济高质量发展和增长速度均表现不佳。这些城市大多位于中西部山区，一方面地理位置偏僻使得经济发展环境和条件不佳，较低的人均 GDP 水平令人民群众无法共享经济与社会发展成果；另一方面生态环境脆弱使得经济发展过程中生态效益极易损失，导致经济高质量发展水平较低。②第二种类型，以三亚、桂林和成都为代表的位于图 3 区域II的城市，实际人均 GDP 相对不高，但是经济高质量发展情况良好。这些城市大多拥有丰富的自然资源和旅游资源，将"绿水青山"变成金山银山，形成绿色的发展模式。③第三种类型，以深圳、广州和武汉为代表的位于图 3 区域III的城市，经济高质量发展和增长速度都表现较好。这些城市集中了较多的高新技术企业或是科研院所，拥有丰富的创新资源，逐渐形成以创新为主导的增长模式，同时较高的居民收入也带动了人力资本的积累和对资源环境的保护，实现了经济高质量发展。④第四种类型，以克拉玛依、鄂尔多斯和大庆为代表的位于图 3 区域IV的城市，经济高质量发展和增长速度表现不一致。这些城市普遍为资源型城市，丰富的自然资源令其形成以资源消耗为主的粗放型增长模式，由于资源环境压力不断加大，经济高质量发展情况不容乐观，经济发展模式有待升级。

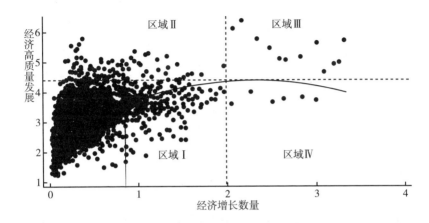

图3 地级城市经济高质量发展和经济增长数量之间的关系

六 结论

立足于新时代中国特色社会主义背景，高质量发展的内涵体现在，具有增速稳定和结构合理的经济增长基础，并能产生社会友好型和生态友好型的发展成果，最终服务于富强民主文明和谐美丽的社会主义现代化强国和人的全面发展。遵循"新发展理念"，本文基于发展基本面、发展的社会成果和发展的生态成果三个维度构建地级城市经济高质量发展指标体系。城市经济高质量发展呈现出波动中上升的态势，并且城市经济高质量发展水平逐渐趋同。副省级城市或省会城市等大城市高质量发展水平较高，其中环渤海经济圈、泛长江经济圈和泛珠江三角洲经济区发展质量整体表现较好。西部城市和中小城市高质量发展水平有待进一步提升。值得注意的是，经济高质量发展和经济增长速度呈现"倒 U 型"变动特征。

相应的政策含义：一是，加强发展的社会成果和生态成果建设，加大教育、医疗和环境保护方面的投入力度，在实现人的全面发展和建设青山绿水中实现人和自然的和谐，助力高质量发展。二是，区域开发政策应更注重平衡性，尤其需要重点促进中西部地区城市以及中小城市的高质量发展水平，吸引人力资本等先进生产要素向落后地区的流动。三是，在推动高质量发展的同时，也需要稳定经济增长速度，实现经济高质量发展和增长数量的协同并进。

参考文献

Thomas，V. etc.，*The Quality of Growth*，Oxford：Oxford University Press，2000.

Barro，R. J.，"Quantity and Quality of Economic Growth"，*Working Paper*，Central Bank of Chile，Growth，United States，2002.

钞小静、任保平：《中国经济增长质量的时序变化与地区差异分析》，《经济研究》2011 年第 4 期。

郝颖、辛清泉、刘星：《地区差异、企业投资与经济增长质量》，《经济研究》2014 年第 3 期。

金碚：《关于"高质量发展"的经济学研究》，《中国工业经济》2018 年第 4 期。

任保平：《新时代中国经济从高速增长转向高质量发展：理论阐释与实践取向》，《学术月刊》2018 年第 3 期。

蔡昉：《转向高质量发展"三谈"》，《经济日报》2018 年 2 月 8 日。

胡敏：《高质量发展要有高质量考评》，《中国经济时报》2018 年 1 月 18 日。

Montfort Mlachila，René Tapsoba，Sampawende J. A.，"Tapsoba.，A Quality of Growth Index for Developing Countries：A Proposal"，*Social Indicators Research*，2017，134（2）.

干春晖、郑若谷、余典范：《中国产业结构变迁对经济增长和波动的影响》，《经济研究》2011 年第 5 期。

财政与金融篇

Financial and Economy

B.11

稳健中性取向下的货币金融运行

秦栋 李倩*

摘　要： 2018 年我国经济运行总体平稳，前三季度 GDP 增长 6.7%。中国人民银行继续实施稳健中性的货币政策，根据经济金融形势变化，加强前瞻性预调微调，为供给侧结构性改革和高质量发展营造适宜的货币金融环境。当前银行体系流动性合理充裕，市场利率中枢有所下行，货币信贷和社会融资规模适度增长，宏观杠杆率保持稳定。预计 2019 年货币政策仍将保持稳健基调，前瞻性、灵活性、针对性进一步提高。要着力疏通传导机制，把握好稳增长与去杠杆、强监管的关系，提高金融服务实体经济水平。

* 秦栋、李倩，供职于中国人民银行调查统计司。

关键词： 进出口　金融　货币政策　民营企业

一　金融运行的实体经济环境

2018 年前三季度，我国经济运行基本平稳，GDP 同比增长 6.7%。经济结构不断优化，新旧动能接续转换，质量效益稳步提升，高质量发展扎实推进。不过，受国内外复杂环境影响，当前经济增长也存在一定下行压力。

（一）工业生产增速放缓，服务业增长较快，产业结构持续优化

分产业看，前三季度第一产业增加值同比增长 3.4%，第二产业增加值同比增长 5.8%，第三产业增加值同比增长 7.7%。第三产业占 GDP 比重比上年同期提高 0.3 个百分点。

工业生产增速下行，结构优化。前三季度，全国规模以上工业增加值同比实际增长 6.4%，增速比上半年回落 0.3 个百分点。新产业新产品蓬勃发展。前三季度，高技术制造业和战略性新兴产业同比分别增长 11.8% 和 8.8%，分别快于规模以上工业 5.4 个和 2.4 个百分点。

服务业保持平稳较快增长。前三季度，服务业增加值同比增长 7.7%，增速比上半年加快 0.1 个百分点。信息传输、软件和信息技术服务业持续高速增长，前三季度增速为 32.8%，比上半年加快 1.6 个百分点。

（二）需求稳中趋缓

固定资产投资增速放缓，结构优化。前三季度，固定资产投资

（不含农户）名义同比增长 5.4%，增速比上年同期低 2.1 个百分点。固定资产投资领域和主体均有所优化。制造业投资增速连续 6 个月加快，前三季度达到 8.7%，比上半年加快 1.9 个百分点。民间投资增速保持较高水平，前三季度为 8.7%。

消费增速回落。前三季度，全国居民人均消费增速为 6.3%，比上半年低 0.4 个百分点。城镇居民消费倾向持续走低，前三季度为 64.2%，比上年同期低 0.8 个百分点；农村居民消费倾向提高，不过农村消费占全部居民消费的比重不高，对消费增长的贡献有限。

进出口保持较快增长，贸易顺差同比收窄。以美元计价，前三季度进出口总额同比增长 15.7%，比上年同期高 4.1 个百分点。其中出口同比增长 12.2%，比上年同期高 5 个百分点；进口同比增长 20%，比上年同期高 2.6 个百分点；累计贸易顺差 2213.8 亿美元，同比收窄 23.8%。

（三）CPI 涨幅扩大，PPI 涨幅回落

2018 年前三季度，CPI 同比上涨 2.1%，涨幅比上年同期高 0.6 个百分点，比上半年高 0.1 个百分点。价格上涨主要由非食品特别是服务产品价格上涨带动。

前三季度，PPI 同比上涨 4%，涨幅比上年同期低 2.5 个百分点，比上半年高 0.1 个百分点。价格上涨主要集中为生产资料，尚未传导至生活资料。

二 稳健中性的货币政策及实施效果

2018 年以来，按照党中央、国务院部署，中国人民银行根据经济金融形势变化，加强前瞻性预调微调，稳健中性货币政策取得了较好成效。

（一）社会融资规模增量同比少增，人民币贷款增长较快

前三季度社会融资规模增量为 15.37 万亿元，比上年同期少 2.32 万亿元。三季度末，社会融资规模存量为 197.3 万亿元，同比增长 10.6%，增速分别比上季末和上年同期低 0.5 个和 3.8 个百分点。

分结构看，银行表内融资增长较快。三季度末，对实体经济发放的人民币贷款余额为 131.81 万亿元，同比增长 13%，增速比上季末高 0.3 个百分点，比上年同期低 0.5 个百分点。

表外融资下降较多。三季度末，委托贷款余额为 12.81 万亿元，同比下降 7.7%，降幅分别比上季末和上年同期扩大 3.2 个和 18.5 个百分点；信托贷款余额为 8.08 万亿元，同比增长 0.2%，增速分别比上季末和上年同期低 9.9 个和 35.7 个百分点；未贴现银行承兑汇票余额为 3.76 万亿元，同比下降 13.9%，降幅分别比上季末和上年同期扩大 7.2 个和 28.7 个百分点。

2018 年 8 月以来，地方政府专项债券发行进度加快，对银行贷款、企业债券等有明显的接替效应。三季度末，地方政府专项债券余额为 7.18 万亿元，同比增长 42.5%，增速比上季末高 5.4 个百分点，比上年同期低 23.9 个百分点。为将该接替效应返还到社会融资规模中，2018 年 9 月起，中国人民银行将"地方政府专项债券"纳入社会融资规模统计。

（二）货币信贷平稳适度增长

2018 年前三季度，货币供应量平稳增长，广义货币 M2 增速总体保持在 8%～8.5% 的区间。三季度末，M2 余额 180.17 万亿元，同比增速 8.3%，比上半年回升了 0.3 个百分点，比上年同期低 0.7 个百分点。

一是中国人民银行适度增加中长期流动性供应，保持流动性合理充裕。三季度，中国人民银行定向降准，并搭配使用中期借贷便利、抵押补充贷款等工具投放流动性。三季度末，银行超储率为 1.5%，比上年同期提高 0.2 个百分点，金融机构货币派生能力有所增强。

二是商业银行加强资金运用，表内信贷和债券投资增长较快，推动 M2 增速回升。金融系统有序引导表外资金回表，加大表内资金投放力度。三季度，贷款累计新增 4.11 万亿元，同比多增 9232 亿元；债券投资累计新增 2.27 万亿元，同比多增 6940 亿元。

（三）结构性去杠杆有序推进

2018 年以来，金融管理部门加强协调配合，根据经济金融形势变化和预判，做好前瞻性预调微调。经过各地区各部门共同努力，国民经济总体平稳、稳中向好，宏观杠杆率总体稳定、结构优化，经济迈向高质量发展起步良好。

1. 宏观杠杆率总体趋稳

2017 年以来，我国宏观杠杆率上升势头明显放缓。2017 年杠杆率比 2016 年高 2.4 个百分点，增幅比 2012～2016 年杠杆率年均增幅低 10.9 个百分点。2018 年杠杆率上升步伐进一步放缓。杠杆率趋稳，一方面是供给侧结构性改革取得明显成效，企业、财政和居民收入保持较快增长，有助于消化存量债务。另一方面是稳健中性货币政策和协调有序加强金融监管效果明显，增量债务明显减少。特别是委托贷款、信托贷款等业务受金融去杠杆影响，增速明显放缓；地方政府融资担保行为进一步规范，平台公司等软约束主体债务增长受到明显遏制。

2. 杠杆结构呈现优化态势

一是企业部门杠杆率下降，国有企业资产负债率明显回落。2017 年企业部门杠杆率比 2016 年下降 1.4 个百分点，2011 年以来首次出现净下降，而 2012～2016 年年均增长 8.8 个百分点。预计 2018 年企业部门杠杆率较 2017 年继续小幅下降。工业企业中资产负债率相对

较高的国有企业，资产负债率明显回落，2018 年 9 月为 59%，比上年同期低 2 个百分点。二是住户部门杠杆率上升速率边际放缓。截至2018 年 9 月末，居民贷款增速连续 17 个月回落，从 2017 年 4 月的峰值 24.7% 降至 18.2%。住户部门债务风险总体可控。住户部门偿债能力较强，2018 年 9 月末贷款/存款为 74.3%，存款完全可以覆盖债务，且债务抵押物充足，期限较长，违约风险不高。三是政府部门杠杆率持续回落，2017 年比 2016 年低 0.4 个百分点，连续三年回落，2018 年基本稳定。

（四）货币市场利率中枢下移，人民币汇率有所贬值

2018 年市场利率明显低于上年同期。三季度末，同业拆借加权平均利率、质押式回购加权平均利率分别为 2.59%、2.6%，比上年同期低 32.6 个、46.7 个基点。1 年期国债到期收益率为 2.97%，比上年同期低 50 个基点；10 年期国债到期收益率为 3.61%，与上年同期持平。

人民币汇率略有贬值，银行结售汇呈现逆差。三季度末，人民币对美元汇率中间价为 6.8792 元/美元，比上月末贬值 0.79%，比上年同期贬值 3.52%。中国外汇交易中心（CFETS）人民币汇率指数为 92.35，比上月末下贬 0.78%，比上年同期下跌 2.11%。银行结售汇逆差 175.65 亿美元，比上月逆差扩大 27.05 亿美元，比上年同期逆差扩大 137.32 亿美元，反映出外汇交易市场存在人民币贬值压力。

三 金融运行需要关注的几个问题

（一）中美贸易摩擦升级，海外需求整体走弱增加我国出口压力

2018 年以来中美贸易摩擦不断升级。数量模型定量测算的结果

显示，若其他条件不变，美国对我国 500 亿美元出口商品加征 25%
的关税、对 2000 亿美元出口商品加征 10% 的关税后，涉税商品平均
出口价格会下降 5.33%，美国消费者平均购买价格会上涨 6.81%。
我们用价格弹性和投入产出表测算，上述价格变动将导致涉税商品对
美国出口额下降 17.5%，我国出口总额下降 1.63%，GDP 增速下降
0.57 个百分点。

采取反制措施能够在一定程度上对冲美国加征关税造成的不利影
响。测算表明，若美国对我国加征第二轮关税（2000 亿美元商品），
我国反制后（600 亿美元商品），2018 年和 2019 年 GDP 增速降幅将
分别收窄到 0.19 个和 0.17 个百分点，即贸易摩擦升级对短期经济增
长的影响基本可控。

不过，如果中美贸易摩擦长期持续，会对我国经济结构调整带来
重大挑战。贸易摩擦背后是美国对"中国制造 2025"战略的遏制和
打压，对我国中高端制造业的负面影响不容忽视。从产业结构看，贸
易摩擦对我国三次产业均有负面影响，对第二产业影响更显著，整体
看第三产业占比有所上升。从收入结构看，贸易摩擦拉低总收入，对
企业盈余影响更大，对居民收入及政府税收影响相对较小。从需求结
构看，净出口的占比下降，居民消费占比相对上升。我们对贸易摩擦
后达到最终均衡状态下我国经济指标进行测算，结果如下。

（1）关于 GDP。若美国对我国全部出口商品加征 25% 关税，不
论我国是否采取反制措施，均衡状态下我国 GDP 损失都大约相当于
一个陕西省的 GDP（约占全国 GDP 的 2.6%）。

（2）关于贸易顺差。测算显示，贸易摩擦导致进出口规模均收
缩，极端情况下（中美互相对对方全部出口商品加征 25% 关税）净
出口可能比无贸易摩擦情景缩减 10% 以上，但总体上我国净出口保
持顺差的格局不会因贸易摩擦而改变。

（3）关于物价、就业和资本回报。贸易摩擦升级将导致总需求

减少，全面拉低物价水平。极端情况下（中美互对对方全部出口商品加征 25% 关税），国内 CPI、PPI 和 GDP 平减指数将被拉低 1.70～1.86 个百分点，国内就业人数和资本回报分别下降 3.67% 和 5.76% 左右。资本回报率的下降将导致投资萎缩，引起总需求的进一步下降，加大经济下行压力。

中美贸易摩擦升级背景下，海外需求整体走弱，向其他国家出口的替代效应有限，我国出口压力增加。IMF 最新一期的《世界经济展望》报告预测，2018 年全球经济增速为 3.7%，比上期预测低 0.2 个百分点。报告指出，当前全球经济面临的最主要威胁是贸易紧张局势加剧、多边贸易体系可能被削弱。9 月，中国 PMI 新出口订单指数为 48%，比上月低 1.4 个百分点，达 2016 年 3 月以来新低。同期，摩根大通全球制造业 PMI 为 52.2%，比上月低 0.4 个百分点。尽管主要发达经济体 PMI 继续在荣枯线以上运行，但均有所回落。其中，美国制造业 PMI 为 59.8%，比上月低 1.5 个百分点；欧元区制造业 PMI 为 53.2%，比上月低 1.4 个百分点，刷新 2017 年以来低点；日本制造业 PMI 为 52.5%，与上月持平。从 PMI 来看，海外需求整体走弱，下一阶段我国外贸出口压力将有所增加。

（二）国内去产能成效显著，但需关注企业盈利两极分化和工业投资增速低迷

在过去两年多时间里主要过剩行业去产能取得了积极进展，产能利用水平明显回升，相关行业盈利状况得到较好改善，债务保持低速增长。本轮去产能成效显著，推动工业品价格走出了通缩，促进了工业企业整体的复苏。

不过，目前也出现了一些值得关注的问题。一是上下游企业盈利两极分化。去产能在较短时间内对供给构成约束，原材料价格大幅上涨，以国有、大型企业为主的上游行业盈利状况得到较好改善。但在

最终需求放缓的形势下，上游产品价格上涨未能有效传导至下游产品。PPI 数据显示，2018 年 1 ~ 9 月，原材料工业品价格平均上涨 7.1%，而生活资料价格涨幅仅为 0.4%。以民营、小型企业为主的下游行业，受制于原材料和生活资料价格增速持续倒挂，盈利状况改善有限。

二是整体工业投资增速低迷。2017 年以来，规上工业企业利润增速保持在 15% 以上的较高水平，而工业投资增速一直低于 6%。利润和投资出现背离，主要有两方面原因：其一，下游行业面临的原材料成本大幅攀升，利润改善幅度有限，缺乏投资热情和能力。其二，上游去产能行业虽然盈利改善较好，但受制于行政压制产能扩张，大多行业都难以大幅扩大投资。2018 年 1 ~ 9 月，电力、热力的生产和供应业，有色金属矿采选业，铁路、船舶、航空航天和其他运输设备制造业固定资产投资分别同比下降 17.2%、15.6%、5.7%，煤炭开采和洗选业、化学原料及化学制品制造业固定资产投资仅分别同比增长 2.1%、1.7%。

（三）我国居民储蓄率趋势性下降，"储蓄率下降"与"储蓄不足"不完全画等号

我国居民储蓄中，新增存款和实物投资是主体。不过新增存款占比呈下降趋势，购房等实物投资占比呈上升趋势。目前，居民实物投资占比已接近 40%，高于美国等发达国家。我国居民储蓄率（居民储蓄/居民可支配收入）在 2010 年达到历史高位（42.1%）后逐步回落，2015 年为 37.1%，比 2010 年下降 5 个百分点。2016 ~ 2017 年我国居民消费增速回落、可支配收入增速基本平稳，居民储蓄率趋于稳定甚至可能回升。

居民储蓄率下降是多种因素集中反映的结果。一是人口老龄化加速，较多人不再创收。二是消费支出较快增长的同时收入增速下滑。三是居民债务利息增多，减少总储蓄。从积极的方面看，我国社保体

系完善，有力推动了预防性储蓄的下降。居民储蓄率下降，正在推动投资回落、顺差收窄，消费贡献增强。

近两年居民提供给其他部门的储蓄资金大幅减少，出现了"居民储蓄不足"的情况。同时在企业去杠杆背景下，企业负债难度加大，更加凸显了"居民储蓄不足"的问题。这些引起了社会的关注。

不过，"储蓄不足"与"储蓄率下降"不完全画等号。"储蓄不足"的体现不仅仅是储蓄率的下降，更重要的是居民要用于归还自身债务的被动储蓄增多。当年储蓄多于实物投资的居民会增加金融资产或归还债务，增加金融资产的储蓄更灵活，多为主动储蓄；归还债务的储蓄更刚性，多为被动储蓄。近两年归还债务的被动储蓄增多。

近两年贷款购房者增多，持续透支未来储蓄。贷款购房者的储蓄可能有适度增加，但主要是房产的增加，而储蓄存款减少、债务增加，从国民经济运行上看，企业部门难以继续获得居民剩余储蓄资金，"居民储蓄不足"问题更显著。

居民债务存量逐渐增多，较多储蓄用来还债。由于以往的购房行为透支了未来的储蓄，在不购房的年份，储蓄要用于归还自身贷款，难以提供给其他部门。我们测算，2018年居民还本付息金额与可支配收入之比接近40%，而且还呈上升趋势。这样，这些居民的储蓄可能还在增长，但主要用于还债，储蓄存款没有增加。

（四）民营企业融资感受变差，贷款和股权融资增长缓慢

民营企业投资增速回升，利润增速下降，融资需求上升。2018年1~9月，民间投资累计同比增长8.7%，比上年同期高2.7个百分点，高于同期固定资产投资（不含农户）3.3个百分点。不过，民营企业盈利状况不佳，2018年1~8月，规模以上工业企业中，私营企业利润同比增长10.0%，持续下行，且低于同期国有企业16.7个百分点。投资增速上升、利润增速下降使得民企对融资的依赖更强。

不过，民营企业融资需求满足程度下降。2018 年三季度，中国人民银行对 5000 户企业的调查显示，私营企业的融资难度加大。私营企业融资感受指数为 44.6%，比上季度低 1.1 个百分点，低于全部企业 0.9 个百分点；私营企业融资成本感受指数为 55.6%，比上季度高 0.4 个百分点，低于全部企业 0.7 个百分点。

分金融工具看，一是民营企业贷款增长缓慢、成本上升。2018 年 8 月末，私人及集体控股企业贷款余额同比增长 6.3%，明显低于企业贷款总体增速。同时，私人及集体控股企业存量贷款加权平均利率上升，而国有控股企业贷款利率下降。

二是民营企业股权融资规模收缩。2018 年 1~9 月，非金融业民营企业股票首发募集资金 500.2 亿元，同比少募集 930.4 亿元。其中，制造业首发募集资金 349.1 亿元，同比少募集 822.4 亿元。

三是民营企业非标融资也有收缩，但收缩幅度小于国企，利率有所上升。从量上看，20 家信托公司调查数据显示，2018 年 8 月末，私人控股企业信托贷款余额比年初减少 5.5%。不过，国有控股企业信托贷款收缩幅度更大，余额比年初减少 10.8%。从价上看，2018 年 8 月，私人控股企业信托贷款利率超过 8%，比上年末上升了大约 30 个 BP，比同期国有控股企业高近 200 个 BP。

综合分析，民营企业非标融资收缩幅度小于国企，但贷款增长几乎停滞，而国企贷款仍保持较高增速，国企非标融资下降对民企信贷产生了明显的挤出效应。

四　关于2019年经济金融运行的政策思考

（一）客观评估经济增长的有利与不利因素，兼顾稳增长、防风险、促改革、调结构、惠民生、防风险，推动高质量发展

2018 年，中国经济结构调整持续深化，经济增长动力加快转换，

经济韧性进一步增强，防范化解金融风险取得初步成效，为2019年经济发展奠定了良好的基础。然而，也必须看到，一些制约增长的深层次结构性问题并没有解决，还出现一些新问题、新挑战，如全面深化改革仍处于攻坚期，人口红利逐步消失，资源环境约束加大，外部经济环境发生明显变化，经济运行稳中有忧，下行压力加大，因此有必要对2019年经济发展的困难和复杂性有充分估量。

2019年经济增长的有利因素：一是我国经济韧性好、潜力足、回旋余地大的基本特质没有变，经济平稳健康发展具备扎实的基础。二是随着供给侧结构性改革扎实推进，产业结构调整和新动能成长取得新成效，为经济平稳健康发展注入新动能。三是防范化解金融风险取得初步成效，宏观杠杆率趋稳。

2019年经济增长的不利因素：一是投资对经济增长的拉动作用减弱。受财政部门进一步规范地方政府举债融资行为影响，基建投资将继续低速增长。此外，一、二线城市房地产市场降温回调等因素也将带动房地产投资增速放缓。二是全球经济不确定性因素增多，外部需求或现疲软态势。贸易摩擦、地缘政治、主要经济体货币政策正常化等增加了全球经济和金融市场的不确定性，外部环境形势趋于严峻。

综合上述分析，2019年经济增长总体平稳、稳中有缓，预计GDP增速保持在6%~6.5%。面对复杂的经济内外环境，有必要充分考虑经济增长的现实可能，兼顾稳增长、防风险、促改革、调结构、惠民生，继续深化供给侧结构性改革，打好三大攻坚战，推动高质量发展。

（二）稳健中性货币政策要处理好稳增长与去杠杆、强监管的关系，提高前瞻性、灵活性、针对性

面对复杂的经济环境，2019年应进一步加强前瞻性、灵活性、针对性，做到松紧适度，重在疏通传导机制，处理好稳增长与去杠杆、强监管的关系。针对中小微企业和民营企业融资感受变差的客观现象，有必要聚焦解决中小微企业和民营企业融资难题，为供给侧结构性改革和高质量发展营造适宜的货币金融环境。

需要说明的是，在经济环境比较复杂的情况下，M2、社会融资规模等指标可能会出现一些波动，对此不必过度解读。一是 M2、社会融资规模等数量型指标与实体经济的相关性减弱。随着市场深化和金融创新发展，影响货币供给的因素愈加复杂。二是在防范化解金融风险大背景下，货币信贷政策的灵活性要更强。随着经济金融形势的变化，适时预调微调，前瞻性地对冲内外部不稳定、不确定性因素的影响。三是影响货币供给的因素日益增加。不仅金融市场的变化，财政、贸易、金融监管政策等都可能会对 M2 和社会融资规模产生影响。此外，为体现高质量发展要求，宜顺应经济发展规律，逐步淡化数量型指标，更多关注利率等价格型指标。

B.12
中国金融状况分析与展望
（2018～2019）

陈守东　孙彦林*

摘　要：　2018 年中美贸易摩擦诱发中国股市出现异常波动，经济不确定性上升，危及金融稳定。现有研究又较少关注经济冲击对金融稳定的影响以及金融周期与经济周期间的关系，研究发现：中国金融存在趋势自我维持特征，当前阶段的下行已突破门限值，且预测显示下行趋势将持续；经济冲击影响金融稳定，应摒弃以货币政策调控金融市场的传统方式，防范资本外流引起外汇储备减少对金融稳定的负向影响，降低金融与经济的发展脱离程度；金融周期与经济周期间的短期影响相互掣肘，长期效应彼此抑制，应致力于恢复金融与经济的良性互动，加强金融与经济周期间的协调性。

关键词：　经济冲击　金融状况指数　金融周期　经济周期

一　引言

随着中美经贸关系的深入与发展，中美贸易摩擦的频率呈现波动

---

* 陈守东，供职于吉林大学数量经济研究中心；孙彦林，供职于吉林大学商学院。

增加的态势。2018年中美贸易摩擦全面升级，既使得人民币汇率承压，贬值区间与贬值预期仍在持续，也进一步引起国内资产价格波动，金融市场不确定性与不稳定性增加，降低了货币政策的独立性与经济增长的可持续性。通过降息降准投放流动性的同时，中美利差扩大，导致中美资产收益率差扩大，人民币汇率进一步承压，资本外流压力随时增加，损害经济增长基础；经济下行压力与未来经济不确定性的增加通过反馈机制会加速资产泡沫发酵后的被动出清过程，并强化资本外流意愿，系统性风险继续发酵与积聚，势必需要更加宽松的货币政策支持。在金融加速器等正反馈机制下，易引发金融风险爆发的多米诺骨牌效应。因此如何防范与应对中美贸易摩擦等经济冲击下的系统性金融风险，对于中国"防风险、促改革、稳增长"等经济目标的实现具有积极意义。

如何测度与分析经济冲击对金融稳定的影响？首要前提是准确地认识与把握经济冲击与金融稳定的内涵。自Frisch明确提出经济冲击机制以后，[①] 针对经济冲击（Economic Shock）问题的研究已逐渐成为经济政策理论、经济周期理论与经济增长理论等宏观经济学流派的重要研究内容之一，且进行了不同的类别划分，如确定性与随机性冲击、持久性与暂时性冲击、整体与单独冲击、名义与实际冲击、内生与外生冲击等。[②] 但在实证分析过程中，更多研究的是具体性冲击，Sadorsky证明石油价格冲击对实际股票收益率预测误差方差的解释力更强；[③] Henzel等指出成本渠道能够很好地解释紧缩性货币政策冲击引起物价水平上升的价格之谜；[④] 方意区分了货币政策冲击与房地产

---

① Frisch R. , *Propagation Problems and Impulse Problems in Dynamic Economics*, Reprinted from Economic Essays in Honour of Gustav Cassel, London: George Allen & Unwin Ltd. , 1933.

② 刘金全：《宏观经济冲击的作用机制与传导机制研究》，《经济学动态》2002年第4期。

③ Sadorsky P. , "Oil Price Shocks and Stock Market Activity", *Energy Economics*, 1999, 21 (5).

④ Henzel S. , Hülsewig O. , Mayer E. , et al. , "The Price Puzzle Revisited: Can the Cost Channel Explain a Rise in Inflation after a Monetary Policy Shock?", *Journal of Macroeconomics*, 2009, 31 (2).

价格冲击对银行风险承担行为影响的差异性;[1] Istiak 和 Serletis 检验了居民部门、商业银行、影子银行等部门的杠杆率以及始于 2008 年的去杠杆进程对美国宏观经济的影响,[2] 强调了逆周期监管的重要性。从冲击源的角度,则可将中国面临的经济冲击进一步归纳为货币政策类冲击、内部冲击与外部冲击。[3] 需要强调的是,经济冲击受传导顺序约束与范围影响局限,如经济冲击对汇率制度选择影响不显著,[4] 且影响程度、影响范围等会随着经济基础与金融环境的变化而变化,因此,在针对金融稳定的经济冲击影响研究过程中,需要以动态视角认识影响的时变特征。

欧洲央行将金融稳定(Financial Stability)定义为"金融机构、金融市场和市场基础设施运行良好,抵御各种冲击而不会降低储蓄向投资转化效率的一种状态",即在该状态下金融波动未出现结构断点,市场资源配置持续优化,并以全局性、动态性、效益性与综合性为特征,具有一定代表性。但由于国内外学者与实务界对于金融稳定的内涵尚未形成一致定论,在具体研究过程中大多依托"金融不稳定性假说"或"金融脆弱性假说"的理论框架进行分析,[5] 陈守东等识别了金融稳定—不稳定的区制特征,[6] 并验证了金融不稳定性对宏观经济的非对称影响。后金融危机时代,世界各国普遍开始反思传统

---

[1] 方意:《货币政策与房地产价格冲击下的银行风险承担分析》,《世界经济》2015 年第 38 期。

[2] Istiak K., Serletis A., "A Note on Leverage and the Macroeconomy", *Macroeconomic Dynamics*, 2016, 20 (1).

[3] 陈守东、孙彦林:《关键性因素视角下经济增长与金融风险新特征》,《江西社会科学》2018 年第 38 期。

[4] 朱孟楠、陈欣铭:《新兴市场国家汇率制度选择的分析——经济结构、经济冲击与政治偏好》,《国际贸易问题》2014 年第 5 期。

[5] Minsky, H. P., *The Financial Instability Hypothesis: Capitalist Process and the Behavior of the Economy*, in Financial Crisis: Theory, History and Policy, Cambridge University Press, 1982.

[6] 陈守东、王妍、唐亚晖:《我国金融不稳定性及其对宏观经济非对称影响分析》,《国际金融研究》2013 年第 6 期。

的货币政策理论与操作框架，其中一个重新认知即价格稳定与金融稳定的经常性背离现象长期存在，价格稳定不再是金融稳定的充分条件，而仅仅是必要条件的存在，[①] 增加了货币政策制定与金融稳定监管的难度。新经济形势下，金融稳定的复杂性仍在上升，如何选取或构造合适的代理变量成为理论与实务界探讨的重点。衍生自货币状况指数的金融状况指数（Financial Condition Index，FCI）能够恰当且直观地反映一国或一地区金融状况的稳定性，[②] 且包含未来通货膨胀压力信息，[③] 进而可以作为金融稳定的代理指标。其中，选取对金融稳定具有系统重要性的指标变量以合成 FCI 是实现这一目标的保障。[④]

现有研究多集中于金融冲击对经济增长的影响分析。金融冲击是中国经济周期波动的重要驱动力。[⑤] 金融周期不同区制状态下，经济增长与金融稳定的表现显著不同，且金融波动程度的增加在削弱经济增长基础的同时，会增加金融不稳定性。[⑥] 尽管金融发展促进了经济增长的结论尚有争议，但从边际效应的角度考察，金融发展的确对经济增长具有积极作用。[⑦] 通过梳理相关理论与实践经验发现，势必存在反馈机制，使得经济增长基础的弱化与经济不确定性程度的增加会进一步加速金融风险累积，进而波及金融稳定。但现有文献资料多集

---

① Blanchard, O., Akerlof, G. A., Romer, D., Stiglitz, J. E. (Eds.), *What have We Learned?: Macroeconomic Policy after the Crisis*, MIT Press, 2014.

② Goodhart C., Hofmann B., "Asset Prices, Financial Conditions, and the Transmission of Monetary Policy", *Proceedings*, 2001, 114 (2).

③ 巴曙松、韩明睿：《基于 SVAR 模型的金融形势指数》，《宏观经济研究》2011 年第 4 期。

④ 庞晓波、贺光宇、王超：《信贷行为与金融稳定关联性研究》，《金融论坛》2013 年第 18 期。

⑤ 王国静、田国强：《金融冲击和中国经济波动》，《经济研究》2014 年第 49 期。

⑥ 陈雨露、马勇、阮卓阳：《金融周期和金融波动如何影响经济增长与金融稳定?》，《金融研究》2016 年第 2 期。

⑦ Berger A. N., Roman R. A., "Finance and the Real Economy: Evidence from the US.", *Handbook of Finance and Development*, 2018.

中于金融体系与实体经济的协调发展①、金融周期与经济周期的关联关系②等问题，建立在相关金融经济指标间的结构性分析，缺乏从冲击角度考察经济波动对金融稳定的反馈机制。

综合考量，本文的研究贡献主要体现在：研究视角方面，从冲击视角，在同一框架下综合、动态地考察多种经济冲击对金融稳定的时变影响机制，与关注金融冲击影响经济增长的相关文献形成呼应，丰富了既有研究结论，与现有研究形成有益补充，对处于强烈外部冲击与持续内部冲击下的中国经济具有现实意义；研究论证方面，在实证检验多种经济冲击影响金融稳定具体路径的基础上，运用不损失自由度且可得到参数一致估计量的分布滞后自回归模型（Auto - Regressive Distributed Lag Model，简称 ARDL 模型）分析了金融周期与经济周期间的长期协整关系与短期动态关联，为当前经济政策的制定与中长期体制机制的安排提供了新的现实依据。此外，对中国金融状况的未来走势预测和当前风险的处理与危机的应对具有指导价值。

二 中国金融状况分析及其前景预测分析

经济增长是金融发展的初始条件之一。③ 同时，金融稳定能有效促进储蓄向投资的转化，满足经济增长的关键性资本要求，从而成为经济发展的掣肘因素。对金融状况的测度与剖析是认知与理解金融稳定的基础。本文利用主成分分析（Principal Component Analysis，PCA）

---

① 张晓朴、朱太辉：《金融体系与实体经济关系的反思》，《国际金融研究》2014 年第 3 期。
② 马勇、冯心悦、田拓：《金融周期与经济周期——基于中国的实证研究》，《国际金融研究》2016 年第 10 期。
③ 徐良平、黄俊青、覃展辉：《金融与经济关系研究的功能范式：一个初步分析框架》，《经济评论》2004 年第 1 期。

方法合成中国金融状况指数，[①] 相应指标构成体系如表 1 所示。本文从冲击源的角度将对于金融稳定具有系统重要性的金融经济变量划分为货币政策相关变量、外部冲击相关变量与内部冲击相关变量三类，与 Goodhart 和 Hofmann 的由利率、汇率与房地产价格构成的 FCI 合成指标体系相呼应。[②] 之所以将货币政策相关变量从内部冲击相关变量中独立出来，是考虑到中国经济增长与危机应对离不开宽松货币政策的长期支持，在对金融稳定的影响方面具备显著的异质性特征。

表 1　合成中国金融状况指数（FCI）的指标体系

变量类别	变量名称	变量说明	频率
货币政策变量	DR007	银行间质押式回购加权利率:7 天	月度
	NRM	银行间同业拆借加权利率:1 个月	月度
	NRQ	银行间同业拆借加权利率:3 个月	月度
	M2	广义货币供给量 M2	月度
外部冲击变量	FER	官方储备资产:外汇储备	月度
	Brent oil	现货原油市场价格:英国布伦特	月度
	FBR	中央银行外汇占款/基础货币 M0	月度
	CFETS	CFETS 人民币实际有效汇率指数	月度
内部冲击变量	SCI	深圳成份指数	日度
	ZCI	上证综合指数	日度
	TSF	社会融资规模	月度
	CGB10	中债国债到期收益率:10 年	日度
	Credit-to-GDP ratios	Credit from all sectors to Private non-financial sector	季度
	HPI	国房景气指数	月度
	IRED	房地产开发投资完成额	月度
	FGI	工业企业:产成品存货	月度

[①] Kano M., Hasebe S., Hashimoto I., et al., "A New Multivariate Statistical Process Monitoring Method Using Principal Component Analysis", *Computers & Chemical Engineering*, 2001, 25 (7).

[②] Goodhart C., Hofmann B., "Asset Prices, Financial Conditions, and the Transmission of Monetary Policy", *Proceedings*, 2001, 114 (2).

续表

变量类别	变量名称	变量说明	频率
内部冲击变量	NPL	不良贷款率:商业银行	季度
	GD	政府债务:货币当局与其他存款性公司	月度

注:①比率类变量不做调整;价格类变量取对数收益率;其余变量同比处理。其中,日度数据取月度平均值;季度数据取重复值,Credit-to-GDP ratios 与不良贷款率的短期黏性特征决定了这一处理方式的合理性。②文中变量除 Credit-to-GDP ratios 数据来源于 BIS 数据库,其余变量数据均来源于 Wind 数据库,样本区间为 2002 年 1 月至 2018 年 7 月,预测区间为 2018 年 8 月至 2019 年 7 月。③本文实证均通过 Eviews10.0 实现。④ADF 检验结果如表 2 所示。

在合成 FCI 之前,首先考察指标体系内各变量的稳定性特征。在 AR 模型框架下,当 AR 系数之和 SC 小于 1 时,该变量服从收敛的数据生成过程,且越接近于 1,数据生成过程越稳定;SC 等于 1 时,出现单位根;SC 大于 1 时,该变量服从爆炸性的数据生成过程,存在发散解。IMS-AR(P)模型是识别与判断变量稳定性特征更为有效的模型方法。[①] 根据 AIC 信息准则,利用 ARDL(P)模型自动选择各变量滞后阶数 P 的基础上,通过 IMS-AR(P)测算得到的各变量 AR 系数之和如图 1 所示。

首先,货币政策类变量均表现出较强的稳定性特征,说明中国货币政策的连续性较好,但后危机时代个别时点 SC 大于 1,表明中国货币政策的调控程度存在超出合理范围的情况,即存在货币政策超调,在经济减速治理与金融风险防范过程中避免货币政策出现"过度反应",则需要准确地测算政策效应边界,对货币政策的制定与实施提出更加严峻的挑战。

---

① 陈守东、刘洋:《经济增长的稳定性测度与经验分析》,《山东大学学报》(哲学社会科学版)2016 年第 4 期。

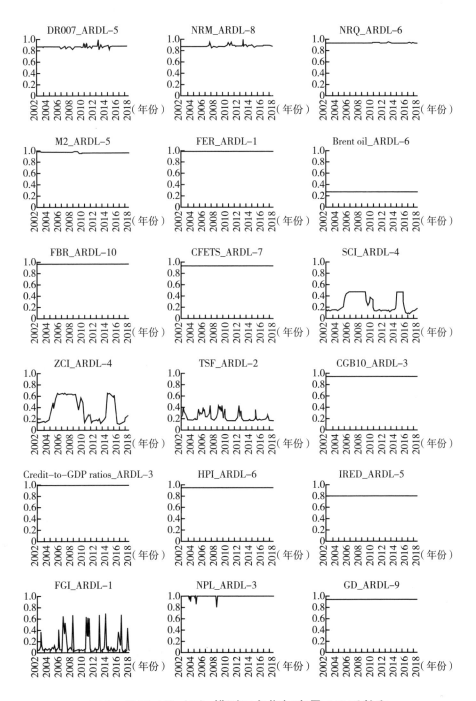

图1　IMS-AR（P）模型下各指标变量 AR 系数和

其次，外部冲击类变量同样具有十分强烈的稳定性，波动区间十分有限，充分说明随着对外开放程度的不断加深，中国经济将长期稳定地遭受世界经济冲击，在世界经济冲击无法被消除且传导渠道更加顺畅的现实背景下，中国亟须改善经济基础，增强经济韧性，提高风险治理能力，避免外部冲击引起系统性风险，从而诱发全局性经济危机。

最后，内部冲击类变量的稳定性方面则存在显著性差异。中国股市的稳定性表现出鲜明的区制特征，联系中国实际可发现存在显著的"政策市"现象，且2015年以来中国股市的不稳定性较高，既损害了投资者利益，也增加了资本市场系统性风险的发生概率，应当尽快进行相应体制机制安排，在保护投资者的同时，渐进式地推进股市泡沫合理化，充分发挥资本市场对实体企业的金融支持功能；社会融资规模也不存在较高的稳定性特征，说明金融体系对实体经济的资金支持节奏不合理，金融脱实向虚现象的改善仍需要一定的时间，由于Credit-to-GDP ratios 的稳定性较高，而股票市场的稳定性较差，综合分析认为金融体系对实体经济的资金支持节奏不合理主要表现为直接融资渠道存在较大程度摩擦；长期国债收益率较稳定，根据风险与收益相匹配可以判断，中国债券市场风险处于相对可控状态；关键性风险领域方面，国房景气指标与房地产开发投资完成额指标的稳定性均较高，房地产市场风险相对可控，根据 SC 指标同样可以推断出商业银行不良贷款风险与政府债务风险处于相对可控状态，但产能过剩风险较高，不能完全交由市场机制出清过剩产能，需要相应产业政策、税收政策等宏观调控政策进行配合。

本文最终合成的 FCI 如图2所示。观察 FCI 自身的历史运行特征发现，2008 年全球金融危机之前，中国金融状况的波动幅度相对较小，且呈现出波动式上升的态势印证了中国金融的快速发展阶段，资产价格泡沫与金融风险也在这一过程中持续生成演化，直到全球金融危机爆发，在强烈的外部冲击影响下，中国金融状况急转直下，且下行速率经历了短暂的缓慢调整后，在金融加速器等正反馈机制下开始加速。注意到，早在2007年底美国次贷危机发生之际，中国金融状况指数便出现了趋势性反转，反映出FCI具有一定的风险识别与危机预警功能，为FCI纳入货币政策考量提供了现实依据。

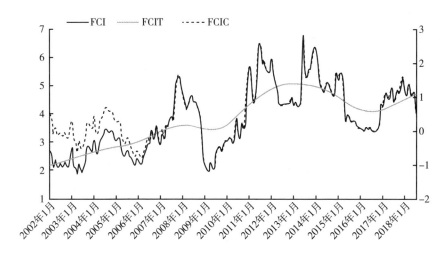

图2　中国金融状况及其趋势周期成分历史走势

金融危机全面爆发后，中国于2008年11月实施了"四万亿投资计划"以扩大内需，应对危机，托底经济。但FCI的估计结果显示，这一政策的经济刺激作用具有一定的滞后性，在2009年初逐渐发酵，并缓慢且持续地推高中国金融市场景气程度。显然，在边际效率递减规律的约束下，政策效果的持续期较短，政策消化效应显著。2013年开始，央行决定采取"不刺激"的货币政策，且以恢复经济为目标，相继推出短期流动性操作与常备借贷便利等公开市场工具进行短期调控，并于2014年以定向调控的方式改变了中国货币政策的总需求管理框架，转向结构性管理框架。系列有益改革奠定了中国金融回暖的基础，但持续期仍较短。

随着中国三期叠加特征的凸显，中国金融状况波动下行压力持续存在。尽管经济基本面的底部特征已然显现，但在高杠杆场外配资与股指期货联动的作用机制下，中国股市于 2015 年出现了异常波动，并引起了 FCI 的断崖式下行，且在底部运行长达近两年时间。2017年，全球经济逐渐摆脱新平庸，在全球贸易与投资的利好影响下，中国金融状况稳步回暖。直至 2018 年 3 月中美贸易摩擦升级，中国金融状况小幅回暖趋势被迅速打破，且在 2018 年 6 月美国公布加征关税的新增商品清单后再次急速下行，充分说明以美国经济冲击为代表的外部冲击对中国金融状况的影响强度较高，中国金融发展与稳定的外部依赖性较强。

经 HP 滤波得到 FCI 的长期趋势与短期周期波动成分，发现短期周期波动与中国金融状况整体的运行特征高度一致，而短期周期波动往往受随机冲击驱动。因此，经济冲击通过改变中国金融波动态势，可进一步影响金融稳定。需指出的是，尽管中美贸易摩擦的升级促使中国金融状况出现了数次下跌，但中国金融状况长期趋势成分的缓慢向好运行特征并未被打破，说明中美贸易摩擦的影响尚且处于可控状态，但应当注意避免短期周期波动状态的持续引起投资者恐慌，使长期趋势成分出现结构断点，一旦形成羊群效应，系统性危机将难以避免。

经 ADF 检验，FCI 在 1% 的显著性水平下平稳。ARIMA（1，0，1）的向前 12 期预测结果表明，中国金融状况将延续 2018 年 6 月以来的下行态势，但在中美贸易摩擦不继续升级的前提下，这一下行态势将趋缓，即 FCI 将以缓慢下行的态势运行，说明在未来一定时期内，中国金融状况的下行压力将持续存在，对金融稳定构成威胁。KL 信息量显示，FCI 领先 CPI 4 期，领先宏观经济景气一致指数 13期。因此 2018 年以来中国金融状况的下行进一步揭示了未来中国经济存在短期的物价回落风险与长期的经济下行风险，需加以防范。为

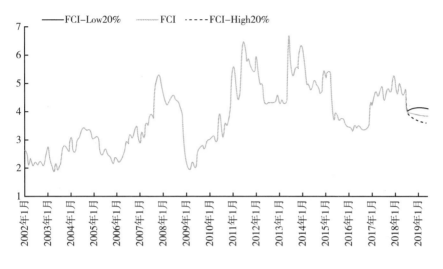

图3　中国金融状况的向前12期预测

了更好地借助 FCI 分析中国金融的稳定—不稳定性，本文以 STAR 模型识别出 FCI 的显著门限特征，模型根据 SC 准则自发选择的门限变量为 FCL_{t-2}，相应门限值 Δ 为 4.3545[***]。当 FCL_{t-2} 低于 4.3545，FCL_t 的样本均值为 1.9035；当 FCL_{t-2} 高于 4.3545，FCL_t 的样本均值为 4.3928，意味着中国金融稳定存在趋势自我维持特征与强烈的顺周期性质，进一步说明中国金融体系存在过多的正反馈机制，负反馈机制不足，风险防火墙制度与断路器机制缺乏，一旦数据生成过程出现结构性变化，则需要通过宏观调控政策矫正，而不能完全依赖于金融市场的自发修复。回看中美贸易争端，2018 年 3 月中美贸易摩擦升级事件尽管引起中国金融状况的急速下行，但并未跌破门限值，而 2018 年 6 月的再次加增关税事件直接导致下月 FCI 值突破 4.3545，此后在预测区间呈现出稳定的下行趋势。因此，中国急需进行相应体制机制安排与金融政策调整以应对中美贸易摩擦带来的中国金融稳定性特征变化，一味地坚持强监管不利于中国金融稳定性的恢复与提高。

三 经济冲击对中国金融稳定的影响强度分析

图2的结果显示，中国金融状况的长期趋势成分与短期周期波动成分存在阶段性背离现象，即短期周期波动的降低并不一定带来金融状况的长期向好。由此可以窥探，驱动短期周期波动的随机冲击不止一种，随机冲击间正—负影响强度的相对大小最终决定了短期周期波动与长期趋势关联性的宏观表象，且随机冲击的影响具有时变特征。本文构建了以时间为隐变量的状态空间模型，该模型既可同时纳入多种经济冲击于同一框架，又可甄别其间的时变影响机制。借鉴 Kilian 和 Vigfusson 构造石油价格冲击的思路与方法，① 区别在于，石油价格具有非负性，而经济变量普遍值域不受限制。基础冲击变量如表2所示。

表2 冲击变量基础数据说明与 ADF 检验结果

变量		基础数据	ADF－P 值	
			I(0)	I(1)
被解释变量	FCI	经 PCA 方法测得	0.0990	
1	信贷冲击	金融机构:新增人民币贷款	0.9762	0.0000
2	汇率冲击	人民币:实际有效汇率指数	0.8664	0.0000
3	外汇储备冲击	官方储备资产:外汇储备	0.8285	0.0000
4	政府债务冲击	政府债务:货币当局与其他存款性公司	0.0958	
5	房地产景气冲击	国房景气指数	0.2306	0.0000
6	金融杠杆冲击	Credit-to-GDP ratios	0.9511	0.0005
7	经济产出冲击	工业增加值	0.2151	0.0000

---

① Kilian L., Vigfusson R. J., "Do Oil Prices Help Forecast U. S. Real GDP? The Role of Nonlinearities and Asymmetries", *Journal of Business & Economic Statistics*, 2013, 31 (1).

变量		基础数据	ADF－P 值	
			I(0)	I(1)
8	库存冲击	工业企业：产成品存货	0.0000	
9	利率冲击	银行间同业拆借加权利率：7 天	0.0005	
10	影子银行冲击	新增委托贷款＋新增信托贷款	0.2328	0.0000

时变状态空间模型的估计结果显示（见表3），截距项为正，表明在不存在摩擦的前提下，金融市场的自发性结果高于 STAR 模型估计的门限值，即中国金融状况存在内生的自发向好需求。但金融摩擦始终存在，经济冲击会引致金融状况出现结构性断点，一旦突破门限值，中国金融状况的自发向好需求将被负向强化行为所取代，不利于金融稳定。

外汇储备冲击、房地产景气冲击、经济产出冲击与利率冲击的系数估计分别在 1%、10%、10% 与 1% 的显著性水平下显著，但影响强度与作用方向存在不同。外汇储备冲击会促使中国金融状况的水平回升，外汇储备的高低反映了一国经济调节与风险抵御的能力，是一国综合国力与国际声誉的体现，外汇储备的变动还包含了资本流动信息，因而外汇储备的增加会在较大程度上促进经济发展，有利于维护金融稳定。与样本均值相比，近期外汇储备增加的正向促进作用正在增强。注意到，近期中国外汇储备流失严重，反映了国内流动性趋紧的事实，赋予了中国货币政策转向宽松的理由，但还应考虑中美利差的扩大将导致人民币汇率进一步承压，资本外流动力也会随之增加，进而对国内经济与金融环境造成更大的不利影响。房地产景气冲击表现出类似的正向促进作用，但与样本均值相比影响程度明显下降，一定程度表明房地产市场化程度的提高，房地产市场调控效果初显。中国经济增长强烈依赖于房地产市场，长期以来房地产对中央税收的贡献度及其在地方政府的资金来源中占比均较高，尽管作为内卷型资产，房地产市场的价值输出功能有限，且会随着地方政府对其依赖性的增强而抑制经济活力，不利于技术进步与实业发展，但也正是由于中国经济对房地产市场的高度依赖性，房地产市场景气程度的上升通过财富效应刺激消费与投资，推动经济增长的同时带来中国金融状况水平的上升，但并不代表对房地产市场拉动经济增长行为的肯定，一旦房地产市场的挤出效应超出其附加乘数效应，将会产生连锁反应，最终诱发全局性危机。经济产出冲击的影响为负向，且近期的抑制效应超出样本平均值，似乎与大众认知相悖，但金融发展与经济基本面相脱离的经济事实又在某种程度上佐证了负向影响的成立。经济快速增长会在短期内对金融稳定产生较大程度的负向影响，经济增速的平稳适度调整有利于中国金融稳定的实现。[①] 可以推断，经济产出冲击对金融稳定的抑制效应基础在于近年来中国经济不确定性的较大程度上升与经济增速换挡的快速实现，因此，当前阶段的经济政策应当以减速治理与稳定增长为目标，重点监控金融波动，以维护金融稳定。利率作为价格型货币政策工具，利率冲击对金融状况同样表现出抑制效应，且冲击影响最为强烈，一方面说明中国金融市场显著受到货币政策调控，货币政策的持续与导向变化将增加中国金融状况的断点概率；另一方面反映了货币政策维护金融稳定的失效，强烈的负向影响意味着降息释放的流动性并不能推升资产价格，进而缓解金融市场的流动性紧缺现象，反而由于强化了市场主体的风险预期，加速了逐利的资本外流，相应的挤出效应超出乘数效应，最终恶化了中国金融状况，且当前阶段的抑制效应与样本均值相比也出现了一定程度的上升。简言之，通过宽松货币政策实现金融稳定的市场基础已不再具备，完善定向调控措施与相应体制机制显得更为合适。

---

① 印重、刘金全、张都：《我国金融稳定与经济增长的非线性关联机制检验》，《东北大学学报》（社会科学版）2017年第19期。

表3　时变状态空间模型估计结果

系数	Final State	z 统计量	P 值	均值
ϕ_0	7.0720	17.8696	0.0000	—
SV_1	-0.0097	-1.4300	0.1527	0.0349
SV_2	3.3692	1.4808	0.1387	4.4933
SV_3	4.2493	3.7006	0.0002	2.0454
SV_4	-0.8269	-1.0702	0.2845	-4.9736
SV_5	6.4226	1.9007	0.0573	13.6096
SV_6	-2.0098	-1.6314	0.1028	-0.3592
SV_7	-0.1457	-2.5094	0.0121	-0.0391
SV_8	-0.1245	-1.2403	0.2149	-0.1514
SV_9	-16.3287	-30.1682	0.0000	-15.6217
SV_{10}	-0.0961	-0.7916	0.4286	0.2170

其他经济冲击的系数估计不具有统计意义层面的显著性。尽管如此，若仅考察经济意义层面的显著性，汇率冲击的正向影响依然存在，尽管有经济基本面的支撑，人民币贬值不具备长期或持续贬值的基础，但从维护金融稳定的角度，人民币汇率仍存在贬值空间，因此，对当前阶段的人民币汇率贬值波动尚且可以给予一定的容忍度，但应当坚持底线思维，防范相应风险。信贷冲击、政府债务冲击、金融杠杆冲击、库存冲击以及影子银行冲击对中国金融状况的影响均表现为抑制效应，说明信贷投放的刺激作用已十分有限，应适当控制货币当局与其他存款性公司对政府债权的规模与增速，同时注重对非标业务的风险监控，避免发生政府债务冲击与影子银行冲击下中国金融从稳定区制向不稳定区制的阶段转换。这一过程中，对于金融降杠杆与企业去库存速率的把握至关重要，尽管金融杠杆冲击与库存冲击的抑制效应表明金融降杠杆与企业去库存的必要性，但也需防止金融降杠杆与企业去库存进程的快速推进而产生更大的金融与经济不确定性。

四 中国金融周期与经济周期的期限效应分析

股票市场波动与经济周期之间的非线性因果关系普遍存在,[1] 金融周期与经济周期的内生关联特征也十分显著,且金融周期对经济周期具有良好的预测能力。[2] 鲜少存在的针对金融周期与经济周期交互效应的研究文献尚未关注二者间的长期关联与短期影响关系的差异性,ARDL 模型为这一问题的解决提供了良好的操作框架。在具体应用过程中,出于与输出结果保持一致性的考虑,需要将模型改写为相应的长期关系模型与误差修正模型以测算金融周期(FC)与经济周期(BC)之间的长期均衡程度与短期影响强度。金融周期与经济周期分别以 HP 滤波方法得到的 FCI 与 IP 的短期周期波动成分进行代理,构建了 ARDL 模型,并估计出了金融周期与经济周期之间的长期协整系数与短期影响系数。结果显示,在短期效应层面,金融周期对经济周期存在显著的负向抑制作用。稳定的金融市场具有相对充分的价格发现功能,市场主体预期较稳定,储蓄者与投资者参与市场行情的热情较高,进而加速储蓄向投资转化,优化资源配置,促进经济增长。但中国金融资产价格泡沫化程度较高,金融脱实向虚现象显著存在,不仅不能发挥其支持经济增长的基础性功能,反而因不断积聚的金融风险与不断加深的金融失衡而加剧了金融波动。中国市场以适应性预期为主,金融市场的短期表现对市场主预期影响深远,金融波动程度的增加势必降低市场主体的投资积极性,经济活力降低的直接结果即经济衰退,导致中国金融周期在短期对经济周期存在负向影响,

---

① 丁乙:《我国股票市场波动和经济增长周期的关系研究——基于线性和非线性 Granger 因果关系检验》,《江苏社会科学》2018 年第 3 期。

② 马勇、冯心悦、田拓:《金融周期与经济周期——基于中国的实证研究》,《国际金融研究》2016 年第 10 期。

但经济周期对金融周期的短期影响为正向。经济增长会增加居民可支配收入，并推动资产价格上涨，通过财富效应鼓励市场主体的消费与投资行为，消费信贷与融资融券等杠杆行为也随之增加，进而推动金融的繁荣与发展。由此可见，金融周期与经济周期的短期综合交互效应正处于角力区间，金融周期的短期负向抑制作用与经济周期的短期正向促进作用的相对强度决定了金融周期与经济周期的短期波动行为，而角力的结果则需从长期视角观察。

良性的金融与经济关系表现为相对协调的金融周期与经济周期，即金融发展与经济增长相互促进。但 ARDL 模型结果表明，在长期效应层面，金融周期与经济周期相互抑制。当经济增速相对平稳时，金融稳定与经济周期间存在相对稳定的正向相关关系；而当经济增长处于繁荣或衰退期，二者间则表现为负向相关关系。[①] 结合中国当前经济形势判断，中国金融周期与经济周期表现为负向相关关系，此时中国经济增长位于下行区间，资本外流与人民币汇率贬值压力增加，资产价格泡沫被动出清，系统性金融风险积聚演化，进而冲击经济增长。因此，减小经济下行压力，积极进行经济减速治理以抑制经济波动，是改变中国金融周期与经济周期间风险交叉感染、传播强化趋势的当务之急，是削弱中美贸易摩擦对中国金融稳定影响的首要任务。通过坚持与完善"双支柱"调控体系，着力提升金融治理体系与治理能力的现代化程度，并辅以积极的经济政策与体制机制以托底经济，最终实现防风险、调结构与稳增长的终极目标。

五　结论

2018 年 3 月中美贸易摩擦全面升级以来，中国沪深主要股指跌

---

① 戴金平、刘东坡：《金融稳定与经济增长的区制关联性：2002～2014》，《经济评论》2016年第 3 期。

幅较大，中国股市陷入与经济基本面相背离的异常波动状态。此轮中美贸易摩擦期间，上证综指跌幅高达 15% 以上，引发社会各界对中国资本市场系统性风险的普遍担忧，增加了中国系统性金融风险的发生概率与监管难度。中美贸易摩擦的升级冲击中国金融稳定，人民币贬值压力与资本外流意愿的增强对中国经济增长产生负向溢出效应，又会对中国金融稳定产生影响。但现有研究鲜有将众多经济冲击纳入同一框架以考察经济冲击对金融稳定的影响机制，对金融周期与经济周期长短期影响关系差异性的关注也存在不足。为此，本文在利用 PCA 方法测得 FCI 的基础上，通过时变状态空间模型甄别多个经济冲击对 FCI 的动态影响，并进一步利用 ARDL 模型分析了金融周期与经济周期间的长期协整与短期影响关系，得出一定有益结论。

（1）以 2008 年全球金融危机为分水岭，危机前中国金融状况整体以小幅波动的态势上行，但危机后，经过大规模的经济政策刺激，中国金融状况的波动幅度与频率均增加。中国金融状况与其短期周期波动成分的运行特征高度一致，说明随机冲击是中国金融状况的重要驱动因素。短期周期波动成分与长期趋势成分的阶段性背离是由中国金融状况自身存在的门限效应导致的。2018 年 3 月中美贸易摩擦全面升级以来，中国金融状况经历了两次阶段性下行，最终突破门限值。由于中国金融状况具有显著的趋势自我维持特征，预测也显示中国金融状况将持续下行，为此，迫切需要相应体制机制安排与金融经济政策的外部调控，扭转中国金融状况的下行趋势，使之恢复到向好的趋势自我维持区间。

（2）外汇储备冲击、房地产景气冲击与汇率冲击对中国金融状况的影响为正向，外汇储备的增加对于金融稳定具有积极意义。尽管房地产景气冲击与汇率冲击的影响为正向，但当前阶段不应允许房地产市场景气程度的继续上升与人民贬值趋势的持续放任，否则将严重损害中国经济增长的基础，房地产市场对流动性的虹吸效应与人民币贬值带来的资本外流效应将严重危及中国金融稳定。信贷冲击与利率冲击的影响为负向，反映了宽松货币政策调控金融市场的失效；经济产出冲击的负向影响印证了金融发展与实体经济相脱离的经济事实；政府债务冲击与影子银行冲击的负向影响意味着政府债务的不可持续性，需要从存量规模与增量速率两个维度监控政府债务的动态变化，降低政府债务与影子银行间的勾稽关系，避免风险的交叉感染引起局部性危机，最终波及金融经济系统；金融杠杆冲击与库存冲击的负向影响表明金融降杠杆与企业去库存的必要性，但应注重把握推进速率，避免更大不确定性的产生。

（3）金融周期与经济周期之间存在稳定的交互影响关系，期限效应显著。在短期层面，金融周期对经济周期的负向溢出效应显著，经济周期反而正向促进金融周期的运行。正向传导机制与反向倒逼机制的相互"矛盾"说明中国金融周期与经济周期的不协调，该不协调性最终反映在长期层面。结果显示，长期视角下的金融周期与经济周期存在显著的负向溢出效应，说明长期经济增长并不能带来金融繁荣，金融繁荣也不能促进经济增长，反而互相抑制，该情形下，金融显然失去了支持实体经济发展的基础性功能，经济也不再具备对金融的内在价值支撑能力，不利于中国经济的可持续发展。因此，经济政策与金融改革的长期目标应当着力于恢复金融与经济的良性互动，实现金融与经济的协调发展。

参考文献

巴曙松、韩明睿：《基于 SVAR 模型的金融形势指数》，《宏观经济研究》2011 年第 4 期。

陈守东、刘洋：《经济增长的稳定性测度与经验分析》，《山东大学学

报》（哲学社会科学版）2016 年第 4 期。

陈守东、孙彦林：《关键性因素视角下经济增长与金融风险新特征》，《江西社会科学》2018 年第 38 期。

陈守东、王妍、唐亚晖：《我国金融不稳定性及其对宏观经济非对称影响分析》，《国际金融研究》2013 年第 6 期。

陈雨露、马勇、阮卓阳：《金融周期和金融波动如何影响经济增长与金融稳定?》，《金融研究》2016 年第 2 期。

戴金平、刘东坡：《金融稳定与经济增长的区制关联性：2002 ~ 2014》，《经济评论》2016 年第 3 期。

丁乙：《我国股票市场波动和经济增长周期的关系研究——基于线性和非线性 Granger 因果关系检验》，《江苏社会科学》2018 年第 3 期。

方意：《货币政策与房地产价格冲击下的银行风险承担分析》，《世界经济》2015 年第 38 期。

刘金全：《宏观经济冲击的作用机制与传导机制研究》，《经济学动态》2002 年第 4 期。

马勇、冯心悦、田拓：《金融周期与经济周期——基于中国的实证研究》，《国际金融研究》2016 年第 10 期。

庞晓波、贺光宇、王超：《信贷行为与金融稳定关联性研究》，《金融论坛》2013 年第 18 期。

王国静、田国强：《金融冲击和中国经济波动》，《经济研究》2014 年第 49 期。

徐良平、黄俊青、覃展辉：《金融与经济关系研究的功能范式：一个初步分析框架》，《经济评论》2004 年第 1 期。

印重、刘金全、张都：《我国金融稳定与经济增长的非线性关联机制检验》，《东北大学学报》（社会科学版）2017 年第 19 期。

张晓朴、朱太辉：《金融体系与实体经济关系的反思》，《国际金融研究》2014 年第 3 期。

朱孟楠、陈欣铭：《新兴市场国家汇率制度选择的分析——经济结构、经济冲击与政治偏好》，《国际贸易问题》2014 年第 5 期。

Berger A. N., Roman R. A., "Finance and the Real Economy: Evidence from the US", Handbook of Finance and Development, 2018.

Blanchard, O. , Akerlof, G. A. , Romer, D. , Stiglitz, J. E. (Eds.), *What have We Learned?*: *Macroeconomic Policy after the Crisis*, MIT Press, 2014.

Frisch R. , *Propagation Problems and Impulse Problems in Dynamic Economics*, Reprinted from Economic Essays in Honour of Gustav Cassel, London: George Allen & Unwin Ltd. , 1933.

Goodhart C. , Hofmann B. , "Asset Prices, Financial Conditions, and the Transmission of Monetary Policy", *Proceedings*, 2001, 114 (2).

Henzel S. , Hülsewig O. , Mayer E. , et al. , "The Price Puzzle Revisited: Can the Cost Channel Explain a Rise in Inflation after a Monetary Policy Shock?", *Journal of Macroeconomics*, 2009, 31 (2).

Istiak K. , Serletis A. , "A Note on Leverage and the Macroeconomy", *Macroeconomic Dynamics*, 2016, 20 (1).

Kano M. , Hasebe S. , Hashimoto I. , et al. , "A New Multivariate Statistical Process Monitoring Method Using Principal Component Analysis", *Computers & Chemical Engineering*, 2001, 25 (7).

Kilian L. , Vigfusson R. J. , "Do Oil Prices Help Forecast U. S. Real GDP? The Role of Nonlinearities and Asymmetries", *Journal of Business & Economic Statistics*, 2013, 31 (1).

Minsky, H. P. , *The Financial Instability Hypothesis*: *Capitalist Process and the Behavior of the Economy*, in Financial Crisis: Theory, History and Policy, Cambridge University Press, 1982.

Sadorsky P. , "Oil Price Shocks and Stock Market Activity", *Energy Economics*, 1999, 21 (5).

B.13
2018年中国税收形势分析预测及
2019年初步展望

付广军*

摘　要：　2018年税收收入，一季度累计增速为17.1%，高于经济增速10.3个百分点，二季度累计增速为14.2%，较一季度略有回落，但继续保持高于经济增速运行态势，高于经济增速7.4个百分点，三季度累计增速为12.7%，高于经济增速6.0个百分点。主要税种收入增速较上年提高，沿海重点税源大省，除北京负增长、天津低速增长外，其余省份税收收入增速较高。其他多数省份税收收入较上年增速提高，直接促使全国税收收入高速增长。2018年第四季度假如中国宏观经济形势处于低速运行态势，加上中国宏观政策实行减税降费措施，税收收入会明显回落，2018年全年税收收入增速会高于经济增速，2019年税收收入增速可能会与经济增速基本同步，甚至低于经济增速。

关键词：　税收形势　税收收入　税种

　　2018年前三季度，中国税收形势受国内经济增长、建筑材料价

---

　　*　付广军，供职于国家税务总局税收科学研究所。

格上涨、劳动力成本增加、减税降费政策以及税务机构加强征管等因素的影响，税收收入及主要税种收入均较上年有不同程度的增长，并呈现前高后低的态势。1月份税收收入同比增速达18.3%，2月份同比增速高达19.6%，为近年罕见；进入下半年，特别是三季度税收收入增速逐月下滑，到9月份增速仅为6.4%，这应该是减税政策发挥作用的结果；预计四季度税收收入增速会继续下滑，不排除负增长的可能。中国税收收入增长将在2019年进入低速增长期，甚至低于经济增速。

一 2018年前三个季度全国税收形势分析

2018年前三季度（1～9月），全国税收收入实现136777.49亿元，比上年增加15416.61亿元，同比增长12.7%，比上年同期下降0.1个百分点。

（一）2018年1～9月分季度累计税收收入走势分析

2018年一季度累计，税收收入实现47300.68亿元，同比增长17.1%，比上年同期提高3.3个百分点，国内生产总值（GDP）实现198783.1亿元，按可比价同比增长6.8%，税收收入增速高于GDP可比价增速10.3个百分点；上半年累计，税收收入实现97852.29亿元，同比增长14.2%，比上年同期提高2.6个百分点，GDP实现418961.1亿元，按可比价同比增长6.8%，税收收入增速高于GDP可比价增速7.4个百分点；前三季度累计，税收收入实现136777.49亿元，同比增长12.7%，比上年同期下降0.1个百分点，GDP实现650898.8亿元，按可比价同比增长6.7%，税收收入增速高于GDP可比价增速6.0个百分点（见表1）。

表1　2018年全国税收收入分季度运行状况

单位：亿元，%

指标	第一季度累计		上半年累计		前三季度累计	
	绝对数	同比	绝对数	同比	绝对数	同比
税收收入	47300.68	17.1	97852.29	14.2	136777.49	12.7
GDP	198783.1	6.8	418961.1	6.8	650898.8	6.7
宏观税负	23.8		23.4		21.0	

资料来源：国家税务总局收入规划核算司《税收月度快报》，2018年9月。

（二）2018年前三季度分月度税收收入运行分析

2018年前三季度中国税收收入月度运行特点如下。

一是增速总体趋势是前高后低，呈波动下降态势，与上年存在较大差异，1月份实现21894.31亿元，同比增长18.3%，2月份实现12645.63亿元，同比增长19.6%，3月份实现12760.74亿元，同比增长13.0%，4月份实现17711.14亿元，同比增长13.7%，5月份实现15755.63亿元，同比增长11.9%，6月份实现17084.83亿元，同比增长9.1%，7月份实现16928.20亿元，同比增长11.1%，8月份实现10540.96亿元，同比增长9.1%，9月份实现11460.85亿元，同比增长6.4%，前5个月增速均高于上年同期，6月份以后增速均低于上年同期。9月份增速较上年回落明显，仅为6.4%。

二是前三季度税收收入除1月份最高外，呈中间高、两头低的态势，所有月份收入均在万亿元以上，其中1月份最高，税收收入为21894.31亿元，8月份最低，税收收入为10540.96亿元，此特点与上年类似（见表2、图1）。

表2 2018年全国税收收入分月度运行状况

月份	2018年			2017年		与2017年增速比较（个百分点）
	绝对数（亿元）	比同期增加（亿元）	同比增长（%）	绝对数（亿元）	同比增长（%）	
1	21894.31	3385.14	18.3	18509.17	16.7	1.6
2	12645.63	2055.63	19.6	10590.00	10.9	8.7
3	12760.74	1469.82	13.0	11290.92	11.8	1.2
4	17711.14	2137.39	13.7	15573.75	7.4	6.3
5	15755.63	1681.19	11.9	14074.44	5.4	6.5
6	17084.83	1430.18	9.1	15654.65	16.4	−7.3
7	16928.20	1696.87	11.1	15231.33	13.0	−1.9
8	10540.96	874.87	9.1	9666.09	16.2	−7.1
9	11460.85	690.34	6.4	10770.51	19.2	−12.8

资料来源：国家税务总局收入规划核算司《税收月度快报》，2018年9月。

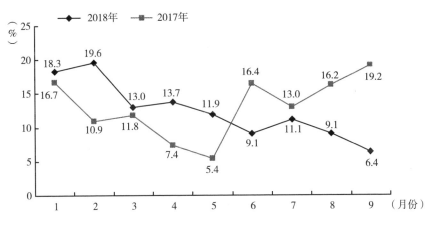

图1 2018年全国税收收入分月度增速

（三）2018年前三季度税收收入结构分析

2018年前三季度税收收入结构分析（见表3、图2、图3、图4）：

表3　2018年前三季度全国税收收入运行状况

单位：亿元，%

指标		绝对数	同比增加	同比增长	占全部收入比
税收收入		136777.49	15416.61	12.7	100.0
分产业	第一产业	146.00	0.55	0.4	0.1
	第二产业	59109.66	6688.91	12.8	43.2
	第三产业	77521.83	8727.16	12.7	56.7
分地区	东部	91490.51	9154.27	11.1	66.9
	中部	23212.92	3138.33	15.6	17.0
	西部	22074.06	3124.01	16.5	16.1
分级次	中央级	77358.13	8665.96	12.6	56.6
	地方级	59419.36	6750.65	12.8	43.4

资料来源：国家税务总局收入规划核算司《税收月度快报》，2018年9月。

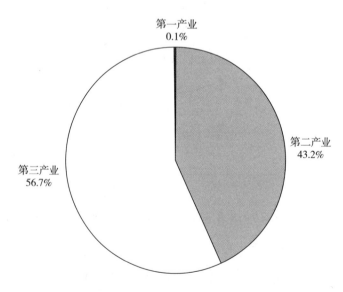

图2　2018年前三季度全国税收收入分产业结构

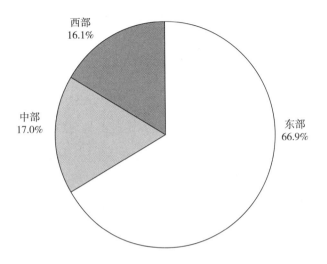

图3　2018年前三季度全国税收收入分地区结构

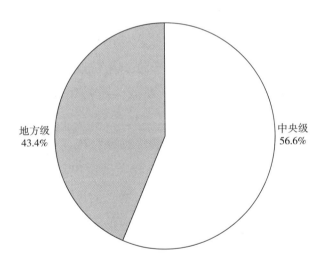

图4　2018年前三季度全国税收收入分级次结构

分产业看，第一产业税收收入146.00亿元，比上年同期增加0.55亿元，同比增长0.4%，仅占全部税收收入的0.1%，基本保持稳定增长，即使是低增长对税收收入也影响不大；第二产业税收收入59109.66亿元，比上年同期增加6688.91亿元，同比增长12.8%，

占全部税收收入的 43.2%，与上年持平；第三产业税收收入 77521.83 亿元，较上年同期增加 8727.16 亿元，同比增长 12.7%，占全部税收收入的 56.7%，与上年持平。

分地区看，东部地区税收收入 91490.51 亿元，同比增长 11.1%，占全部税收收入的 66.9%，由于占比较大，其增速对税收收入增速影响较大；中部地区税收收入 23212.92 亿元，同比增长 15.6%，占全部税收收入的 17.0%；西部地区税收收入 22074.06 亿元，同比增长 16.5%，占全部税收收入的 16.1%。

分级次看，中央级税收收入 77358.13 亿元，同比增长 12.6%，占全部税收收入的 56.6%，与上年持平；地方级税收收入 59419.36 亿元，同比增长 12.8%，占全部收入的 43.4%，与上年持平。

中国 2018 年前三季度税收收入增速 12.7%，主要影响如下。

一是从产业看，第一产业税收收入低增长、第二产业税收收入增速高于全部税收收入增速 0.1 个百分点、第三产业税收收入增速与全部税收收入增速持平，第二、三产业成为维持税收收入增长的主要因素。

二是从地区看，东部地区税收收入增速较低，中部、西部税收收入增速较高，三者互相作用，将税收收入增速保持在中间状态，中、西部经济欠发达省份成为影响税收收入增长的重要因素。

三是从级次看，中央级税收收入增速低于税收收入平均增速 0.1 个百分点（12.6%）、地方级税收收入增速高于税收收入平均增速 0.1 个百分点（12.8%），中央级税收收入、地方级税收收入所占比重较上年保持不变，二者成为影响税收收入的共同因素。

（四）2018年前三季度主要税源大省税收收入运行分析

从中国税收收入前 10 名税源大省（市）来看，除第 7 名四川省、第 9 名湖北省外均为东部沿海经济发达省份。2018 年前三季度主要税源大省税收收入增幅表现差异较大，税收收入前3名中，广东省增速高达12.9%，比上年下降0.6个百分点；上海市增速为8.2%，较上年下降3.0个百分点；江苏省增速高达14.4%，从上年的第4名升至第3名。北京市增速为－0.8%，较上年下降3.7个百分点，退出前三；四川省由于税收收入增速为20.4%，从上年的排位第9跃升为第7位；湖北省因增速为12.6%，排名退至第9名。

2018年前三季度累计，10个主要税收省份合计91393.00亿元，比上年增加9318.57亿元，同比增长11.4%，占全国税收收入的66.8%，比上年下降0.8个百分点（见表4、图5）。

表4　2018年前三季度税收收入前10名省份运行状况

项目	2018年前三季度			2017年前三季度		增速比较（个百分点）
	绝对数（亿元）	同比增加（亿元）	同比增长（％）	绝对数（亿元）	同比增长（％）	
全国税收收入	136777.49	15416.61	12.7	121360.88	12.8	－0.1
广东省	18685.06	2131.72	12.9	16553.34	13.5	－0.6
上海市	14605.79	1101.59	8.2	13504.20	11.2	－3.0
江苏省	12164.02	1533.46	14.4	10630.56	4.9	9.5
北京市	10868.93	－86.28	－0.8	10955.21	2.9	－3.7
浙江省	10207.78	1562.03	18.1	8645.75	16.8	1.3
山东省	8522.04	1193.06	16.3	7328.98	15.1	1.2
四川省	4379.78	743.25	20.4	3636.53	14.1	6.3
河北省	4250.89	587.96	16.1	3662.93	20.8	－4.7
湖北省	4195.38	470.07	12.6	3725.31	15.0	－2.4
天津市	3513.33	81.71	2.4	3431.62	14.1	－11.7
前10名合计	91393.00	9318.57	11.4	82074.43	—	—
占全部税收收入比重（％）	66.8	—	—	67.6	—	—

注：表中广东、浙江、山东3省税收收入均包含所辖计划单列市。

资料来源：国家税务总局收入规划核算司《税收月度快报》（2018年9月、2017年9月）。

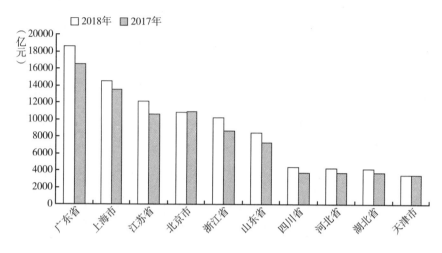

图5　2018年1~9月税收收入前10名税源省份

二　2018年前三季度税收收入运行特点及原因

（一）2018年前三季度税收运行主要特点

与上年同期比，税收收入增速大幅提高。1~9月税收收入增速
比上年同期下降0.1个百分点。

与生产经营相关的主体税种收入增速较上年有升有降。1~9月
国内增值税同比增长12.5%，比上年同期下降37.2个百分点，主要
是营改增基本到位，改革带来的影响逐渐消失，增速恢复正常。国内
消费税同比增长16.2%，比上年同期增速提高9.1个百分点；企业
所得税同比增长12.3%，比上年同期增速回落0.9个百分点。

个人所得税继续保持高增长。1~9月，个人所得税11339.64亿
元，比上年同期增加1983.29亿元，同比增长21.2%，继续保持高
增长态势。其中，工资薪金所得7824.10亿元，比上年同期增加
1484.74亿元，同比增长23.4%；个体工商户生产、经营所得同比增

长33.1%；劳务报酬所得同比增长17.1%；财产转让所得同比增长13.2%，其中，房屋转让所得同比增长22.9%，限售股转让所得同比增长21.2%。

房地产有关税收情况。1~9月，土地增值税实现4565.61亿元，比上年同期增加587.00亿元，同比增长14.8%；契税实现4495.17亿元，比上年同期增加739.58亿元，同比增长19.7%。房地产业税收收入实现19953.03亿元，比上年同期增加3205.07亿元，同比增长19.1%。

实体经济税收收入增长较快，值得关注。1~9月来自工业的税收收入为52352.97亿元，比上年同期增加5600.51亿元，同比增长12.0%。其中，来自制造业的税收收入为44601.98亿元，比上年同期增加4732.78亿元，同比增长11.9%；来自采矿业的税收收入为4677.56亿元，比上年同期增加756.41亿元，同比增长19.3%，采矿业中来自煤炭开采和洗选业的税收收入同比增长21.0%，来自石油和天然气开采业的税收收入同比增长32.6%，结合经济形势深入分析，在煤炭、石油产量增幅不大的情况下，可能是其价格上涨带来的税收收入大幅度增加。一是实体经济利润总额增加，导致企业所得税税基应纳税所得的增加，来自工业的企业所得税为8606.97亿元，较上年增加1517.81亿元，同比增长21.4%，其中，来自成品油和原油的企业所得税分别同比增长51.8%和61.3%，来自建材和钢坯钢材的企业所得税分别同比增长71.3%和177.8%，来自煤炭行业的企业所得税同比增长63.8%。二是来自工业中的建材和钢坯钢材行业增值税增速较高，同比增长分别为34.9%和64.7%，再次印证了原材料价格提高造成部分行业增值税大幅增加。

海关代征进口税收收入增速低于全国税收收入增速。1~9月，海关代征进口增值税为12510.20亿元，同比增加1352.43亿元，同比增长12.1%；消费税为597.87亿元，同比增加41.68亿元，同比

增长 7.5%。海关代征税收比上年同期增加 1394.10 亿元，同比增长 11.9%。

第三产业税收收入增加同样对税收收入增长起到支撑作用。1~9 月来自第三产业的税收收入为 77521.83 亿元，比上年同期增加 8727.16 亿元，同比增长 12.7%，较上年同期提高 1.2 个百分点。其中，增长幅度较大的行业是，批发和零售业同比增长 16.7%、邮政业同比增长 44.5%、互联网和相关服务业同比增长 33.3%；但是，部分行业也出现负增长，新闻出版业同比下降 22.3%，金融业中的货币金融服务业同比下降 2.1%。第三产业营改增后，经过一年多的运行，大部分行业基本稳定，部分行业税负呈下降态势，但是也有部分行业税负略有上升。

表5　2018 年前三季度税收收入及主要税种增长情况

税种名称	2018 年前第三季度			2017 年前第三季度		增速比较(个百分点)
	绝对数(亿元)	同比增加(亿元)	同比增长(%)	绝对数(亿元)	同比增长(%)	
税收收入合计	136777.49	15416.61	12.7	121360.88	12.8	-0.1
国内增值税	47227.43	5239.74	12.5	41987.69	49.7	-37.2
国内消费税	10010.15	1394.21	16.2	8615.94	7.1	9.1
企业所得税	30925.83	3378.52	12.3	27547.31	13.2	-0.9
个人所得税	11339.64	1983.29	21.2	9356.35	18.4	2.8
城市维护建设税	3714.74	445.22	13.6	3269.52	7.1	6.5
证券交易印花税	885.82	-44.95	-4.8	930.77	-8.6	3.8
城镇土地使用税	1754.67	-25.45	-1.4	1780.12	10.1	-11.5
土地增值税	4565.61	587.00	14.8	3978.61	21.7	-6.9
房产税	1964.36	126.69	6.9	1837.67	17.9	-11.0
耕地占用税	1007.69	-404.88	-28.7	1412.57	0.4	-29.1
契税	4495.17	739.58	19.7	3788.59	19.8	-0.1

资料来源：国家税务总局收入规划核算司《税收月度快报》(2018 年 9 月、2017 年 9 月)。

（二）影响税收收入增长的主要税种分析

增值税成为对税收收入增长贡献最大税种。1~9月，税收收入增长速度明显提高，作为影响税收收入增长的第一大税种的国内增值税，比上年同期增加5239.74亿元，同比增长12.5%，拉动税收增长4.3个百分点。其中，营改增部分增加2781.90亿元，占增值税增加额的53.1%，营业税收入仅为163.02亿元，同比下降43.8%，这说明营改增已经接近尾声。据测算，扣除营改增部分，增值税增加2457.84亿元。由于营改增使增值税增加，拉动税收增长2.0个百分点。

企业所得税是对税收收入增长贡献第二大税种。1~9月，企业所得税实现30925.83亿元，同比增加3378.52亿元，占全部税收增加额的21.9%，拉动税收增长2.8个百分点。

个人所得税已替代国内消费税成为第三大税种。1~9月，个人所得税实现11339.64亿元，同比增加1983.29亿元，占全部税收增加额的12.9%，拉动税收增长1.6个百分点。

总之，国内增值税、企业所得税、个人所得税、国内消费税是中国税收收入前四大税种，四大税种收入合计达99503.05亿元，占全部税收收入的72.7%，对税收增长的贡献率高达77.8%。可以这样说，这四大税种收入的结果直接决定着中国税收收入的运行状态。

三 2018年全年税收收入预测及2019年初步展望

（一）2018年全年税收收入预测

从2018年前三个季度税收运行情况看，少数省份（如北京、天

津、吉林）税收保持了较低的增长速度，排名第四的北京税收增长率为-0.8%，排名第2的上海仅增长8.2%，明显低于全国12.7%的增速，对税收收入增长的下拉力度显现，它们的税收运行状况对全国税收收入的影响不容忽视。全国多数省份税收收入增速明显提高，特别是中、西部经济欠发达地区税收收入增速高于全国平均水平，这些省份的税收收入在全国税收收入中所占份额较小，虽然省份众多，但对全国税收收入的影响不会太大。四季度减税政策效果凸显，因此，全国税收收入增速尽管保持了同期较高水平，但到年末的三个月内，这种高速运行的情况很难继续维持下去，并且受经济运行下行压力的影响，2018年全年税收收入增速能保持在10%左右已实属不易。

我们根据2017年税收收入分季度运行情况，对2018年税收收入进行简单类比预测：2017年前三季度税收收入累计121360.88亿元，占2017年全年税收收入155734.72亿元的77.9%。2018年前三季度税收收入累计136777.49亿元，假设2018年仍保持2017年前三季度占全年收入同样的比重，2018年全年税收收入为175580.86亿元，同比增长12.7%。

考虑到2018年前三季度税收运行增速较高，后三个月减税力度会进一步加大，减税效果会凸显出来，估计2018年全年税收收入会低于前述预测值。假如保持2018年全年比三季度低3.0个百分点的情况，2018年全年税收收入增长9.7%，则2018年全年税收收入为170840.99亿元。我们采用加权平均法，给后者较大权重、前者较小权重，则2018年税收收入为172420.95亿元，同比增长10.7%，这只是乐观预测，如果2018年继续加大减税力度，这可能是税收收入的高限，税收收入实际运行还会低于此数值（见表6）。

表6 2018年全年税收收入预测分析

单位：亿元，%

年份	一季度累计		上半年累计		前三季度累计		全年累计	
	绝对数	同比增长	绝对数	同比增长	绝对数	同比增长	绝对数	同比增长
2011	25087.54	33.2	52429.58	30.1	77788.22	27.4	99564.68	23.3
2012	28555.90	9.4	60005.07	10.0	84214.57	8.3	110740.04	11.2
2013	29419.16	3.0	63426.51	5.7	90273.08	7.2	119942.99	8.3
2014	32337.33	9.9	68662.91	8.2	97199.24	7.7	129541.07	8.0
2015	33345.59	3.1	71895.39	4.7	102536.22	5.5	136021.48	5.0
2016	35503.16	6.5	76805.90	6.8	107632.80	5.0	140499.04	3.3
2017	40390.09	13.8	85692.94	11.6	121360.88	12.8	155734.72	10.8
2018	47300.68	17.1	97852.29	14.2	136777.49	12.7	172420.95	10.7

资料来源：历年《税收快报》。

（二）2019年中国税收形势初步展望

从2018年前三季度主要税收指标分析，从前三季度的经济形势看，经济增速低于上年平均水平，为6.7%，较上年回落0.2个百分点，固定资产投资、工业生产与销售、国内贸易及货币信贷增速均较上年有所回落。

从2018年前三季度税收收入的走势和全年预测分析，2018年税收收入增速较上年减缓，但仍然会保持高于经济增速的状态。

根据有关方面对2019年经济的预测，如果经济增长保持在6.5%左右，预计2019年全年税收收入增速将大大低于2018年，在5.0%~6.0%，税收收入初步估计为181041.99亿~182766.21亿元。

需要说明的是，自1994年税制改革以来税收收入增速超经济增速的现象已从2013年起出现转折，这种态势已保持了四年，到2017

年开始又出现税收增速超经济增速的现象，估计这种现象将在 2018
年继续延续，但是，随着中央减税降费政策的实施，2019 年以后一
个税收收入增速与经济增速基本同步甚至低于经济增速的时期又会
出现。

四　几点看法和建议

（一）对经济和税收形势的几点看法

部分企业经营困难，税费负担依然沉重，应继续加大减税降费力
度。按照税收与经济量（GDP）对比的宏观税负分析，非公经济相
对国有企业（大型企业）税负并不高，税收占 50%，GDP 占 60%。
问题是非公经济 GDP 中所含工资薪金比例较高，工资薪金在国民经
济核算中是增加值，是新创造的经济量，但对企业来说实际上属于人
工成本，属于增值税的税基，不能抵扣。同样，社保费用也是企业的
人工成本。非公经济解决了 80% 以上的就业，如果它们垮了，会造
成大量人口失业，居民收入得不到保障，进而影响社会的安定。因
此，未来减税降费措施要有针对性、更加精准。根据前述分析，减税
降费应聚焦在增值税和社保费上，并向劳动密集型企业、小微企业倾
斜。下一步减税降费力度必须更大，并根据企业生产经营情况做出
选择。

积极财政政策下，税收政策应唱主角，减税是最有效的措施。为
了应对中国经济下行压力，我国主要采取了积极的财政政策和适度宽
松的货币政策。其中，货币政策不断采取降准、降息及增发货币的办
法，在一定程度上刺激了经济增长。但是一味地实施宽松的货币政
策，会增大通货膨胀压力，从长远看政策的效果会逐渐减弱，甚至失
效。积极财政政策主要采取了扩大政府投资、增发国债的方式。增发

国债已经造成了地方政府债务负担不断加重,地方债务风险不断累积,若长期这样下去总有一天会爆发危机。积极财政政策另一个方式是增加政府投资,2008年的4万亿元计划的副作用至今没有消除,事实证明依靠大量追加政府投资,不仅投资效益差,而且对民间投资存在挤出效应,近年民间投资下滑就是政府投资挤出效应的有力证明。政府投资效果远低于民间投资,还会造成部分行业生产能力过剩。因此,下一步应采取减税为主的积极财政政策,减税属于全局性的政策,对所有企业都有利,能直接降低企业的成本。

以往的减税政策众多、零散,有"撒胡椒面"的感觉,企业总不解渴。面对企业经营困难,政府不断出台了很多减税政策,如营改增、固定资产加速折旧、研发费用加计扣除、高科技企业和小微企业所得税优惠税率等。但是,这些优惠政策主要集中在企业所得税方面,若企业效益不好,效果就不明显。对企业关注的生产环节税费负担问题,现行政策效果并不明显,如增值税,尽管不断进行改进,从增值税转型、增值税扩围、营改增、增值税税率四档变三档(17%、13%、11%、6%,取消13%)到增值税税率调低(17%调为16%,11%调为10%),这种微调尽管发挥了一定的减税效应,但是效果远不能满足当前企业对减税的要求。

(二)建议

1. 进一步调低生产环节的增值税

自2018年5月1日起,我国将增值税税率从17%和11%分别调整为16%和10%,实体经济增值税负担得到了一定程度的减轻,但由于部分行业劳动力成本提高,减税效果并不明显,甚至部分行业增值税负担还有所加重。为增强我国制造业的竞争力,减少实体经济,特别是劳动密集型企业的生产成本,建议将增值税税率进一步下调2~3个百分点(即将16%税率下调到13%~14%),把10%与6%

两档税率合并，落实国务院会议提出三档变两档的要求。增值税税率下调，短期内可能会减少企业缴纳的增值税，同时也会增加企业效益，扩大企业所得税的税基，带来企业所得税的增加，"一减一增"，不仅会弥补增值税减税的影响，而且带来企业效益的增加。

2. 研究制定针对劳动密集型企业的税费政策

非公经济承担着80%以上的城镇就业，绝大多数为劳动密集型企业，劳动力成本相对技术密集型、资金密集型企业较高，其增值税负担较重。此外，劳动密集型企业的社保费负担重。建议在实行差异化、低税率增值税政策的同时，进一步减轻这部分企业的社保费负担。针对劳动密集型小微企业面临的暂时性经营困难，进一步降低社保费率，由目前的五项总费率38%左右下调至30%左右。

3. 完善我国税收制度，使税制结构趋于合理

目前，我国税制还有许多不尽如人意的地方，不仅存在行业之间的税负不平衡，如实体经济税负过重、虚拟经济税负较轻，还存在不同纳税人之间的税负不平衡，如个人所得税劳动性收入采用超额累进税率，最高边际税率高达45%，而资本性收入采用20%比例税率，高收入阶层收入来源一般不是劳动性收入，而主要是资本性收入。税制设计得不合理，造成不同纳税人之间对税法的遵从度存在差异，造成税负不同。应减少生产环节的税收，提高企业的生产积极性，适度稳定收入分配环节的税收。随着信息化及大数据等的运用，税收征管手段日趋先进，完善的税制使生产环节与收入分配环节税收协调，成为中国税制的"双主体"，逐步提高税制结构的合理性，在此前提下，强化税收征管才是可行的。如果税制本身不合理，税收征管越严格，其结果越不公平，对经济的扭曲作用就越大。

B.14
2018年中国股票市场回顾与2019年展望

李世奇　朱平芳＊

摘　要：　在金融监管稳中有进的政策引领下，2018年中国资本
市场有序开放，金融行业外资投资门槛大幅降低，A
股正式纳入MSCI，中国股票市场在出清中寻找底部。
供给侧结构性改革助推高质量发展任重道远，主要发
达经济体货币政策正常化一如预期，中美贸易摩擦令
市场承压，整体流动性合理稳定，货币市场与信用市
场出现分化。2019年对A股市场不宜过分乐观，但也
不必过分悲观，"市场底"将大概率得到确认，中国股
票市场的春天就在不远的未来。

关键词：　中国股市　宏观经济　流动性

一　2018年中国股票市场回顾

2018年，全球经济复苏超出预期，但国际金融市场所面临的不
确定性也在加大，全球主要市场股指在年内均大幅震荡，美国三大股

＊　李世奇，供职于上海社会科学院市值管理研究中心；朱平芳，供职于上海社会科学院数量经
济研究中心。

指、英国富时 100、法国 CAC40、德国 DAX、日经 225、孟买
SENSEX30、圣保罗 IBOVESPA 指数在创出历史新高后纷纷大幅下挫，
而 A 股市场的表现尤为逊色。截至 10 月 31 日，上证综指报收于
2602.78 点，年内下跌 21.30%，深证成指报收于 7482.83 点，年内
下跌 32.22%。

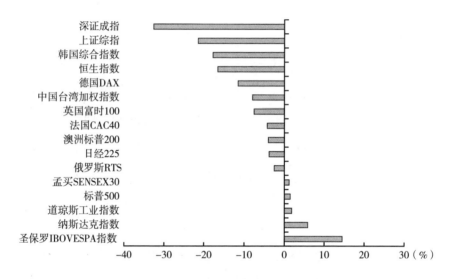

图 1 2018 年前十个月全球主要股指涨跌幅

注：截至 10 月 31 日。
资料来源：Wind 资讯。

（一）"监管稳中有进"：金融监管稳字当头，积极进取应对变化

"稳中有进"是 2018 年中国金融监管政策的主基调。2018 年 3 月，
金融监管体制改革迈出坚实一步，银监会和保监会合并为银保监会。
2018 年 7 月的中央政治局会议指出，"要做好稳就业、稳金融、稳外
贸、稳外资、稳投资、稳预期的工作"，其中"稳金融"排在第二位，
明确了金融市场的发展仍然是"稳"字当头，强调"要把防范化解金

融风险和服务实体经济更好结合起来,坚定做好去杠杆工作,把握好力度和节奏,协调好各项政策出台时机",说明有效掌控去杠杆的节奏和力度是提高金融服务实体经济能力的关键。2018年10月的中央政治局会议指出,"围绕资本市场改革,加强制度建设,激发市场活力,促进资本市场长期健康发展",为下一阶段资本市场发展指明了方向。

2018年1月以来,上证指数自年内最高点下跌超过31.7%,2018年前十个月A股市场每日平均成交额仅为3811亿元,下半年以来的日均成交额甚至不足3000亿元。为了提高市场流动性,防范股权质押融资业务风险,金融监管机构积极应对,有力把控和及时调整对股票市场有重要影响的制度安排,出台一系列稳定市场预期的政策措施,持续深化金融改革。

2018年A股新股发行节奏明显放缓,截至2018年10月A股仅发行新股92只,与上年同期发行374只新股的历史最高纪录相距甚远,新股募集资金数降至1253亿元,新股募集资金占A股流通市值的比重也降至0.3%,新股平均"一字板"涨停天数从2017年的9.4天降低至7.7天。2018年两会提出的CDR在得到海外独角兽企业积极响应后,配套细则也在6月迅速落地,但随后基于定价机制等多方面因素考虑,CDR上市暂停。前十个月A股市场回购金额达到309亿元,超过2015~2017年三年的回购总额。

表1 2014~2018年股票市场融资统计

单位:家,亿元

时间	IPO		增发		配股	
	首发家数	首发募集资金	增发家数	增发募集资金	配股家数	配股募集资金
2018年前十个月	92	1252.94	234	6669.79	14	182.43
2017年	438	2301.09	540	12705.31	7	162.96
2016年	227	1496.08	814	16918.07	11	298.51

时间	IPO		增发		配股	
	首发家数	首发募集资金	增发家数	增发募集资金	配股家数	配股募集资金
2015 年	223	1576.39	813	12253.07	6	42.34
2014 年	124	666.32	475	6932.03	13	137.97

注：2018 年截至 10 月 31 日。
资料来源：Wind 资讯。

　　备受资本市场关注的资管新规和理财新规分别在 2018 年 4 月和 9 月正式发布。资管新规对非标准化债券类资产严格定义，打破产品刚兑，实行产品净值化管理，消除多层嵌套，放宽过渡期；理财新规允许公募理财通过公募基金间接投资股票，允许子公司发行的公募理财产品直接投资股票，修订了向上穿透原则，个人投资者资金可以作为机构投资者的资金来源。

　　2018 年 10 月在上证指数创下 2015 年以来的新低后，国务院和一行两会领导针对"稳定市场、完善市场基本制度、鼓励长期资金入市、促进国企改革和民企发展、扩大开放"等五方面密集发声，国务院金融稳定发展委员会首次提出"实施稳健中性货币政策"、"增强微观主体活力"和"发挥好资本市场枢纽功能"的三角形支撑框架，指出"资本市场对稳经济、稳金融和稳预期发挥着关键作用"，突出了资本市场在改善企业金融环境、防范化解金融风险和促进国民经济整体良性循环上的重要地位。

（二）"市场有序开放"：正式纳入 MSCI，外资门槛大幅降低

　　2018 年，中国资本市场有序开放，内地和香港两地股市互联互通每日额度扩大四倍，沪伦通正式落地，取消 QFII 资金汇出 20% 比

表2　2018年金融监管政策

部门	时间	事件
国务院国资委	2018年5月18日	《上市公司国有股权监督管理办法》
央行	2018年2月28日	《关于银行业金融机构发行资本补充债券有关事宜的公告》
	2018年4月27日	《关于规范金融机构资产管理业务的指导意见》
	2018年7月20日	《关于进一步明确规范金融机构资产管理业务指导意见有关事项的通知》
中国银保监会	2018年3月7日	《关于调整商业银行贷款损失准备监管要求的通知》
	2018年4月9日	《关于印发〈融资担保公司监督管理条例〉四项配套制度的通知》
	2018年5月4日	《商业银行大额风险暴露管理办法》
	2018年5月25日	《商业银行流动性风险管理办法》
	2018年6月1日	《银行业金融机构联合授信管理办法(试行)》
	2018年9月28日	《商业银行理财业务监督管理办法》
	2018年10月19日	《商业银行理财子公司管理办法(征求意见稿)》
	2018年10月25日	《关于保险资产管理公司设立专项产品有关事项的通知》
中国证监会	2018年3月30日	《关于开展创新企业境内发行股票或存托凭证试点的若干意见》
	2018年3月30日	《证券公司股权管理规定》公开征求意见
	2018年3月30日	《证券公司投资银行类业务内部控制指引》
	2018年6月7日	《存托凭证发行与交易管理办法(试行)》
	2018年9月30日	《上市公司治理准则》(修订)
	2018年10月22日	《证券期货经营机构私募资产管理业务管理办法》《证券期货经营机构私募资产管理计划运作管理规定》
	2018年10月30日	"提升上市公司质量;优化交易监管;鼓励价值投资"的声明

资料来源：公开政策文件。

例要求，取消 QFII/RQFII 本金锁定期要求，允许 QFII/RQFII 开展外汇套期保值。2018 年 6 月 1 日 A 股正式纳入 MSCI，8 月 31 日纳入比例从 2.5% 提升至 5%，跨国跨境资本持续涌入 A 股市场，沪股通和深股通的净买入额不断增长，尤其在正式纳入 MSCI 前的三个月时间里，"北上"资金加速进场。2018 年前十个月，"北上"资金的净买入额已达到 5787 亿元，相比 2017 年底的 3475 亿元增长 66.5%。"南下"资金的脚步 2018 年则进一步放缓，沪市和深市港股通累计净买入额从 2017 年底的 7262 亿港元增长至 2018 年 10 月底的 8116 亿港元，增幅仅为 11.8%。

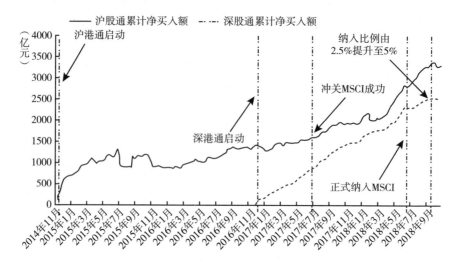

图 2　沪股通、深股通累计净买入额

资料来源：Wind 资讯。

中国资本市场的开放是中国金融业开放的缩影，2018 年外商投资金融业的门槛大幅降低，取消银行、金融资产管理公司的外资持股比例限制，内外资一视同仁，允许外国银行在我国境内同时设立分行和子行，允许符合条件的外国投资者来华经营保险代理业务和保险公估业务，放开外资保险经纪公司经营范围，与中资机构一致，证券公

司、证券投资基金管理公司、期货公司、寿险公司外资持股比例上限
放宽至51%，2021年不再设限。

表3　2018年金融开放政策

部　门	时　间	事　件
国家发改委、商务部	2018年6月28日	《2018年版外商投资准入特别管理措施（负面清单）》
央行、国家外汇局	2018年6月12日	《关于人民币合格境外机构投资者境内证券投资管理有关问题的通知》 《合格境外机构投资者境内证券投资外汇管理规定》
中国证监会	2018年4月28日	《外商投资证券公司管理办法》
	2018年5月1日	沪股通及深股通每日额度上调至520亿元人民币，沪市港股通及深市港股每日额度上调至420亿元人民币
	2018年8月24日	《外商投资期货公司管理办法》

资料来源：公开政策文件。

（三）"全面调整出清"：行业指数全面调整，市场出清寻找底部

2018年前十个月，A股市场无论是蓝筹股还是成长股均震荡下
行。截至10月31日，沪深300年内下跌21.76%，创业板指年内下
跌27.22%。除"银行""采掘""休闲服务"外，其余25个行业指
数年内跌幅均超过20%，其中"综合""传媒""电子""电子设备"
"汽车""轻工制造""有色金属""机械设备"等8个行业指数跌幅
超过35%。从估值来看，A股整体的市盈率（TTM整体法，下同）
从2017年末的19.52倍降至13.60倍，而剔除金融板块的A股市盈

率则从 29.54 倍降至 18.36 倍，沪深 300 的估值从 14.30 倍降至 10.74 倍，创业板的估值从 48.43 倍降至 30.24 倍。

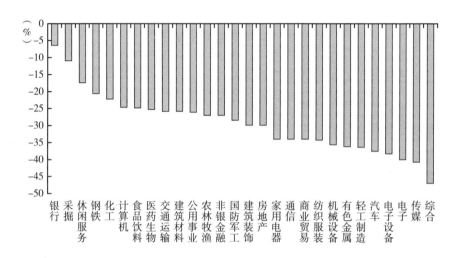

图3　2018 年前十个月行业指数年内涨跌幅

资料来源：Wind 资讯。

2015 年下半年以来，A 股市场在经历了"整顿救市"、"估值修复"和"市场分化"三个阶段后，在 2018 年 3 月进入"调整出清"阶段，内外部风险以及多重不确定性叠加，A 股市场步入熊市，无论是沪深 300 还是创业板都在不断调整出清中寻找市场底部。从技术层面而言，股价下滑导致触及平仓线的质押股权被强制卖出，迫使股价进一步下滑，从而引发更大规模的被动平仓，市场陷入恶性循环。截至 10 月底，A 股市场共有超过 2400 家上市公司的大股东存在未解押股权，其中近 600 家公司股价低于股权质押的平仓线，而 2019 年第一季度又将迎来股权质押到期的高峰期，对市场预期带来负面影响，加深了调整出清的程度。为了最大程度地化解金融市场波动为民营企业经营带来的风险，最大程度地利用金融市场解决民营企业运转中遇到的困难，金融监管部门和各级政府纷纷出台各类政策支持民营企业渡过难关，2018年11月习近平总书记专门主持召开民营企业座谈会，给民营企业吃下定心丸。

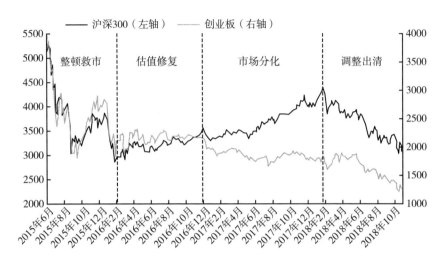

图4　A股市场运行的四个阶段

资料来源：Wind 资讯。

表4　2018年金融支持政策

部　门	时　间	事　件
央行	2018年6月4日	扩大MLF担保品范围:公司信用类债券从AAA级扩大到AA+和AA级
	2018年6月25日	为改善民营企业融资环境,增加再贷款和再贴现额度共1500亿元
	2018年10月22日	设立民营企业债券融资支持工具
	2018年10月22日	为改善民营企业融资环境,再增加再贷款和再贴现额度共1500亿元
中国银保监会	2018年7月18日	要求银行业金融机构加快提升民营企业和小微企业融资服务能力
	2018年11月1日	根据民营企业的信用记录、市场竞争能力、财务状况等,发放更多的无担保、无抵押的贷款;对于有前景、产品有市场、技术有竞争力、未来有一定订单和现金流的企业遇到暂时流动性困难,不要停贷压贷

经济蓝皮书

续表

部 门	时 间	事 件
中国证监会	2018 年 10 月 19 日	发起设立主要投资于民营企业的股权投资基金、创业投资基金及债券投资基金,积极参与民营上市公司并购重组;探索运用成熟的信用增进工具,帮助民营企业特别是民营控股上市公司解决发债难的问题
	2018 年 10 月 22 日	中国证券业协会推动设立总规模 1000 亿元的证券行业支持民营企业发展集合资产管理计划
	2018 年 11 月 2 日	为支持民营企业债券融资,开展交易所债券市场信用保护工具试点

资料来源:公开政策文件。

"监管稳中有进"、"市场有序开放"和"全面调整出清"是2018 年中国股票市场的三个主要特点。稳中有进的金融监管政策和有序开放的金融市场格局为调整出清的中国股票市场注入了信心和活力,而调整出清的市场倒逼上市企业优化公司治理结构、改善自身质量,夯实在有序开放条件下的核心竞争力,为金融监管机构制定最优金融政策组合、探索最佳金融制度安排奠定基础。

二 2018年中国股票市场运行的宏观经济逻辑

(一)供给侧结构性改革助推高质量发展任重道远

从供给侧结构性改革的进展来看,水泥、平板玻璃等落后产能渐次淘汰,钢铁、煤炭等过剩产能也逐渐退出,过去 5 年共退出 1.7 亿吨以上的钢铁产能、8 亿吨煤炭产能,传统工业去产能取得很大进展,三、四线城市房地产库存也在因城施策的指导下和棚改货币化安置的支持下不断消化。供给和需求两端共同发力带动工业企业盈利回升、地方政府财政收入增加，企业和地方政府的资产负债表有所修复。尽管 2018 年中国宏观经济发展总体平稳，但经济运行稳中有变，2018 年第三季度 GDP 同比增速降至 6.5%，为 2009 年第一季度以来的新低，二产增加值增速降至 5.3%，为 1992 年第一季度以来的新低。长期和短期、内部和外部的各种因素交织使得中国经济由高速增长转向高质量发展仍面临较大的压力，产业结构调整正处于阵痛期，尤其是民营企业发展遇到了一定困难。

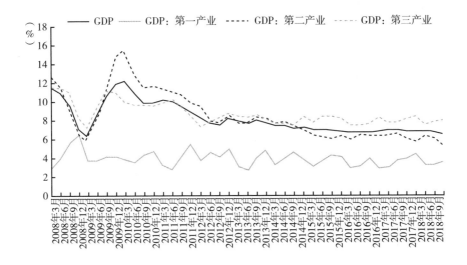

图 5　中国 GDP 增长率

资料来源：Wind 资讯。

去产能、去库存的边际效应正逐渐降低，工业企业主营业务收入和利润总额增速已明显放缓，PPI 增速也在走低，工业企业已经进入被动补库存周期，上游去产能、房地产去库存对经济增长的促进作用已不明显，而且 2017 年以来工业企业利润的高速增长主要源于国有企业，且主要集中在石油、钢铁、煤炭等上游行业，民营企业盈利改善有限。数据显示，9 月 PPI 同比增长 3.6%，较上年同期降低 3.3 百分点，工业企业 1～9 月利润总额累计同比上涨 14.7%，较上年同

期降低8.1个百分点，其中采矿业利润总额累计同比增速从上年同期的473.8%降至50.0%，制造业从上年同期的19.6%降至12.5%，国有及国有控股工业企业从上年同期的47.6%降至23.3%，私营工业企业从上年同期的14.5%降至9.4%。如果以利润总额累计值计算同比增速，1~9月国有及国有控股工业企业同比增长21.6%，私营工业企业同比降低31.1%。与累计同比增速相比，国有及国有控股工业企业增速降低1.7个百分点，其中的差异可以用统计去水分和营改增下服务业剥离解释，但是私营工业企业增速由正变负，降低40.5个百分点，如此巨大的差异说明大量的私营工业企业因经营出现重大问题而退出了规模以上工业企业的统计样本，2018年中国民营企业遇到的困难可见一斑。

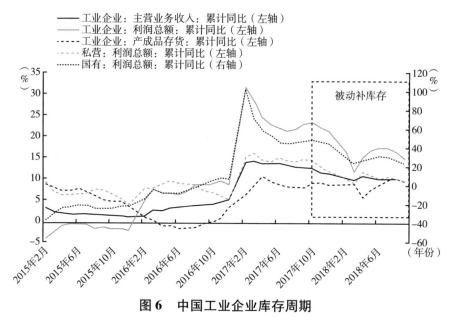

图6 中国工业企业库存周期

资料来源：Wind资讯。

尽管去产能、去库存改善了工业企业和地方政府的资产负债表，但居民部门的杠杆率有所提升，2018年前三季度，居民部门新增短期贷款1.85万亿元，新增中长期贷款3.83万亿元，新增个人购房贷款2.98万亿元，个人购房贷款余额增至24.88万亿元，城镇居民还本付息的购房总支出已经接近城镇居民收支结余，居民部门杠杆率的提升正在消耗消费增长的潜力。2018年社会消费品零售总额已连续9个月累计同比增速小于10%，前三季度城镇居民人均消费性支出累计同比增速仅有4.3%，汽车零售额同比增长0.2%，广义乘用车销量同比下滑1.1%，9月当月同比下滑13.1%。当然从经济长周期的角度而言，房贷与消费更多的是正相关关系，但是仍然存在短期内房地产挤占消费的可能性，尤其在经济景气度不高的阶段，无论是基础消费还是高端消费都对杠杆率水平较为敏感。

降成本是2018年推动经济高质量发展的重点工作之一。在降低企业税费成本方面，5月1日起制造业等行业增值税税率从17%降低到16%，交通运输、建筑、基础电信服务等行业及农产品等货物的增值税税率从11%降至10%；在降低企业用能成本方面，国家发改委已经陆续分四批出台了10项降电价措施，减少企业电费支出超1000亿元，超额完成2018年"两会"政府报告中提出的一般工商业电价平均降低10%的目标；在降低居民税费成本方面，10月1日起个人所得税起征点由3500元上调至5000元，并将在2019年1月1日起对子女教育、继续教育、大病医疗、住房贷款利息、住房租金和赡养老人等六项进行专项附加扣除。近年来推出的各项"放管服"政策措施已经证明中央在降低制度性交易成本、厘清政府与市场边界、实现要素市场化配置上的决心是坚定不移的，但降成本与去产能、去库存不同，尽管它对经济增长具有长期持续的促进作用，但成效很难在短时间内显现，也无法直观度量，所以在新旧动能转换的过程中保持宏观政策的连续性和一贯性成为供给侧结构性改革助推经济高质量发展的关键。

基建补短板是2018年供给侧结构性改革的重点。利用基础设施

建设补齐关键领域短板兼顾了供给和需求两端。一方面，区域发展的不平衡导致中西部地区在基本公共服务覆盖、铁路连接、公路到达、水利灌溉、能源供应和生态保护等方面仍存在较大的供给缺口；另一方面，投资增速放缓，尤其是基础设施投资增速前三季度仅同比增长3.3%，与上年同期19.8%的增速相比回落较大，从需求角度而言也有加强基建的必要。当然，基建补短板的侧重点还在于供给端，过分追求大的投资规模不符合高质量发展的要求，推进"最后一公里"水、电、气、路、邮建设成为基建补短板的关键任务。

（二）货币政策正常化一如预期，中美贸易摩擦令市场承压

2018年全球经济复苏呈现分化态势，整体复苏基础有所弱化。美国经济稳健走强，二季度和三季度GDP分别环比（折年）增长4.2%和3.5%，失业率稳步走低，9月失业率连续第二个月保持在3.7%，为2001年1月以来的最低点，CPI上升放缓，9月CPI同比增长2.3%，较6月和7月的年内最高点下降0.6个百分点，环比上升0.1%，核心CPI同比增长2.2%，环比增长0.2%。景气指数屡创新高，美国供应商协会（ISM）制造业采购经理人指数（PMI）8月升至61.3，为2004年5月以来的新高，9月小幅回落至59.8，服务业PMI 9月升至61.6，为2005年8月以来的新高。

欧洲经济复苏弱于美国，欧元区二季度和三季度的GDP同比增速分别为2.2%和1.7%，9月调和CPI同比增长2.0%，失业率连续3个月保持在8.1%，为2008年12月以来的最低点，但经济景气度维持在近两年的相对低位，10月制造业PMI降至52.0，服务业PMI降至53.3，欧元区19国经济景气指数降至109.8。

由于经济持续复苏，欧美一如预期走上货币政策正常化道路，美联储连续三个季度加息，联邦基金利率已上调至2%～2.25%，欧洲央行也不断降低QE规模，10～12月的购债规模从300亿欧元降至

150亿欧元，2019年将结束资产净购买。

美国实施的贸易保护政策是全球经济复苏的最大威胁，中美贸易摩擦令全球商品市场和资本市场持续承压，大宗商品中LME铜和LME铝前三季度分别下跌13.83%和9.30%，波罗的海干散货指数震荡加剧，在7月升至2014年1月以来的新高后有所走低。尽管美国和中国的出口增速仍未见明显走坏，前三季度美国出口同比增长9.06%，中国出口同比增长12.2%（以美元计），但欧盟和日本的出口态势已有所不稳，前八个月欧盟28国出口同比增长5.15%，9月当月日本出口同比降低1.34%，全球市场的避险情绪仍然较浓。

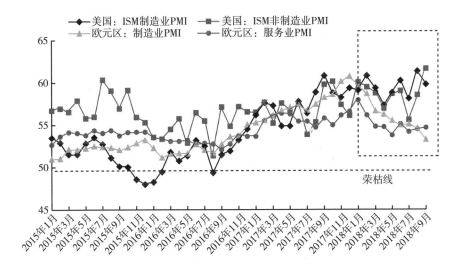

图7 美国和欧元区PMI

资料来源：Wind资讯。

（三）整体流动性合理稳定，货币与信用出现分化

2018年中国金融市场整体的流动性合理稳定，在金融严监管和

去杠杆的持续影响下，货币信贷和社会融资规模的低增速已成常态，M2增速连续9个月保持在9%以下，9月当月M2同比增长8.3%，社会融资存量增速降至10.6%。中国的货币政策与美国出现一定程度的背离，在美国三次加息的背景下，中国分别在1月、4月、7月和10月实施了4次定向降准，总共释放了2.3万亿元的流动性，说明中国在坚持稳健中性的货币政策基础上采取了定向边际宽松。央行在2018年二季度货币政策执行报告中指出，"根据经济金融形势变化，加强前瞻性预调微调，适度对冲部分领域出现的信用资源配置不足，引导和稳定市场预期，加大金融对实体经济尤其是小微企业的支持力度，为供给侧结构性改革和高质量发展营造适宜的货币金融环境"。

随着金融去杠杆下金融机构内部的资金循环与嵌套减少，资金链条缩短，定向降准搭配MLF、PSL释放流动性，短期资金成本不断降低，3个月Shibor从2018年初的4.8%左右降至9月的2.8%左右，银行间市场7天期回购利率也在下半年降至2.6%左右的较低水平。但是短期利率水平的下降并没有显著降低实体企业的融资成本，货币市场与信用市场出现分化，尤其是较低资质和评级的企业债务融资成本持续上行，AA级产业债信用利差5月以后加速走阔，而全体产业债信用利差相对平稳说明高评级企业债收益率跟随无风险利率走低。不同资质和评级的企业债信用利差走势的差异反映出流动性的结构性分化正在加剧，经营良好的企业流动性过剩，而经营面临风险的企业流动性紧张，这也是资本市场在经济下行压力增大、企业利润增速下降和外部不确定性加大背景下趋利避害的自然选择。当然4月资管新规的落地也带来了融资渠道的全面收窄，银行资产负债表面临较大压力，银行风险偏好降低，产生惜贷情绪，而作为主要抵押品的不动产由于房地产供需两端的调控政策，其资产价格又无法支撑抵押品价值的上涨，客观上造成了信用紧张的环境，央行在6月扩大MLF担保品范围的基础上，10月又采用降准释放流动性的方式替换到期的

MLF，也是为了确保经营面临风险的企业在股权融资和债务融资均遇到一定困难的情况下，能够享受到定向宽松带来的流动性支持。

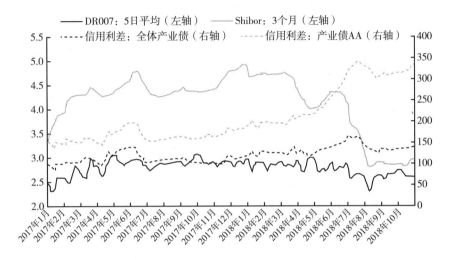

图8 短期资金利率水平和产业债信用利差

资料来源：Wind 资讯。

三 2019年中国股票市场展望

2019 年，中国股票市场服务实体经济的角色将得到强化，"完备的融资功能、扎实的基础制度、有效的市场监管和得到充分保护的投资者权益"依旧是中国股票市场坚定不移的发展方向。从宏观经济的基本面来看，中国经济总体运行平稳的格局没有发生改变，但补齐实体短板、降低制度成本仍然需要时间，全球流动性拐点的到来也加大了外部风险。在"优化交易监管，减少交易阻力，创造条件鼓励回购和并购重组"等政策面积极因素的持续作用下，A 股市场的悲观情绪有望得到缓解，提高流动性水平、改善风险偏好将成为 2019 年股票市场更好服务实体经济的关键。

经济蓝皮书

在法律层面上股票回购制度已得到完善，修改后的《公司法》增加了回购股份的情形，适当简化了股票回购的决策程序，提高持有本公司股份的数额上限，延长了持有所回购股份的期限。2018 年三季报显示全部 A 股现金及现金等价物总额达 27.35 万亿元，占总资产的比重达 11.53%，占比是美股上市公司的两倍。A 股上市公司拥有充沛的自有资金可进行回购，完善后的股票回购制度将有助于上市公司常态化回购制度的建立。

政策的实时调整与制度的不断完善将有助于 A 股市场建立起新的估值体系。2018 年 10 月底，上证 A 股的市盈率（当年中报整体法，下同）为 12.77 倍，居历史月份第 305 位，处在历史数据 91.04% 的分位数位置；深圳 A 股的市盈率为 10.62 倍，居历史月份第 269 位，处在历史数据 81.51% 的分位数位置；中小企业板的市盈率为 23.88 倍，居历史月份第 105 位，处在历史数据 96.33% 的分位数位置；创业板的市盈率为 35.65 倍，居历史月份第 133 位，处在历史数据 81.60% 的分位数位置。从估值分布来看，A 股市场已经处于历史底部区域。2019 年中国股票市场的结构性机会仍然存在。

第一，增量资金强化价值投资逻辑。资本市场对外开放带来的增量资金将通过不断放宽和完善的互联互通和 R/QFII 两大途径进入 A 股市场。2019 年 6 月 A 股将正式纳入富时罗素指数，MSCI 纳入因子有望从 5% 提高至 20%，预计可带入外部增量资金 7000 亿元以上，将进一步提高长线资金占比。由于 A 股的估值已处于历史底部，外部增量资金将不仅仅来自跟踪富指和 MSCI 的被动投资型 ETF，国际市场的大量主动型基金也将提高对 A 股市场的关注度，不排除在恰当时机大规模入场建仓的可能性。而随着银行、证券、基金、期货和保险业对外资的全面开放，境内外金融业将深入融合，共享价值投资理念、共担市场波动风险将成为趋势。社保、养老等内部增量资金也将成为价值投资的主力，而用于化解民营企业股权质押风险的各类型资管计划也将成为资本市场的一股源头活水，金融监管机构积极进取的政策措施有助于稳定市场预期，激发市场活力。9月底的理财新规解除了银行公募理财产品不得投资权益类产品的限制，公募理财不必再通过委外和多层嵌套的方式间接投入股票市场，可以通过投资权益类公募基金进入股市。10月底的证监会声明指出，"鼓励价值投资，发挥保险、社保、各类证券投资基金和资管产品等机构投资者的作用，引导更多增量中长期资金进入市场"。市值大、估值低、股息高、业绩优的上市公司将成为握有大量中长线资金的境内外机构投资者关注的重点。

第二，科技创新型企业迎来重大机遇。经济高质量发展需要重大创新添薪续力，习近平总书记在首届中国国际进口博览会开幕式上宣布"将在上海证券交易所设立科创板并试点注册制"。科创板的设立对补齐资本市场服务科技创新的短板意义重大，科创板是"推动高质量发展、落实创新驱动和科技强国战略的重大改革举措，是完善资本市场基础制度、激发市场活力和保护投资者合法权益的重要安排，对拟上市企业在盈利情况、股权结构做出的差异化安排将提高资本市场对科技创新型企业的包容性和适应性"。尽管短期来看，科创板试点注册制对已上市的高估值科技股是利空，但长期而言通过科技创新型企业估值的再平衡，对资本市场和实体经济的健康稳定发展是重大利好。我们预计2019年将是以人工智能为代表的科技创新型企业的重大发展机遇期，中央政治局专门就人工智能发展现状和趋势进行了集体学习，强调人工智能是新一轮技术革命的"头雁"。海量数据和巨大市场应用规模使得中国具有发展新一代人工智能的比较优势，人工智能与三大产业的深度融合将为高质量发展提供新动能。分布在人工智能产业链技术层和应用层上的企业有望受到资本市场的青睐，"AI＋"先进制造业也将持续利好云计算、工业互联网和5G通信领域。

第三，美好生活驱动消费升级。人民收入水平的提升、人口年龄结构的变化以及技术进步是消费升级的主要动力。由于中国区域经济发展的多样性，数量型、物质性的传统消费与质量型、服务性的新兴消费都仍有增长空间，但新兴消费的增长速度将更快。例如，相比于城镇居民，农村居民的奶类、蔬果和水产品等营养食品消费水平仍然较低，农村居民收入的快速提高将改变其膳食结构，均衡健康的饮食观念将得到普及。对汽车、家电等耐用品舒适度和智能化的追求也将随着收入水平的提高而持续。人口老龄化与生育政策的转向也将促进医疗、教育服务领域的发展。消费已不再局限于有形商品的领域，信息服务、文化娱乐等领域的消费将呈指数型增长，技术进步和收入水平提升使得居民能够也愿意为个性化服务买单，效率和体验将被赋予更高的溢价。国务院办公厅 10 月印发的《完善促进消费体制机制实施方案（2018～2020 年）》强调，要"积极培育重点消费领域细分市场，全面营造良好消费环境，不断提升居民消费能力，更好满足人民日益增长的美好生活需要"，包括"放宽服务消费市场准入"、"完善实物消费结构升级的政策体系"、"推进重点领域产品和服务标准建设"、"健全消费领域信用体系"、"优化居民消费配套保障"和"加强宣传和信息引导"六大重点任务，方案把服务消费市场准入和实物消费结构升级放在了首要位置。2019 年拥有刚需基础和改善性需求空间的食品饮料行业龙头在有相应业绩支撑的前提下仍然拥有投资潜力，大消费行业在美好生活的驱动下值得长期重点关注。

总体来看，中国宏观经济运行所面临的内外部风险将对股票市场价值中枢的移动产生影响，2019 年对中国股票市场不宜过分乐观，但也不必过分悲观，在迎来"政策底"与"估值底"之后，2019 年"市场底"也将大概率得到确认，中国股票市场的春天就在不远的未来。

消费市场与进出口篇

Consumption and Import-Export

B.15

2018年外贸形势分析及2019年展望

刘建颖　金柏松*

摘　要： 2018 年以来，中国外贸实现较快增长，结构持续优化，动力转换加快，质量和效益进一步提高，稳中向好的态势进一步巩固，为外贸高质量发展奠定基础。展望2019 年，中国外贸发展既面临严峻挑战，也蕴含新的发展潜力。

关键词： 全球经济　全球贸易　外贸

2018 年以来，中国外贸实现较快增长，结构持续优化，动力转

---

* 刘建颖、金柏松，供职于商务部研究院对外贸易研究部。

换加快，质量和效益进一步提高，稳中向好的态势进一步巩固，为外贸高质量发展奠定基础。

一　当前外贸形势分析

据海关统计，前10个月，我国货物贸易进出口总额25.05万亿元人民币，同比增长11.3%。其中，出口13.35万亿元，同比增长7.9%；进口11.7万亿元，同比增长15.5%；贸易顺差1.65万亿元，收窄26.1%。按美元计价，前10个月，我国进出口总额3.84万亿美元，同比增长16.1%。其中，出口2.05万亿美元，同比增长12.6%；进口1.79万亿美元，同比增长20.3%；贸易顺差2542亿美元，收窄22.3%。

（一）从国际市场布局看，在巩固传统市场的同时，对新兴和发展中市场出口保持较快增长

前10个月，我国与前四大贸易伙伴欧盟、美国、东盟和日本的进出口总值分别占我国外贸总值的14.7%、13.7%、12.7%和7.1%。对欧盟、美国、东盟、日本的出口分别增长7.4%、8.7%、12.1%、4.0%，进口分别增长9.9%、3.7%、15.5%、7.9%。对巴西、印度和南非等新兴市场和发展中国家或地区出口分别增长16.5%、10.9%和9.3%。对"一带一路"沿线国家进出口增长14.8%，较整体增速高3.5个百分点，占外贸总值的比重提升0.8个百分点至27.3%。

（二）从国内区域布局看，中西部地区外贸增长快于东部地区

前10个月，中西部地区出口增长15.8%，进口增长20.1%，占整体出口和进口的比重分别较上年同期提高 1.1 个和 0.5 个百分点至 16.8% 和 14.4%。东部地区出口增长 6.5%，进口增长 14.7%，占整体出口和进口的比重分别为 83.2% 和 85.6%。

（三）从经营主体看，各类企业进出口均保持良好发展态势

前 10 个月，民营企业进出口 9.88 万亿元，同比增长 14.6%，占我国外贸总值的 39.4%，比上年同期提升 1.1 个百分点。外商投资企业进出口 10.69 万亿元，同比增长 6%，占我国外贸总值的 42.7%。国有企业进出口 4.39 万亿元，同比增长 18.2%，占我国外贸总值的 17.5%。出口方面，民营企业出口 6.38 万亿元，同比增长 11.2%，占比提高 1.4 个百分点至 47.8%，继续保持出口第一大经营主体地位；国有企业出口 1.40 万亿元，同比增长 9.0%；外商投资企业出口 5.56 万亿元，同比增长 4.2%。进口方面，民营企业进口 3.5 万亿元，同比增长 21.5%，占进口总值的 29.9%；外商投资企业进口 5.13 万亿元，同比增长 8%；国有企业进口 2.99 万亿元，同比增长 23%。

（四）从商品结构看，机电产品出口增长，劳动密集型产品微增

前 10 个月，我国机电产品出口 7.82 万亿元，同比增长 9.3%，占比较上年同期提高 0.8 个百分点至 58.6%。其中，集成电路、手机及零件、汽车及其底盘、电器及电子产品、机械设备等出口分别增长 26.2%、14.0%、13.9%、11.2%、9.9%。集成电路、计算机及部件、电动机及发电机等机电产品出口附加值进一步提高，出口单价分别增长 16.8%、10.1%、9.7%。服装、玩具等七大类劳动密集型产品出口 2.56 万亿元，同比增长 0.6%，占出口总额的 19.2%。此外，钢材出口 5841 万吨，同比减少 9.3%；汽车出口 97 万辆，同比

增加19.5%。前三季度，我国规模以上工业出口交货值同比增长8.1%，环比上升1.1个百分点。

（五）从贸易方式看，一般贸易快速增长且比重提升

前10个月，我国一般贸易进出口14.51万亿元，同比增长14.1%，占我国外贸总值的57.9%，比上年同期提升1.4个百分点。其中，出口7.52万亿元，同比增长11.6%，占比提高1.9个百分点至56.3%；进口6.99万亿元，同比增长16.9%；贸易顺差5235亿元，收窄30.5%。加工贸易进出口6.83万亿元，同比增长5.4%，占27.3%，下滑1.5个百分点。其中，出口4.26万亿元，同比增长3.2%；进口2.57万亿元，同比增长9.2%；贸易顺差1.69万亿元，收窄4.6%。此外，我国以保税物流方式进出口2.79万亿元，同比增长20.1%，占我国外贸总值的11.1%。其中，出口9005.5亿元，同比增长18.6%；进口1.89万亿元，同比增长20.7%。

（六）进口成为拉动外贸增长的重要动力

前10个月，我国进口增长15.5%，对进出口增长的贡献率为61.7%，成为全年拉动外贸增长的重要动力。其中，机电产品进口5.32万亿元，同比增长14.1%，拉动全国进口总额增长6.5个百分点。从大宗商品进口情况看，原油、天然气等商品进口量增加，大豆进口量下降，大宗商品进口均价涨跌互现。前10个月，原油、纸浆、天然气、钢材等大宗商品进口价格同比分别增长30.5%、20.7%、18.9%、6.9%。原油、天然气、煤炭等10大类大宗商品合计拉动进口增长4.8个百分点，其中价格增长因素拉动进口增长3.1个百分点。

进口对中国外贸的拉动作用不容小觑。中国货物贸易进口从1978年占世界比重的0.8%、排名第29位，上升至2017年的占比

9.7%、排名第2位。同期，进口规模从1978年的109亿美元跃升至2017年的18410亿美元，增长168倍。中国服务贸易进口额从1982年的20亿美元增至2017年的4676亿美元，增长233倍。自2014年起，中国服务贸易进口额位居世界第二。中国需求的强劲增长，反映出中国购买力的增长趋势，同时也为世界带来不断扩展的巨大市场。

二 当前全球经济总体形势

2018年10月9日，国际货币基金组织（IMF）发布的最新《世界经济展望》报告显示，预计今明两年世界经济增速均为3.7%，维持2017年的增速水平，较7月的预测值下调了0.2个百分点。这是自2016年7月以来，IMF首次调降对全球经济增长的预期。IMF预计，2018年发达经济体增速为2.4%，新兴市场和发展中经济体增速为4.7%。IMF指出，由美国减税措施和进口需求上升带来的经济增长动力正在减弱，全球经济增长面临的下行风险上升；同时由于新兴市场和发展中经济体增势减弱、金融收紧，全球经济增长强于预期的可能性正在下降。IMF指出，自其4月发布《世界经济展望》报告以来，美国对各类进口产品加征关税，贸易伙伴已经或准备采取反制措施。日益升级的贸易紧张局势，以及由此带来的政策不确定性上升，可能挫伤商业和金融市场情绪，引发金融市场动荡，导致投资和贸易减缓，正是拖累世界经济增长的主因。IMF此次调降全球经济增速预期，表明多重因素给经济走势带来不利影响，包括美国与其他国家贸易冲突加剧，欧元区、日本和英国经济表现趋弱，以及阿根廷、巴西、土耳其和南非等新兴市场资本外流加剧等。

（一）美国

受美国政府减税政策和扩张性财政政策的影响，美国经济基本面

短期向好,但增势不可持续,主要原因有:美国财政赤字再创新高,预期未来仍将上升;美国当前经济增速远高于其潜在增速,经济增长不可持续。美联储在11月9日发布的议息决议声明中表示,维持联邦基金利率在2%~2.25%不变。2018年以来,美联储已分别于3月、6月和9月共计加息三次。此次议息决议声明强调,家庭支出持续强劲增长,但固定资产投资增速较2018年稍早时候的快速增长有所缓和。IMF最新预计,2018年美国经济增长2.9%,2019年将放缓至2.5%。

(二)欧洲

欧洲经济增长目前仍处于瓶颈期,其经济增长的长期内生性问题一直未获根本性解决,劳动生产率停滞不前。欧盟长期宽松的财政政策和货币政策效果不明显,欧洲经济增势乏力。英国脱欧谈判进程和意大利财政问题不断发酵,或将导致金融市场动荡。欧盟委员会警告称,预计未来几年欧元区经济增长将放缓,2018年经济增长2.1%,2019年放缓至1.9%,2020年进一步放缓至1.7%。美国经济政策、意大利高负债支出计划及英国退欧是威胁欧元区经济增长的主要因素。欧洲统计局10月30日发布经季节调整的2018年三季度GDP数据,其中,欧盟28国GDP和欧元区GDP环比分别增长0.3%和0.2%,环比增速较二季度均下降0.2个百分点;欧盟28国GDP和欧元区GDP同比分别增长1.9%和1.7%,同比增速较上年同期分别下降0.2个和0.5个百分点。IMF最新预计,2018年欧元区经济增长2.0%,2019年将放缓至1.9%。

(三)日本

日本经济目前处于复苏态势,但个人工资增速和消费增势缓慢,其国内经济易受世界经济影响,并面临诸多需要从长计议的问题,如应对老龄化、加速创新、提高生产率等。日本内阁府发布的2018年三季度GDP速报显示，剔除物价变动影响后，日本三季度实际GDP环比下降0.3%，折合年率为下降1.2%，为2015年四季度以来的最大降幅，主要原因是在自然灾害影响下个人消费等内需与出口均大幅下降。日本央行10月31日表示，2018财年日本经济增长风险偏向下行，下调2018年GDP增长预期为1.4%，此前为1.5%，2019财年为0.8%，与此前持平，2020财年为0.8%，与此前持平；并下调未来三年通胀预期。IMF最新预计，2018年日本经济增长1.1%，2019年将放缓至0.9%。

（四）新兴市场国家和发展中国家

受具体国家因素、金融环境收紧、地缘政治紧张局势以及石油进口价格上升等因素影响，部分新兴市场国家和发展中国家，如伊朗、土耳其、阿根廷和巴西的经济前景堪忧。未来，若美国调整其货币政策，全球汇率将进一步受到冲击。IMF最新预计，2018年和2019年新兴市场和发展中国家经济增速均为4.7%。

总体来看，全球经济仍处于中速增长阶段。2017年下半年至2018年上半年，全球经济发展信心较足，增速有所提升。IMF此次下调今明两年全球经济增速，表明全球经济增长仍存不稳定因素。发达国家经济和新兴市场国家经济目前所呈现出的较为严重的分化态势，是当前全球经济的特点之一。

三 当前全球贸易总体形势

全球贸易形势趋于严峻。IMF在2018年10月9日发布的《世界经济展望》中下调对全球贸易增速的预估，预计2018年全球贸易增速为4.2%，低于7月预估的4.8%，也低于2017年5.2%的增速；

并预计 2019 年全球贸易增速为 4%，比 7 月的预估下调 0.5 个百分点。IMF 认为，贸易紧张局势加剧，基于规则的多边贸易体系可能被削弱，是全球经济前景面临的主要威胁。不论新兴市场还是发达经济体，短期内均无法避免。到 2019 年，美国经济增长受到的影响将更为显著。IMF 警告，贸易壁垒的增加会破坏全球供给链，阻碍新技术的传播，最终导致全球生产率和福利下降；更多的进口限制还将提高可贸易消费品的成本，给低收入家庭带来特别大的损害。

世界贸易组织（WTO）全球贸易景气指数显示，2018 年前三季度，全球贸易景气指数分别为 102.3、101.8、100.3。其中，三季度出口订单和汽车产销指数分别为 97.2 和 98.1，已低于基准值 100。WTO 2018 年 9 月发布最新预测，将 2018 年全球货物贸易量增速从 4 月的预计值 4.4% 大幅下调至 3.9%，比 2017 年低 0.8 个百分点。展望 2019 年，主要发达经济体收紧货币政策，全球贸易环境紧张，地缘政治风险等不确定因素仍将对全球贸易产生冲击。WTO 预计，2019 年全球货物贸易量将增长 3.7%，增速连续第二年下滑。

（一）美国

据美国商务部统计，2018 年前 9 个月，美国货物进出口额为 31276.0 亿美元，同比增长 9.3%。其中，出口 12422.5 亿美元，同比增长 9.1%；进口 18853.6 亿美元，同比增长 9.4%；贸易逆差 6431.1 亿美元，同比增长 10.0%。

前 9 个月，美国与中国双边货物进出口额为 4880.9 亿美元，同比增长 7.2%。美国对中国出口 933.6 亿美元，同比增长 3.1%，占美国出口总额的 7.5%，下降 0.4 个百分点；美国自中国进口 3947.3 亿美元，同比增长 8.2%，占美国进口总额的 20.9%，下降 0.2 个百分点。美方贸易逆差 3013.7 亿美元，同比增长 9.9%。美国自中国进口的商品以机电产品为主，前 9 个月进口额为 1965.7 亿美元，占美国自中国进口总额的 49.8%，同比增长 8.8%。其中，电机和电气产品进口 1078.5 亿美元，同比增长 7.6%；机械设备进口 887.2 亿美元，同比增长 10.2%。家具玩具、纺织品、原料和贱金属及制品分别居美国自中国进口商品的第二、第三、第四位，前 9 个月进口额分别为 460.9 亿美元、299.1 亿美元、206.9 亿美元，占美国自中国进口总额的 11.7%、7.6%、5.2%，同比增长 6.3%、2.1%、8.6%。

（二）欧盟

据欧盟统计局统计，2018 年前 7 个月，欧盟 27 国货物进出口总额为 27321.0 亿美元，同比增长 14.7%。其中，出口 13667.1 亿美元，同比增长 14.1%；进口 13653.9 亿美元，同比增长 15.2%；贸易顺差 13.2 亿美元，同比下降 89.7%。

前 7 个月，欧盟 27 国与中国的双边货物贸易额为 4014.3 亿美元，同比增长 13.4%。其中，欧盟 27 国对中国出口 1413.0 亿美元，同比增长 15.1%，占其出口总额的 10.3%，提高了 0.1 个百分点；欧盟 27 国自中国进口 2601.2 亿美元，同比增长 12.5%，占其进口总额的 19.1%，下降了 0.4 个百分点。欧盟 27 国对中国贸易逆差 1188.2 亿美元，同比增长 9.5%。

（三）日本

据日本海关统计，2018 年前 9 个月，日本货物进出口额为 10995.2 亿美元，同比增长 9.3%。其中，出口 5502.2 亿美元，同比增长 7.2%；进口 5493.0 亿美元，同比增长 11.3%；贸易顺差 9.2 亿美元，同比下降 95.3%。

前 9 个月，日本与中国双边货物进出口额为 2321.1 亿美元，同比增长 8.3%。其中，日本对中国出口 1061.9 亿美元，同比增长

11.5%；自中国进口 1259.2 亿美元，同比增长 5.8%；日本与中国贸易逆差 197.3 亿美元。

四 当前中国经济形势分析

2018 年以来，中国政府坚定践行新发展理念，以深化供给侧结构性改革为主线，主动对标高质量发展要求，统筹推进稳增长、促改革、调结构、惠民生、防风险各项工作，国民经济运行总体平稳、稳中有进，经济结构调整优化，新旧动能接续转换，质量效益稳步提升，高质量发展扎实推进，改革开放力度明显加大，民生福祉持续增进。同时也要看到，外部挑战变数明显增多，国内结构调整阵痛继续显现，经济运行稳中有变、稳中有缓，下行压力加大。

国民经济运行稳中有进，转型升级深化发展。中国国家统计局数据显示，前三季度，中国国内生产总值（GDP）为 650899 亿元，按可比价格计算，同比增长 6.7%，为全年实现 6.5% 左右的增长目标打下了扎实基础。分季度看，一季度同比增长 6.8%，二季度同比增长 6.7%，三季度同比增长 6.5%。产业结构调整稳步推进，分产业看，第一产业增加值 42173 亿元，同比增长 3.4%；第二产业增加值 262953 亿元，同比增长 5.8%；第三产业增加值 345773 亿元，同比增长 7.7%，比第二产业快 1.9 个百分点。第三产业占 GDP 的比重达到 53.1%，比 2017 年同期提高 0.3 个百分点。前三季度，服务业增加值增长 7.7%，保持较快增长，对经济增长的贡献达到 60.8%，比 2017 年同期提高了 1.8 个百分点。服务业的"压舱石"作用继续巩固。前三季度，最终消费支出对国内生产总值增长的贡献率为 78.0%，较 2017 年同期提高 13.5 个百分点。前三季度恩格尔系数是 28.5%，比 2017 年同期下降 0.7 个百分点；三季度服务消费占居民消费的比重是 52.6%，比 2017 年同期提高 0.2 个百分点。升级类商品，如化妆品、智能家电等的消费仍然保持较快增长。在贸易保护主义不断抬头、世界经济复苏面临更多不确定性等多重挑战下，中国经济以总体平稳、稳中有进的"成绩单"，向世界证明了自身的强大韧劲和巨大潜力。IMF对中国2018年经济增速预期维持在6.6%不变，对2019年经济增速的预估调降至6.2%。

中国经济自高速增长阶段结束以来，理论界许多人士不认为中国经济"即将进入中速增长阶段"，而是在"新常态"、减速换挡、中高速等概念中寻找答案。2019年，我们应大胆谈论"中速增长阶段"。中速增长阶段的数量概念就是年均增速在4%左右，持续10~20年。日本、韩国等国的经验表明，经济增速在中速阶段可实现人均高收入，经济发展水平跨进"发达行列"。我们没必要为经济增速"下行"，感到"压力"与日俱增。中国经济高质量增长，就是注重结构转型升级，注重全要素生产率的提高，注重技术创新，注重知识产权保护。反而言之，没有知识产权保护，就没有创新发展、没有全要素生产率的提升、没有中国经济高质量发展。

五　展望与建议

展望2019年，全球经济、贸易增速或有所减缓，风险进一步增大，相关风险因素包括：美国通货膨胀、国债利率升高对美国股市造成巨大压力；全球债务居高不下，如美国债务负担率升至前所未有的100%~110%、日本债务负担率为250%左右、意大利债务危机或有爆发可能等。这些因素均令人担忧，造成2019年对外贸易不确定性。预计2019年石油价格将下行至50美元/桶，美元继续保持坚挺，美元指数在100水平下方高位徘徊。

中国经济的发展带动了其在全球价值链的地位变化，2013年"一带一路"倡议的提出、2018年中国国际进口博览会的举办，为中

国对外贸易发展提供了重要战略机遇，也为世界各国加强经贸交流合作搭建了广阔的舞台。2018 年秋季举办的第 124 届广交会累计出口成交 2064.94 亿元人民币（折合 298.6 亿美元），同比 2017 年秋交会微降 1%。其中，机电商品成交 161.87 亿美元，占总成交额的54.2%，居成交额首位，凸显我国外贸高质量发展加快。在前不久结束的首届中国国际进口博览会上，578.3 亿美元的累计意向成交额彰显中国市场的巨大潜力。

综合国内外形势分析，2019 年，中国外贸发展既面临严峻挑战，也蕴含新的发展潜力，为此建议如下。

一要切实减轻外贸企业税费负担。结合供给侧结构性改革降成本行动等各项工作，实质性降低外贸企业各种税费负担。继续加大减税降费力度，推进增值税等实质性减税，降低社保费率，确保外贸企业社保缴费实际负担有实质性下降。

二要保障外贸企业合理资金需求。继续鼓励和支持各类金融机构在风险可控、商业可持续的前提下，加大对外贸企业的金融扶持力度。特别是对受中美贸易摩擦影响较大的对美出口产品实行差别化的出口贴息、出口补贴等政策。

三要增强出口信保的帮扶力度。特别是对受中美贸易摩擦影响较大的外贸企业，优先处理其投保需求，适当提高风险容忍度，支持其开拓市场、市场多元化战略。

四要继续做好出口退税工作，引导企业运用汇率避险工具。鼓励外贸综合服务企业为中小企业代办退税服务。引导企业密切关注汇率走势，运用金融机构避险产品降低汇率风险。

五要明确以民营企业为主力，积极扩大进出口。改革开放之初，我国国有企业曾担当对外贸易主力；20 世纪 90 年代后，外资企业对外贸易经营规模逐渐扩大并开始发力，发挥出推动外贸全局发展的主力作用。如今，我国经济高质量发展，对外贸易转型升级，亟须中国资本、中国品牌、中国渠道在扩大我国进出口中发挥关键性作用。随着民营企业进出口规模逐渐超越国有企业、进出口增速超越外资企业，预计未来民营企业将在进出口贸易中占据最重要份额。因此，建议我国对外贸易发展的政策应该转移到"以民营企业为主力"的轨道上来，积极发挥民营企业效率高、竞争力强的新优势，着力扶植一批民营企业担当进出口主力，如电商企业阿里巴巴、京东等，制造业企业比亚迪、海尔、美的等，高科技企业科大讯飞、小米、百度等。具体扶植政策，建议多听取企业意见，可采取如"百事通"热线等方式。积极培育民营企业新兴经济增长点，大力支持民营企业做大做优做强。

B.16
中美贸易摩擦政策模拟分析及相关建议

娄　峰*

摘　要： 2018 年美国以"美国优先"为基础，对价值数千亿美元中国产品加征关税，中国被迫反击。本文基于全球贸易分析模型（GTAP），模拟分析了中国和美国间贸易冲突对中美经济及世界经济的影响。模型对包括澳大利亚、中国、日本、韩国、越南、印度、欧盟、美国、墨西哥、其他国家等在内的 10 个经济体、56 个行业，做了中长期动态模拟。

关键词： 中美贸易　全球贸易分析模型（GTAP）　动态模拟

2018 年 7 月，美国首先对价值 340 亿美元的中国产品加征关税，作为反击，中国也对美国产品加征进口关税；随后中美贸易摩擦持续不断加剧。从本质来看，这一轮的中美贸易争端深刻体现了全球经济结构的变化、中美两国经贸关系的结构变化以及第四次工业革命的深远影响，自身具有一定的必然性，这是美国自 1979 年中美建交以来一次重大战略调整，将对中国既定发展模式产生长期影响和冲击，应引起我国的充分重视和警惕。

本文基于全球贸易分析模型（GTAP），模拟分析了中国和美国

---

* 娄峰，供职于中国社会科学院数量经济与技术经济研究所。

上述贸易摩擦对中美经济及世界经济的影响。模型对包括澳大利亚、中国、日本、韩国、越南、印度、欧盟、美国、墨西哥、其他国家等在内的十个经济体、56 个行业做了中长期动态模拟，动态模拟到 2025 年。

一 模拟设定三种情景

情景一：美国对第一批清单和第二批清单价值 600 亿美元的中国产品加征 25% 的关税，中国对价值 600 亿美元的美国商品加征 25% 的关税。情景二：美国对第一批清单和第二批清单价值 600 亿美元的中国产品加征 25% 的关税，对第三批价值 2000 亿美元的中国商品加征 10% 的关税；中国对价值 600 亿美元的美国商品加征 25% 的关税。情景三：美国对所有中国进口商品加征 25% 的关税。中国对美国所有进口商品加征 25% 的关税。

模拟结果如表 1 所示。

表 1 中美贸易摩擦对中国宏观经济主要指标的影响

指标	方案一	方案二	方案三
实际 GDP 增速（个百分点）	− 0.25	− 0.31	− 0.59
居民收入（个百分点）	− 1.15	− 1.22	− 2.97
居民消费（个百分点）	− 0.31	− 0.36	− 0.8
政府消费（个百分点）	− 0.12	− 0.14	− 0.41
投资（个百分点）	− 1.23	− 1.40	− 2.77
总出口（个百分点）	− 4.21	− 7.50	− 9.69
总进口（个百分点）	− 6.50	− 10.01	− 14.63
贸易平衡（亿美元）	202	240	364
社会福利（EV）（亿美元）	− 411	− 463	− 1059
CPI（个百分点）	− 0.78	− 0.79	− 2.02
GDP 平减指数（个百分点）	− 0.91	− 1.22	− 2.40
就业（万人）	− 472	− 860	− 2057

模拟结果显示：三种方案下，中国和美国 GDP 增速均有所下降，其他国家 GDP 增速大多有所上升。其中，中国 GDP 增速分别下降约 0.25 个、0.31 个和 0.59 个百分点；美国 GDP 增速分别下降约 0.06 个、0.07 个和 0.13 个百分点，中美贸易摩擦对中国经济增长的负面影响远大于对美国经济增长的负面影响，与美国贸易摩擦升级不利于中国经济发展。

表 2　中美贸易摩擦对美国宏观经济主要指标的影响

指标	方案一	方案二	方案三
实际 GDP 增速(个百分点)	- 0.06	- 0.07	- 0.13
居民收入(个百分点)	- 0.36	- 0.56	- 0.58
居民消费(个百分点)	- 0.13	- 0.15	- 0.45
政府消费(个百分点)	0.06	0.05	0.00
投资(个百分点)	- 2.21	- 2.42	- 5.29
总出口(个百分点)	- 5.12	- 8.80	- 10.89
总进口(个百分点)	- 7.09	- 11.24	- 15.40
贸易平衡(亿美元)	336	356	826
社会福利(EV)(亿美元)	- 152	- 192	- 588
CPI(个百分点)	- 0.23	- 0.41	- 0.13
GDP 平减指数(个百分点)	- 0.30	- 0.57	- 0.26
就业(万人)	- 71	- 125	- 230

模拟结果显示：三种方案下，中国出口分别下降约 4.21 个、7.50 个和 9.69 个百分点，美国出口分别下降约 5.12 个、8.80 个和 10.89 个百分点，中美贸易摩擦对美国出口的负面冲击最大；中国进口分别下降约 6.50 个、10.01 个和 14.63 个百分点，美国进口分别下降约 7.09 个、11.24 个和 15.40 个百分点。欧盟、澳大利亚、韩国、日本、其他国家地区的出口也受到不同程度的负面冲击。

表 3 中美贸易摩擦对世界主要国家的实际 GDP 影响

单位：个百分点

区　　域	方案一	方案二	方案三
澳大利亚	0.02	0.02	0.04
中　　国	− 0.25	− 0.31	− 0.59
日　　本	0.01	0.01	0.02
韩　　国	0.06	0.07	0.13
越　　南	0.18	0.18	0.57
印　　度	0.03	0.03	0.08
欧　　盟	0.01	0.01	0.03
美　　国	− 0.06	− 0.07	− 0.13
墨 西 哥	0.06	0.06	0.17
其他国家	0.03	0.03	0.07

模拟结果显示：在贸易摩擦有损于中美两国的社会福利和就业水平方面，三种方案下，中国社会福利分别减少411亿、463亿和1059亿美元；美国社会福利分别减少152亿、192亿、588亿美元；中国就业人数分别减少472万人、860万人和2057万人；美国就业人数分别减少71万人、125万人、230万人。

表 4 模拟方案三下的中美贸易对 GDP 增速的动态累计效应

单位：个百分点

区　　域	2018 年	2019 年	2020 年	2021 年	2022 年	2023 年	2024 年	2025 年
澳大利亚	0.04	0.06	0.08	0.1	0.11	0.11	0.12	0.12
中　　国	− 0.59	− 0.71	− 0.83	− 0.95	− 1.06	− 1.16	− 1.25	− 1.33
日　　本	0.02	0.05	0.07	0.09	0.11	0.13	0.14	0.15
韩　　国	0.13	0.18	0.24	0.30	0.35	0.40	0.45	0.49
越　　南	0.57	0.83	1.07	1.29	1.47	1.62	1.74	1.83
印　　度	0.08	0.12	0.16	0.21	0.25	0.3	0.34	0.39

续表

区　　域	2018 年	2019 年	2020 年	2021 年	2022 年	2023 年	2024 年	2025 年
欧　　盟	0.03	0.05	0.07	0.09	0.11	0.12	0.14	0.15
美　　国	-0.13	-0.18	-0.22	-0.25	-0.29	-0.32	-0.35	-0.37
墨 西 哥	0.17	0.29	0.40	0.49	0.58	0.66	0.73	0.8
其他国家	0.07	0.11	0.15	0.18	0.22	0.25	0.27	0.29

模拟结果显示：中美贸易摩擦产生"鹬蚌相争，渔翁得利"效果，中国产品的替代国——越南与墨西哥受益最大；随着时间推移，贸易摩擦对美国经济负面影响快速减弱，而对中国经济负面影响的消除速度远远小于美国，说明贸易摩擦可能给中国经济带来中长期的持久负面影响。

二　中美贸易摩擦相关政策建议

（一）加强协商与谈判，尽量避免中美贸易摩擦进一步升级和激化

中美两国有很大的合作空间，互补性较强。一方面，中国具有十几亿人的巨大消费市场，并拥有完整的工业生产体系，具有稳定的社会政治环境，市场对外开放力度大，包容性强；而美国掌握着国际核心技术。两国加强协商，互惠共赢，求同存异，有利于中美两国甚至全球经济发展。

政策模拟结果显示：在中国没有掌握核心技术之前，与美国进行全面贸易经济对抗不利于经济发展，虽然也能够让美国付出一定代价，但是，中国付出的代价更大，恢复时期更长，这无疑会延迟我国的现代化进程。因此，加强谈判与协商，并适度降低关税税率，进一

步开放国内市场，加大知识产权保护力度，更有利于我国经济发展和社会福利水平提升；同时，利用中美贸易摩擦的契机，改革相关科技研发制度、产权保护制度、人才激励制度、科技税收制度，加强核心技术的研制与开发。

（二）加强创新，推动新一轮改革开放

中美贸易摩擦使我们清醒地意识到，通过以市场换技术、以资金买技术、以挖人才造技术等取得技术进步的方式已经难以为继，必须在经济结构、经济运行机制等上进行更为深刻的改革。因此，一方面，中国必须在经济结构、经济运行机制等上进行更为深刻的改革，加强自主创新，激发和调动社会、企业、科研机构的积极性和主动性。另一方面，需要改革、破除一切不利于创新的体制和制度安排。经济全球化时代国家间竞争的本质是制度竞争，即看谁的制度安排更有利于经济发展，因此，改革那些阻碍创新的制度安排，创建更加包容，可以自主经营、自主选择和自主流动的现代市场经济体系是至关重要的。

（三）推进税制改革，进一步降低宏观税负

我国税收结构中间接税比重过高存在价格扭曲、再分配功能偏弱的缺陷；整体来看，我国企业和居民承担的宏观税负偏重；我国个人所得税增速长期高于人均可支配收入，表明个人所得税在调节居民收入方面效果较差。因此，推进税制改革需要统一考虑税收结构，确定直接税与间接税的合理比例；减轻企业税负，降低企业经营成本；研究可以促进我国企业发展的包括增值税、消费税、企业所得税、资源税、环保税等税种在内的税收体系，优化税种和税率结构，增强企业竞争力，促进企业转型升级。政策模拟结果显示，中国宏观赋税每降低10%，可以使得我国经济增长提高0.4个百分点。因此，应该进一步推进税制改革，切实降低企业宏观税负，从而提高企业盈利和生存能力。

B.17
PMI 与经济质量提升：看消费服务与供应链效率

于 颖[*]

摘　要： 从近年来中国经济发展的轨迹来看，2015 年以前市场倒逼轻工业转型，2015 年底开始，供给侧改革大力推进，经济结构优化和质量提升速度明显加快。2017 年"新消费时代"的概念提出后，2018 年我国经济迎来了新的发展节点，PMI 相关数据展现了预期的趋势。供给效率指标不断上升，就业形势保持稳定；库存边际指标实现新平衡；供需均衡指标明显好转，增长更有质量；新产品新技术供给放量，并不断融入传统制造业。

关键词： PMI　经济质量　供应链效率

当前我国经济发展进入了新时代，由高速增长阶段转向高质量发展阶段。适应这一转变，中央提出要加强顶层设计，抓紧出台推动高质量发展的指标体系、统计体系、绩效评价、政绩考核办法。PMI 作为国际通用的重要经济监测指标体系，不仅能够反映经济发展态势，而且客观地反映了我国经济质量的提升，为监测高质量发展提供了新的指标体系。

---

* 于颖，供职于中采咨询。

从近年来中国经济发展的轨迹来看，2012 年到 2015 年，市场倒逼轻工业转型；2015 年底开始，供给侧改革大力推进，经济结构优化和质量提升明显加快。通过 PMI 质量指标的数据对比，有两大方面的细节表明提质增效取得明显效果，也表明质量提升带来的效益增量已经边际缩窄。2017 年提出"新消费时代"的概念后，我们惊喜地看到 2018 年我国经济迎来了新的发展节点，PMI 相关数据展现了预期的趋势。

目前，国内杠杆率偏高、债务风险进入释放期，加之外围形势复杂多变，在经济增长、通胀预期、债务占比、国际贸易、汇率博弈等方面，经济和政策正在博取多角平衡。我们认为，中国经济增长进入高质量时代的同时，正在寻找新的增长点，而消费服务、供应链管理效率、科技创新投入几个较突出的边际增量将是 2019 年经济增长的主题。

一　PMI 质量指标改善，我国经济效益提升至新平台

PMI 指标体系中，供给效率、供需均衡、供给调节能力、库存边际、新动能、新品投产、内需出口比例等指标以及行业结构数据，很好地反映了经济的转折性变化。同时，随着转型阶段性结束，过去几年的转型带来的增量已经进入一个边际减小的时段。从过去几个月 PMI 供给效率、PMI 库存边际指数的长期趋势来看，随着转型升级和出清的结束，[①] 这个节点已经形成。这几年各种数据关系的紊乱，其实也是转型过程的一个侧面反映，结构重塑后，数据的变形也会回归很多。

---

① 《周期行业有望年内"出清"》，《中国证券报》2017 年 6 月 28 日。

（一）供给效率指数不断上升，同时就业保持稳定

供给效率指数（新订单指数减从业人员指数）表示单位人员实现的供给量。该指数从 2012 年 3 月的 1.02 提高到 2018 年 5 月的 4.7，不断上升，中国制造由人力密集的模式向智能密集、科技带动的模式转变。但 2018 年该指数出现 4.7 的峰值后，趋于回落。2018 年 10 月为 3.85，制造业供给效率提升空间边际缩窄，但仍有一定空间。

从 2012 年以来，制造业从业人员指数长期呈 50 以下的回落态势。2018 年开始，从业人员指数低位回升，但新订单指数回升幅度更大，两者之差仍在拉大；下半年，虽然从业人员指数逐步回落但仍稳定在高位，也表明制造业机器替代人工的趋势继续存在，单位人员的供给效率还有提升空间。

传统行业减少的就业人员，对应的是服务业规模扩张——制造业提供更高的人均收入，服务业目前人均产值较低但提供更多就业岗位，未来消费服务业的人均产值也将稳步提高。

表1　制造业供给效率指标提高到边际递减阶段

日期	从业人员指数 （12 月均值）	新订单指数 （12 月均值）	供给效率 （12 月均值）
2012 年 10 月	49.4	50.5	1.1
2013 年 10 月	48.8	51.6	2.8
2014 年 10 月	48.4	51.9	3.5
2015 年 10 月	48.0	50.3	2.3
2016 年 10 月	48.0	50.6	2.6
2017 年 10 月	49.2	53.1	3.9
2018 年 9 月	48.8	52.8	4.0
2018 年 10 月	48.74	52.59	3.85

（二）库存边际指数实现新平衡，订单支配库存，企业生产组织方式和供给模式有望更快创新

库存边际指数（新订单指数减产成品库存指数）是代表企业安全库存的质量指标，库存越低则数值越高、效率越高。该指标从 2012 年的 1.40 逐年提高到 2017 年底的 6.88，2018 年以来为 6 左右，上升势头趋缓，表明新的安全库存成为常态，库存管理方式进入新阶段。

近 7 年来，企业去存去化、逐渐实现零库存管理，备用安全库存越来越少，在新订单稳定提高的同时，成品库存指标反而逐年回落：企业用很少的备用库存就可以满足市场订单，接受订单任务后能快速投产，改变了以往先有大量产品备货等待需求的情况。2018 年，库存边际指标升到新高，说明企业安全库存已经低到新的界限，没有继续下降的空间了，制造业 3.0 模式完成，同时对经济增长的边际贡献缩量。

PMI 产成品库存与新订单相关性的近七年变化也是供应链水平提升的证明，其变化有几个阶段。第一阶段，2009～2012 年，由于产能过剩和产品积压，库存领先、支配订单——"订单看库存的脸"；第二阶段，从 2012 年 6 月库存开始不断回落，2017 年 9 月创出历史新低，表明企业库存安全边际不断下降；第三阶段，2015 年至今，订单开始领先、支配库存——"库存看订单的脸"，制造业进入零库存管理时代，降本增效的效果显现，库存管理与企业效益的关系进入新平衡。

2018 年以来，产成品库存、新订单和价格的关系进一步演变，未来将突出体现供应链管理所带来的效益提升。

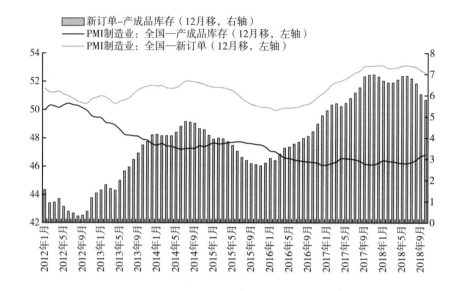

图1　制造业新订单和产成品库存指数相关性情况

表2　制造业新订单与产成品库存指数差值情况

日期	新订单指数（12月均值）	产成品库存指数（12月均值）	库存边际指数（12月均值）
2012 年 12 月	50.86	49.46	1.40
2013 年 12 月	51.71	47.57	4.14
2014 年 12 月	51.64	47.51	4.13
2015 年 12 月	50.16	47.35	2.81
2016 年 12 月	51.12	46.07	5.05
2017 年 12 月	53.12	46.24	6.88
2018 年 10 月	52.59	46.79	5.80

（三）供需均衡指数明显好转，增长更有质量

供需均衡指数（生产指数减新订单指数），表示供给与需求匹配状况，数值越低供需平衡水平越好。该指数自 2012 年的 2.09 降至

2017 年的 0.17，中枢值持续下降；2018 年 1 月和 2 月供需均衡指数分别降至 - 0.3 和 - 0.2，为多年的最低阈值，表明 3.0 生产方式逐渐形成，企业反应速度提高，供给的精准性改善。但历史新低出现后提升空间已经十分有限，7~10 月，该指数重新回升，表明指数已经在新的中枢值上开始波动，很难再有长期的趋势性改善。

表3　生产量、新订单均值情况

日期	新订单指数 （均值）	生产指数 （均值）	供需均衡指数 （均值）
2012 年 12 月	50.86	52.95	2.09
2013 年 12 月	51.71	52.82	1.11
2014 年 12 月	51.64	52.96	1.32
2015 年 12 月	50.16	52.21	2.05
2016 年 12 月	51.12	52.41	1.29
2017 年 12 月	53.12	53.89	0.77
2018 年 10 月	52.59	53.14	0.55

（四）新品投产指数显示新技术供给放量并不断融入传统制造业

新兴产业 PMI 的新品投产指数常年均值在 63 以上，且呈上升趋势，企业产品不断更新迭代。一方面，科研成果和新兴技术带动了新的供给，新产品投产增加；另一方面，人民美好生活需求，促使企业产品升级、经济质量提升。

对比不同产业的新品投产指数，可动态监测新动能发展情况。早期新兴产业新品投产指数高于传统制造业 6 个点；但 2017 年以后新兴产业与制造业的新品投产指数差逐步缩小到 2 个点，新兴产业的新品最终成为制造业的产品。

经济蓝皮书

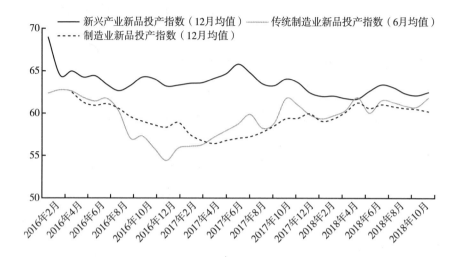

图2　新兴产业与传统制造业新品投产指标对比

（五）出口结构优化，技术型出口增加

从内需出口比例指数看，我国的出口依赖程度一直在下降，经济动能不断由外需转为内需，2018年受到国际贸易影响，整体新订单指数受到出口订单指数的拉低，但仍保持在扩张轨道上，未来内需占比将更高。

从数据对比来看，新兴产业出口订单指数明显高于传统的制造业和非制造业，2018年10月新兴产业出口订单指数均值在55.3，高于制造业的50和非制造业的48.9；制造业中高技术行业的出口订单指数增长迅速，从2012年的50左右增长到2018年的55甚至60以上，而原料类出口订单指数六年来几乎没有变化，如黑色行业仍然停留在44左右，化学行业停留在50左右。

虽然由于国际贸易形势的变化，制造业出口订单指数下半年较弱，但仍可以看出，企业正在加快发展智能制造，依靠品牌和专利技术等培育竞争新优势。2018年9月，出口订单指数回落幅度较大并

236

开始影响制造业新订单指数，受限行业集中在设备类，但医药、汽车等个别行业出口依然稳健。未来，国际贸易形势将持续倒逼中国出口产品升级，例如，战略性新兴产业 EPMI 的出口订单 11 月已经反季节回升至 51.7，并且是连续 5 个月回升，是高科技出口形势扭转的一个信号。

表 4　内需出口比例指数均值情况

日期	出口订单指数（12 月均值）	新订单指数（12 月均值）	内需出口比例指数（12 月均值）
2012 年 12 月	49.29	50.86	1.57
2013 年 12 月	49.43	51.71	2.28
2014 年 12 月	49.56	51.64	2.08
2015 年 12 月	47.94	50.16	2.22
2016 年 12 月	49.39	51.12	1.73
2017 年 12 月	50.91	53.12	2.21
2018 年 10 月	49.86	52.59	2.73

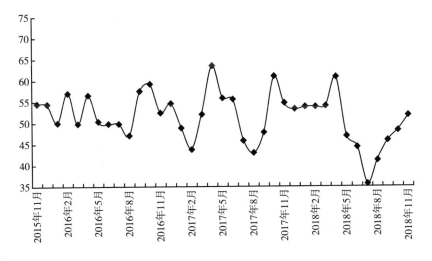

图 3　EPMI 出口连续 5 个月回升，重回 50 以上

表 5　制造业出口订单指数

日期	电气行业	专用行业	通用行业	计算机行业	黑色行业	化学行业
2012 年 12 月	50.86	45.61	51.25	51.30	44.89	49.96
2013 年 12 月	49.91	54.79	47.74	52.26	49.28	50.91
2014 年 12 月	57.96	51.23	57.48	55.16	50.38	56.84
2015 年 12 月	48.62	49.25	53.23	55.11	44.76	51.49
2016 年 12 月	53.32	54.47	56.12	54.13	49.97	50.92
2017 年 12 月	61.05	58.26	58.16	55.16	44.40	51.55
2018 年 3 月	60.52	57.28	56.97	54.50	44.04	50.74
2018 年 10 月	52.93	47.37	51.75	51.21	44.88	48.68

二　分产业 PMI 显示经济结构优化，新动能加快成长

（一）消费服务类产业出现赶超势头

2017 年，消费性服务业 PMI 首次出现一年内有 4 个月高于生产性服务业的现象，2018 年创出 7 年新高，有 5 个月高于生产性服务业。零售、旅游、餐饮等消费性服务行业 PMI 显现了底部崛起的特征，2018 年以来连续高于往年均值。

制造业内部，消费类制造业如医药、文教、饮料等行业，也都在 2017 年年中或年末开始出现中枢值高于往年均值的现象，扩张速度明显提升，2018 年继续领跑。非制造业内部，餐饮、零售等服务行业则是终结了多年 50 上下波动的情形，2018 年明显高于往年。基于这些行业内分项指标的动量较强，未来扩张仍将持续。

表6 文教、医药、餐饮、零售 PMI 及其往年均值情况

日期	文教	文教 （往年均值）	医药	医药 （往年均值）	餐饮	餐饮 （往年均值）	零售	零售 （往年均值）
2017 年 12 月	53.8	55.6	59.1	58.7	49.3	49.3	53.5	54.9
2018 年 9 月	63.2	56.8	61.0	59.7	53.3	51.6	56.9	55.5

表7 生产性服务业、消费性服务业经营活动状况

日期	生产性服务业	消费性服务业	差值
2012 年 12 月	57.0	53.5	-3.5
2013 年 12 月	54.7	53.0	-1.7
2014 年 12 月	54.4	52.4	-2.0
2015 年 12 月	53.5	51.3	-2.2
2016 年 12 月	54.6	50.5	-4.1
2017 年 12 月	57.0	54.9	-2.1
2018 年 10 月	56.1	55.1	-1.0

（二）新兴产业、非制造业、制造业三个领域的对比体现了经济转型升级、高质量发展和科技创新加速

新兴产业发展潜力巨大，近年来扩张极为显著，据 PMI 测算，其对应的增加值 5 年以来一直保持了 15% 以上的增速。新兴产业 PMI 常年均值为 55.5，非制造业常年均值为 54.1，明显高于制造业的 50.6。三个领域新订单指标的关系也是如此。虽然 2018 年 EPMI 扩张减缓，但中枢值依然高于其他两大领域的综合 PMI。

表8 新兴产业 PMI 明显高于传统制造业和非制造业 PMI

日期	制造业 PMI（均值）	非制造业 PMI（均值）	新兴产业 PMI（均值）
2012 年 12 月	50.74	55.98	—
2013 年 12 月	50.76	54.93	—
2014 年 12 月	50.69	54.37	54.81
2015 年 12 月	49.91	53.62	54.57
2016 年 12 月	50.32	53.72	56.35
2017 年 12 月	51.61	54.55	55.98
2018 年 10 月	51.23	54.65	55.12

（三）从制造业内部产业结构来看，新动能加快成长

高耗能行业贡献度逐步减小，装备制造业和高技术产业快速发展，形成新的增长极，其在宏观经济中的比重明显增加。2018 年 10 月，高技术产业 PMI 12 月均值为 53，装备制造业 PMI 12 月均值为 53，高于全国 PMI 的均值 51.2 和高耗能行业的均值 51，装备制造业、高技术产业等行业加速发展。

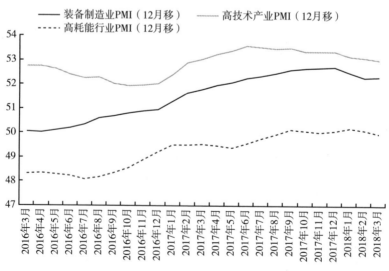

图4 装备制造业、高技术产业和高耗能行业 PMI 情况

行业结构的变化，说明当前我国经济结构继续发生从投资主导向消费主导、从外需驱动向内需驱动的转变，经济增长目标正在向满足人民美好生活需要转移。2017 年消费相关行业接近变化的临界点，2018 年数据向好，2019 年数据将继续显示新的质量提高。消费领域面临新的供给和需求，将出现与传统消费不同的结构、速度、规模，而前述新兴产业的发展则对消费的新供给提供科研创新的支撑。

三 2019年增长主题：消费服务与供应链效率

从上文分析可以看出，2015 年我们提出的转型"新周期"的能量已经释放将尽，2018 年中国经济进入"新消费时代"。PMI 经济质量分析中，供给效率指数、库存边际指数和部分产业结构对比等仍存有能量空间。2019 年，最终消费的贡献率将继续提升，主要特征为：由居民消费服务需求拉动、由科技创新升级供给方式、由供应链管理带来效益增加。

首先，2018 年，消费服务 PMI 异军突起，进一步证实"新消费时代"的发展趋势，2019 年，其累积效应将带动中国经济结构的进一步优化。

创新供给是消费服务的核心。消费服务在"新消费时代"中至关重要，未来多年都将是中国增长的重要主题，宏观增速更加依赖消费扩张。消费扩张一方面来源于创新供给，另一方面来源于创新需求，即"新消费时代"观点中提到的消费产品创新、消费模式创新，更多的高端服务，尤其是教育、养老、法律、文化等新兴领域的创新将带来规模加速扩张。

人力效应是消费服务增量的基础。在制造业效率日益提升后，更多的劳动力将被解放，而这将是服务业规模扩大的支点，也是中国经济结构继续优化的节点。人均收入水平提升、个税减免以及税前增加

抵扣项目等政策，将继续利多中低收入阶层的消费增量。从 PMI 数据看，消费性服务业正在续创新高，与生产性服务业的差值也正处于继续收窄的通道中，其累积效应将继续释放（见图5）。

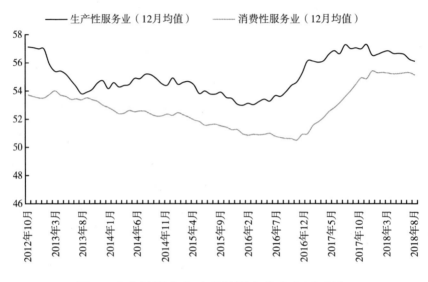

图5　生产性服务和消费性服务业商务活动情况

其次，供应链管理效率的相关 PMI 数据有望进一步影响价格和订单。2018 年以来，现代供应链体系的应用有序推行，PMI 数据中，原料库存继产成品库存之后出现趋势性下降，产生新的谷底。供应链管理效率的提升，将进一步提升企业效益，缓解全社会价格压力，增加技术附加值。

第一，观察波动最明显且比较领先的周期（大宗类）行业 PMI，2018 年库存效率出现拉动价格下行的动能。

观察产成品库存、价格、订单指标，可见三者走势 2016 年以来出现明显分离，2018 年趋势改变、落差收敛（见图6），主要是价格受订单和产成品库存影响而走低。订单与价格两项指标前些年均出现了明显回升态势且幅度较大，相反产成品库存指标却一直保持在相对低位运行，甚至略有回落。究其原因，2016 年中后期至今，随着行业供应链管理水平的提升，企业可以对库存进行有效控制，使之保持在低库存甚至零库存状态。

图 6　大宗类的产成品库存、订单、价格指标之间落差

2018 年以来，库存的新平衡建立，更高的管理效率、库存边际指标的持续改善的影响延伸到原料库存指标上，继产成品库存边际效率（12 月均值）在 2018 年 1 月出现高点 12.2 之后，原材料库存边际效率（12 月均值）在 2018 年 4 月出现高点 4.8。

库存效率更高将引起购进价格的良性回落。更高的库存周转率，意味着更低的企业成本。只是企业必须在将低成本转为当期收益后才有动力维持较低的销售价格，因此这一成本降低对全行业链价格的影响存在滞后。

模拟一下近年新涨价因素，可以认为供应链管理效率是工业品涨价因素中的负因子，供应链管理效率的提高，对社会产品价格的拉低效应会有逐年加大的过程，是降本增效的重要途径。

第二，分析三者的相关系数也可以看出，2018 年以来，三者的

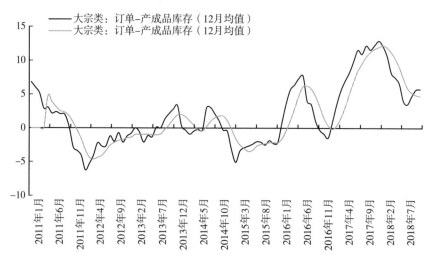

图7　大宗类 PMI 产成品库存边际效率

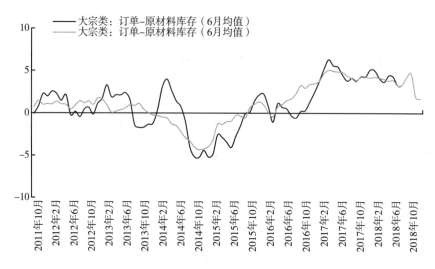

图8　大宗类 PMI 原料库存边际效率

关系逐渐增强。其中 2016 年 5 月至 2017 年 11 月三者关系最差，相互都没有关系，2016 年 10 月，价格与产成品库存、订单的关系降至历史低点，相关系数不超过 0.2。2017 年 5 月以后三者关系逐渐增

244

强，价格与其他指标的关系逐渐重新建立：订单领先价格 - 0.48，价格领先产成品库存 - 0.6，订单领先产成品库存 - 0.85。此后三者之间的相关关系有进一步增强迹象，2017 年 9 月起三者之间的相关系数升至 0.8，由于数据序列逐渐变短，这一变化需要用更长的时间序列来检验。但基于前两个周期的数据演变，我们认为，未来库存管理效率对价格的影响将在数据中得到验证。

预计 2019 年，制造业购进价格和新订单会回到中位波动，而产成品库存将会在低位进一步稳固，甚至会继续出现小幅回落，从而实现低库存、低价格、中订单的良性循环。

表 9　库存、价格、订单相关系数提升

时间	分析指标	最大相关系数
2017 年 9 月至 2018 年 10 月	价格领先库存 1 个月	- 0.89586
	订单领先库存 1 个月	- 0.88833
	订单领先价格 1 个月	0.75764

高效的供应链管理、流畅的供应链条，是供给侧改革的延伸，是降低全社会采购成本的有效途径，可以缓解价格压力，提升企业效益，构建附加值更高的产业形态。此外，金融领域的供应链，集中体现在支付领域，各种支付的无缝链接，能够降低小额融资成本，增加资金周转率，缓解信贷不足的压力。当然，信用体系的足够健全，是新型金融供应链的必要组成部分。

最后，创新科研将对消费服务提供新的供给，与消费经济形成正向循环。

传统服务业数量庞大，是现有结构转型的主要力量，而高端服务的引进和成型，则是我国迈向中等收入国家的必经之路。不仅制造业需要科技创新，服务业也需要科技创新，尤其是在我国基础薄弱的法

律、金融、教育、养老、文化产业等领域，可以借鉴发达国家的成型经验，本土的创新科研空间巨大。

科技创新与资金支持密不可分，2018 年前三季度，由于资本市场疲弱，叠加美国加强对中国新兴产业技术的封锁，新兴产业 EPMI 数据出现一定程度的趋势性回落。随着资管新规落地、央行中性货币政策出台、加大研发投入税前抵扣比例等政策的出台，新兴产业 EPMI 在 10 月出现反季节回升，我们希望这一趋势在 2019 年得以持续，助力中国高质量增长。

总体来看，当前我国经济结构正处在优化升级阶段，经济发展质量稳步提升。但是制造业质量提升带来的效益增量于 2018 年逐步释放完毕，未来应该从以下几方面着力：一是在消费服务方面促进增长稳定，二是在科技方面完善研发创新供给体系，三是大力推进供应链降本增效，使中国经济发展迈上新的台阶。而 PMI 质量指标体系，为我们动态监测高质量发展提供了方法论。

B.18
2018~2019年的就业形势及其对策

杨宜勇　党思琪*

摘　要：　在国内外十分复杂的经济条件下，2018年上半年，我国就业总量、失业率、市场供求等均表明，就业形势总体保持稳定，并有向好趋势，创业带动就业成为重要就业增长动力，预计全面完成就业工作目标没有悬念。但是，我们依然要看到当前就业格局在区域、行业等方面进一步分化，高技术"用工荒"问题依然存在。下一步，如何积极、科学和有效应对贸易摩擦、科技创新革命、生育政策调整等潜在就业挑战，为实现更高质量和更充分就业，需要注重充分就业与高质量就业的互促共进，加大对创新创业的帮扶力度，完善劳动力市场法律体系，以及逐步形成公共就业服务体系。

关键词：　就业形势　劳动力供给　新经济

2018年是我国改革开放40周年，在计划经济向市场经济的转型过程中，党和政府不断打破计划经济体制障碍，始终高度重视就业工

---

* 杨宜勇，供职于国家发展和改革委员会社会发展研究所；党思琪，供职于中国人民大学社会保障研究所。

作, 就业总量、就业结构和劳动力质量多维度与我国经济长期快速增长相辅相成。为应对 2008 年金融危机导致的经济"新平庸", 2014年, 中央经济会议明确指出我国经济的发展形式开始由粗放型向质量效率型转变, 这标志着我国经济进入新常态。经济结构的调整使吸纳就业的能力明显增强, 就业形势也随之进入供给侧结构性改革阶段, 在较为充分就业的基础上, 对就业人口素质提出更高要求。2015 年, 政府提出"大众创业、万众创新"并持续推进, 创业创新成为就业增长的重要源泉。随后, 党的十九大报告进一步指出"要坚持就业优先战略和积极就业政策, 实现更高质量和更充分就业", 就业质量被再次列为就业领域的优先目标。目前, 我国经济依然在新常态的大逻辑下运行, 同时, 在国民经济平稳增长和积极就业政策效应不断显现的支撑下, 2018 年我国就业形势继续保持稳中向好走势, 就业总量持续增长, 就业规模扩大、结构优化。但是, 劳动力市场仍面临着部分地区失业风险加大、劳动参与率下降、高技术人才短缺等问题。

一 2018 年就业形势

（一）就业总量持续增长, 就业形势保持稳定

2018 年上半年, 我国城镇就业人员总量超过 4.3 亿人, 比上年末增加 500 万人以上, 全社会就业水平比较充分。城镇新增就业人数总量仍然可观, 全国城镇新增就业 752 万人, 与 2017 年同比增加 17万人, 已完成全年目标的 68.3%。城镇失业人员再就业 379 万人, 其中就业困难人员再就业人数达 119 万人。从中国统计公报显示的2010~2017 年城镇新增就业人数、失业人员再就业人数和就业困难人员就业人数的情况来看（见图 1）, 我国就业总量持续增加, 就业规模不断扩大。2018 年上半年的各项指标均比 2017 年同比增长, 整

体仍有平稳向好趋势。从失业状况看，全国城镇调查失业率始终保持在5.1%以下，低于5.5%的年度调控目标，其中6月末失业率低至4.8%，为2016年全国月度劳动力调查开展以来的最低值。

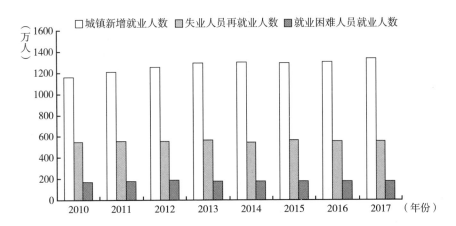

图1 2010~2017年城镇新增就业人数、失业人员再就业人数和就业困难人员就业人数情况

资料来源：国家统计局历年《人力资源和社会保障事业发展统计公报》。

（二）服务业吸纳能力增强，"双创"拉动就业增长

在城镇就业规模扩大的同时，我国就业结构进一步优化，服务业吸纳就业能力进一步增强。上半年，全国服务业生产指数同比增长8.1%，服务业增加值占GDP的比重达54.3%，对经济增长的贡献率高达60.5%，服务业的平稳较快发展对保持就业稳定发挥了重要作用。6月末，第三产业就业人员比重同比提高了1.4个百分点，增速高于第一、二产业。从服务业内部看，租赁和商务服务业，水利、环境和公共设施管理业，教育，软件信息服务业等时就业人员数量同比增速居前，现代新型服务业就业增长尤为明显。同时，在中央和各级政府积极推进"大众创业、万众创新"并搭建创业创新平台

不断完善创业创新支持政策的背景下，劳动力市场继续保持活力。其一，新设企业已经成为稳定就业的蓄水池。数据显示，城镇私营企业、个体吸纳的城镇就业人员已经过半，平均每个创业企业或项目的从业人员为8.44名。2018年第一季度，全国新登记企业132万户，创业对就业的带动作用明显。大学毕业生和留学回国人员自主创业比例持续上升，创业收入和创业存活率明显提升。其二，依托电商平台、分享经济平台的涌现，新就业形态的发展增加了弱势群体的就业机会。由于新经济、新业态具有灵活性和公平性等特点，一些传统就业中的弱势群体皆可创业就业。淘宝网、京东等网购平台为残疾人提供客服岗位和卖家店铺等，中国优步、滴滴出行等平台表示，55%的注册司机在其他岗位中曾因学历低、年龄偏大、户籍等问题而遭受歧视。2018年，国内电商平台发展持续并直接带动和衍生出各类新就业岗位。

（三）就业稳定性进一步增强，职业技能培训取得进展

2018年上半年，在就业形势保持稳定、就业结构继续优化的同时，就业质量也有了进一步提高。首先，我国就业稳定性逐步增强。改革开放以前，一次分配定终身的"固定工"制度牺牲了企业效率和劳动者择业自由。改革开放之后，打破"铁饭碗"，搬掉"铁交椅"，实行劳动合同制度，扩大了用人单位的用工自主权和劳动者的职业选择权，促进了劳动力的流动并释放了劳动力市场活力。同时国家不断完善相关法律法规，加强劳动执法力度，使得就业稳定性不断提高。6月，国有及国有控股企业、外商及港澳台投资企业的合同签订率均与2017年同期基本持平，私营企业的合同签订率比2017年同期提高约1%。此外，政府把职业技能培训作为2018年上半年就业工作的重点之一。2018年5月，国务院印发了《国务院关于推进终身职业技能培训制度的意见》，大力推进失业保险援企稳岗和支持技能提升

工作。上半年，政府向16万户企业发放稳岗补贴52亿元，惠及职工1470万人，向22.4万人次发放技能提升补贴3.7亿元。

（四）就业市场景气指数略有回落，地区差异较为明显

中国就业市场景气指数（CIER）是由中国人民大学就业研究所与智联招聘合作发布的反映市场招聘需求人数和市场求职申请人数比值关系的就业指标。CIER指数以1为分水岭，指数大于1时，表明就业市场中劳动力需求大于劳动力供给，就业市场竞争趋于缓和，就业市场景气程度越高，就业信心就较高；指数小于1时则反之。最新《中国就业市场景气报告》显示，2018年第一季度受春节后职场"跳槽热"和"秋季招聘期"等影响，求职申请人数有明显增加，但同时招聘需求人数略有下降，反映在CIER指数上即呈现季节性回落，从2017年末的2.91下降为1.91。虽然第二季度招聘需求人数明显增加，但求职申请人数不降反升，导致本季度CIER指数持续下降至1.88。从区域就业前景来看，2018年前两季度的CIER指数仍呈现东部、中部、西部以及东北地区一致递减的趋势。国内三大经济圈，珠三角经济圈的招聘需求人数增速最高，达到28%，远高于全国平均水平12%。而东北地区就业形势恶化，CIER指数持续下降，仅为0.73，小于2017年同期水平（1.33），招聘需求人数小于求职申请人数，就业形势不容乐观。

（五）潜在劳动供给与劳动参与率持续下降，企业遭遇技术性"用工荒"

我国规定男性16～60周岁、女性16～55周岁为劳动年龄人口，即潜在劳动力供给。目前，我国潜在劳动力供给每年下降450万人左右，与30年前潜在劳动供给每年上升1000多万人形成鲜明的对比。劳动参与率是实用经济活动人口（包括就业者和失业者）占劳动年

龄人口的比率，用来衡量人们参与经济活动状况。20 世纪 80 年代，我国劳动参与率高达 80%，后来受教育制度、教育供给规模的不断扩大和家庭收入增长等影响，劳动力供给曲线后弯，中国劳动参与率逐年下降，2017 年末为 68.9%，相较于 2016 年的 69.4% 有所下降（见图 2）。此外，虽然我国就业市场总体呈现宽松状态，但是，高技能人才的供需矛盾十分突出。统计数据显示，目前我国高技能人才只有 4700 多万人，仅占全部就业人口的 6% 左右。然而，产业变革和智能技术对劳动力素质提出了更高的要求，高技能人才不足的结构性矛盾将进一步凸显。根据《制造业人才发展规划指南》测算，到 2025 年，我国十大制造业重点领域人才缺口将超过 2910 万人，面临严重的人才缺口危机。

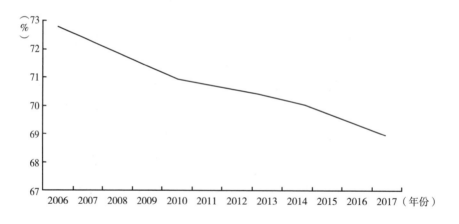

图 2　2006～2017 年中国劳动参与率

资料来源：世界银行《劳动参与率：亚洲》。

二　新经济形势下的就业新挑战

2019 年就业形势会明显好于 2018 年，我们要有充分的认识和估计。面对我国目前的就业形势，我们不能消极怠慢，更不能盲目乐观，既要看到我国宏观经济缓中求稳、稳中求好的一面，也要充分看到当前国际贸易环境的多变性和国内就业形势的复杂性，高校毕业生人数持续增加、人员岗位不匹配等挑战依然存在。经济新常态要求对经济结构进行优化，而产业结构将伴随着经济结构的优化而实现进一步的转变和演进。经济新常态下，对资源密集型以及劳动密集型重工业的需求下降，对环境友好型产业提出更高的期望。在经济的增长方面，主要依靠经济要素升级、经济结构优化以及经济制度变革对经济发挥促进作用，因此对人才方面提出了越来越高的要求。越来越多的技术创新取代了原来的劳动力，在有效降低劳动成本的同时，也增加了劳动力失业的潜在风险。具体而言，面对新经济，我国劳动力就业面临着以下新挑战。

（一）理性看待"机器换人"

我国的人工智能时代已经拉开序幕。近年来，我国政府相继颁发了《中国制造2025》和《机器人工业发展规划（2016～2020年》等文件，强调将机器人行业作为优先发展领域，这在促进我国人工智能产业发展的同时，也引起了社会对劳动力就业问题的关注。近年来，随着企业用工成本不断提高，"机器换人"成为部分企业的选择。根据工信部的预测，2015～2020年，我国将新增工业机器人约55万台，净减少普通就业岗位181万个左右。但是，面对技术革新和产业结构调整，我们需要积极的姿态和严谨的态度来处理就业问题。马克思在《资本论》中阐述资本主义积累的一般规律时提到，技术进步在长期对就业是有促进作用的。在不断变化的现实中，一个工业采用新技术，它的上下游产业配套也会发生变化，而且伴随着收入水平的提高，新的需求仍会派生，这可以推动经济的进一步发展。在平衡产业升级、就业转型和技术应用（机器及人工智能）三者关系时，我们要

转变对固有的技术应用"失业论"的看法。人工智能并不能完全地效仿人类的思维和行为，我们将与机器之间形成一种合作共生的关系。此外，国际和我国都有相关劳动保护法以保障劳动力的充分就业。国际劳工组织在《2015年世界就业与社会展望》中提到，在全球供应链促进经济增长的同时，也需要执行国际劳工标准，实施积极的劳动力市场政策，不断提升就业和社会保障水平。因此，面对"机器换人"的失业论，我们要有足够的信心和能力，相信机器和人工智能的合理使用，并积极掌握与机器人协同工作的能力，促进产业转型升级。

（二）化解过剩产能、淘汰落后产能是长期动态过程

面对经济新常态，在未来较长一段时期内，我国仍将面临产业转型升级和淘汰落后产业的问题。化解过剩产能、淘汰落后产能是一个长期动态的过程，将伴随着整个产业转型升级的过程，并不是一蹴而就的。目前，我国产能利用率仍然偏低，特别是煤炭、水泥、化工等主要行业的产能利用率仍然偏低，并未达到79%～83%的产能合理利用区间。并且，这些落后企业大多数存在技术工艺落后、耗能污染严重等问题。目前，我国第一、二产业就业结构比重明显下降，第二产业吸纳就业能力逐年变弱，因此，化解过剩产能、淘汰落后产能需要继续深入推进。相对的，在产业转型升级中，替代产业的发展也不能够在短期内创造出足够的工作岗位吸纳过剩的劳动力，这必将会带来职工转岗转业下岗失业问题。如何妥善解决这些人员的就业安置问题、如何制定安置的规划和配套措施，以便为今后进一步产业转型升级中的就业工作做好政策储备，是产业转型升级和淘汰落后产业中亟待解决的问题。

（三）贸易摩擦引发的就业再思考

2018年以来，中美贸易摩擦不断升级增加了我国外部环境的不

确定性，成为影响我国经济金融稳定的最大的潜在威胁。目前，贸易摩擦虽未对我国就业产生重大的影响，但中美贸易摩擦持续下去必将影响我国就业形势。贸易摩擦主要影响了金属加工业、制造业等行业和电子通信等设备制造业，以及纺织服装等消费品制造业。清单上的企业在投资和用工方面都处于观望或停滞状态，一批行业企业及上下游链条上的企业受到市场限制和企业期望值的变化影响，也会在投资和用工上受到冲击。因此，中美贸易摩擦的持续会影响就业的稳定性。根据对美国出口金额与销售产值比重估算对就业的潜在影响，各行业受影响的潜在规模为330.5万人，大约会拉高0.4个百分点的失业率。贸易摩擦将会给我国就业市场带来新的挑战。我们要对贸易摩擦引发的失业冲击有所准备，对直接受影响的行业和企业做好保障服务工作。政府也应在政策上予以补助，稳定职工队伍。同时，我们应该看到教育对未来职业的重要性，要在全球高端就业竞争中抢占先机就应积极培养高技术人才。

（四）生育政策的"调整"对就业的影响不容忽视

全面实施"二孩"政策在一定程度上会增加青年人口数量，增加青年劳动力的市场供给，从而改善整体劳动力供给结构，也会在几十年后出现新成长劳动力供给小高峰的现象。但是在政策初期，部分职场中的女性，尤其是高龄生育女性将退出劳动力市场，有些人甚至永远退出职场。这将对当期劳动力市场供给产生较为明显的影响。对于那些使用中青年女性劳动者比较多的用人单位，原来就面临"用工荒"的问题，"二孩"政策使问题雪上加霜，"招工难"问题可能会更加突出。同时，"二孩"政策和"二孩"产假的延长加剧了女性职场劣势，也会导致针对女性的就业歧视更为严重。尽管有明确的法律及社会舆论监督，但是针对女性的就业歧视问题长期存在。产假的延长和孩子前期陪伴时间会在一定程度上分散女性员工的工作精力，

部分管理者在招工时会因考虑到管理难和工作贡献的问题而做出不公平选择。因此，我国需要进一步完善生育保险制度，加强对生育妇女的职位保护，制定并完善保障妇女合法权益的配套措施，支持女职工生育后能重返工作岗位，并坚决反对在妇女就业问题上的性别歧视。

三 全面促进就业的对策建议

针对党的十九大报告中提出的"实现更高质量和更充分就业"目标，需要多措并举。2019 年我国的就业工作目标是：城镇调查失业率控制在 5.0% 以内，城镇登记失业率控制在 4.0% 以内；当年城镇新增就业岗位 1300 万个；高校毕业生总体就业率不低于 90%；大力促进退役军人和返乡农民工就业创业。

（一）充分就业的基础上着重提高就业质量和劳动力素质

目前，我国已基本实现较为充分的就业目标，现阶段更要注重在维持比较充分就业的前提下进一步提高就业质量，既要不断完善更加积极的就业政策，又要使就业政策与宏观经济政策、产业政策、金融政策等相结合，促进就业增长与经济发展良性互动。在发展经济的同时还要创造出更多的就业岗位，尤其是高质量的就业岗位。同时，劳动力综合素质是影响劳动力就业的重要因素，人力资本储备和培养不再只是关系着就业问题，而是关系着我国经济转型发展问题。在现代化社会中，一个国家的经济发展水平越来越不取决于劳动力的数量，而更多地取决于劳动力质量。智力密集程度以及区域创新条件成为衡量一个地区是否能吸引现代经济活动的关键，因此要尽可能地通过职业教育和高等教育提高劳动者的劳动技能，使其掌握一定的职业技能并能得到与能力相匹配的职业岗位，从而提升劳动者自身的竞争力，进一步促进资源的良性循环，使我国从人口大国向人力资源强国转型。在促进充分就业、高质量就业的同时，还要消除就业歧视，创造公平的就业环境。虽然我国在公平就业方面做了很多努力，但是就业市场中仍存在地域歧视、性别歧视、学历歧视等现象。应将国家制定的公平就业政策落到实处，维护好劳动者的权益，让人人都能够通过劳动实现自身价值。

（二）强化政府就业责任，提高公共就业服务水平

首先，政府要创造更多的就业岗位。充分发挥公共政策的引导和调控作用，稳定和规范社会企业劳动力的招聘规模和程序，为每个劳动者提供公平规范的就业机会。同时，鼓励更多的民间企业和投资，激发市场活力，增加有效就业岗位，通过创业拉动就业。其次，在保障充分就业的前提下，提供全方位的公共就业服务，促进产业结构迈向更中高端水平。促进高校毕业生和农民工多渠道就业创业，加快完善劳动者终身职业技能培训制度，重点对失业人群、转岗工人、残疾人以及贫困家庭等提供适合其自身发展和顺应新型产业结构的职业技能培训。建立人力资源信息库和人才市场信息平台，保证劳动者了解就业形势和得到咨询指导服务，也为用工单位提供更为全面的人才信息。与此同时，通过信息平台掌握就业市场整体情况以及各个不同行业对人才的需求，不断调整人力资源的教育计划，减少结构性就业矛盾。此外，公共就业服务对于失业风险的预知与援助需持续跟进。完善失业动态监测系统，对可能出现的大规模失业现象做到预警、防范、善后准备。加大失业保险政策的执行力度，扩大失业保险覆盖范围，维持失业人口及家庭基本生活保障。

（三）多角度全方位加大"双创"扶持力度

在"大众创业、万众创新"的大潮下，政府要积极落实好各项创业优惠政策，在市场准入、税费减免、贷款贴息、岗位补贴等方面

给予一定的优惠政策，营造全民创业的气氛，通过创业来提供更多的岗位，增加社会就业率。在现有政策基础上，进一步调动和优化配置政府、市场、社会各资源的力量，形成合力，推动创新创业的有效机制实施。降低市场准入门槛，变事前严格审批为事中监管，开放非竞争性经营领域，扩大社会资本投资范围。切实解决税负重、成本高、用人难等问题，同时健全差异化创业扶持模式，重点对高校毕业生、返乡农民工、留学归国人员和残疾人群加大创业担保贷款和创业融资等政策力度。同时，政府可搭建面向大众的创业指导和分享平台，为有创业意愿的劳动者提供创业培训，并组织创业成功者的经验分享及讨论交流等活动，从多角度全方位营造创新创业的良好环境。

（四）精心呵护网络经济平台上的就业形式

目前，新技术、新业态、新模式的蓬勃发展催生了一个庞大的互联网平台就业群体。其中网约车司机、外卖小哥、网约家政工和快递员等越来越多地走进人们的日常生活，喜忧参半。喜的是方便了生活，增加了幸福感；忧的是恶性事件时有发生，影响了安全感。针对这种就业形态存在的亟待解决问题，必须提议完善相关法律，强化政策研究。现在新业态从业人员劳动权益、社会保障问题的产生主要是现行劳动标准和社会保险等制度是基于传统单位用工模式设计的。新就业形态的劳动用工关系不明晰、不容易被界定，在适用劳动标准、社会保险政策时无法对接，因此扶持新业态发展亟须增强劳动用工和社会保障体系的匹配性。我们要主动研究制定非标准劳动关系相关法律，支持劳动者通过新兴业态实现多元化就业，从业者与新业态企业签订劳动合同的，企业要依法为其缴纳社会保险；其他从业者可按灵活就业人员身份参加养老、医疗保险和缴纳住房公积金，同时要探索适应灵活就业、新业态从业人员的失业和工伤保障方式，解除他们的后顾之忧。

B.19
2018年我国价格总水平分析及
2019年展望

郭 路 任 会 陈玉新*

摘 要： 在经济增长稳中有变、下行压力较大的背景下，2018年前三季度价格总水平保持平稳运行，其中，受夏季极端气象灾害、疫情蔓延、国际油价以及租赁市场大幅涨价的影响，CPI同比涨幅较上半年扩大0.1个百分点，至2.1%；在去产能、环保限产政策支撑，且上年高基数作用下，PPI同比涨幅较上半年略扩大0.1个百分点，至4.0%。受国内经济下行压力加大、季节性需求回升、输入性通胀压力减少以及环保限产政策支撑等影响，预计2018年第四季度价格水平仍有望保持平稳运行，CPI同比上涨2.4%，PPI同比上涨2.8%。2019年稳增长需求显著，货币金融环境松紧适度，考虑到输入性通胀压力减弱，猪周期或提前到来等因素的共同作用，2019年价格总水平仍有条件运行在合理区间，预计CPI同比上涨2.3%，PPI同比上涨2.0%。

关键词： 价格总水平 经济增长 输入性通胀 猪周期

---

* 郭路，供职于国家信息中心中经网；任会，供职于国家信息中心中经网；陈玉新，供职于国家信息中心中经网。

一 2018年前三季度价格形势及特点

当前我国价格总水平保持平稳运行。2018 年前三季度，全国居民消费价格同比上涨2.1%，涨幅比上半年扩大0.1 个百分点；工业生产者出厂价格同比上涨4.0%，涨幅比上半年扩大0.1 个百分点。总体来看，2018 年价格运行呈现如下特点。

（一）部分服务类价格上涨加快

7 月以来，受中介恶意哄抬房租、大量资本流入租赁市场的影响，部分一线城市出现房租上涨过快的现象。中国房地产行情网的数据显示，北京市平均租金从 2017 年 7 月的 75.75 （元/月/平方米）涨至 2018 年 7 月的 92.33 （元/月/平方米），同比涨幅达到 21.89%。总体来看，7 月和 8 月租金价格环比分别上涨0.4% 和0.6%，比上年同期分别高0.1 个和0.2 个百分点；服务价格环比分别上涨0.7% 和0.3%，比上年同期均高0.1 个百分点，房租上涨成为推动 2018 年服务价格上升的重要因素之一。

（二）突发事件短期影响显著

一是气象灾害频发且影响大。8 月和 9 月部分地区遭受台风、风雹以及洪水等极端自然灾害影响，全国重要蔬菜产区大面积受灾，运输仓储受阻，市场供给减少，导致鲜菜价格大幅上涨，明显高于历史平均水平，这两个月鲜菜价格环比分别上涨9.0% 和9.8%，比上年同期分别高0.5 个和9.9 个百分点。二是非洲猪瘟蔓延。8 月开始在全国多地先后发现非洲猪瘟疫情，加剧了猪肉供给减少的状况，推升猪肉价格逐步攀高，当月环比上涨6.5%，明显高于上年同期1.3% 的环比涨幅，近几个月随着猪瘟疫情的逐渐减退，猪肉价格环比涨幅呈收窄趋势，但整体远高于上年同期水平。

以上突发事件仅对价格水平具有短期影响，随着灾害和疫情影响消退，价格水平将逐步恢复平稳。

（三）国际油价输入性通胀影响明显

一方面，2018年以来全球经济总体处于温和复苏通道，经济增长基本面能够支撑原油价格逐步攀升；另一方面，特殊事件，如地缘政治、制裁伊朗以及委内瑞拉石油减产等，影响国际原油价格出现大幅波动，整体以上涨为主。这两方面因素共同推动国内石油和天然气开采业价格大幅上涨，成品油市场价格13次上调、9次下调、1次搁置，汽油价格累计上调了1020元/吨，柴油价格累计上调了1000元/吨。石油和天然气开采业价格前三季度累计同比上涨24.6%，涨幅在41个工业大类中位居第一，远超PPI的4.0%涨幅水平。

（四）上游主要工业品价格涨幅收窄

2018年以来经济下行压力逐渐加大，市场需求疲弱，加上上年价格水平较高，黑色金属、有色金属、建材、煤炭、化工等重点行业产品出厂价格呈现回落态势，其中，煤炭开采和洗选业、黑色金属冶炼和压延加工业，以及有色金属冶炼和压延加工业的出厂价格前三季度累计同比分别上涨5%、11.6%和5.5%，较上年同期大幅回落30.6个、17.8个和10.8个百分点。

二　2018年全年价格预测

（一）预计全年CPI保持平稳运行

预计2018年第四季度CPI同比上涨2.4%，涨幅较第三季度扩大

0.2个百分点，全年CPI同比上涨2.1%，较上年上升0.5个百分点，其中新涨价因素约为1.2%，翘尾因素约为0.9%。价格水平呈上行趋势，但距离3%的年初目标仍有一定距离，价格水平处于温和上涨阶段。对第四季度价格变动的主要原因分析如下。

一是季节性因素作用增强。非洲猪瘟疫情影响逐渐减退，随着天气转凉，居民对猪肉的需求将呈现季节性回升，进而带动猪肉价格小幅上涨；冬季多发恶劣天气，蔬菜不易运输和保存，将推升鲜菜价格上涨；服务价格具有较强的季节性，且易受节假日影响，随着"十一"假期、元旦假期到来，服务类价格或将出现短期季节性向上波动。总体看，食品和服务类价格将呈现环比回升的趋势。

二是成品油价格涨幅或将回落。前期受国际原油价格大幅上涨影响，国内成品油价格迎来多次上调窗口，10月工业制成品价格环比上涨0.7%，创近两年来新高。但随着美国制裁伊朗程度有所减弱，以及前期美国约谈石油生产国增产协议达成，国际原油产量增加，EIA库欣地区原油库存连续几周增长，导致近期国际油价大幅下降，这将带动工业制成品价格出现明显回落。

此外，我们利用互联网信息构建了CPI舆情指数，经验证，该指数平均领先CPI 1～2个月。截至2018年9月，CPI舆情指数已连续5个月保持上行趋势，因此，第四季度CPI仍存在一定的上涨压力。

（二）预计全年PPI涨幅明显回落

预计2018年第四季度PPI同比上涨2.8%，较第三季度回落1.3个百分点，全年PPI同比上涨3.7%，较上年回落2.6个百分点，其中新涨价因素约为1.0%，翘尾因素约为2.7%，新涨价与翘尾因素均弱于上年。对于第四季度主要工业品的价格走势有如下判断。

一是基础设施建设投资增长加快，或推升部分工业产品价格上涨。1~10月基础设施投资同比增长3.7%，比前三季度回升0.4个百分点，现年内首次回升。随着地方政府专项债发行完毕，项目资金来源充裕，基础设施投资增速将延续回升态势，对黑色金属、非金属等价格将有一定推升作用。其中，铁矿石价格8月开始已连续4个月反弹，且进入第四季度后上涨速度加快，推动黑色金属生产成本逐步上升；非金属行业价格当前市场供应偏紧，在基础设施建设投资的刺激下，其价格上涨存在较大的可能性。

二是采暖季来临，环保限产将支撑部分能源类和高耗能高污染工业品价格上涨。10月，煤炭开采业出厂价格环比上涨1.1%，比上月扩大0.6个百分点；非金属建材出厂价格环比上涨0.7%，比上月扩大0.1个百分点。另外，受益于煤改气的持续推进，目前正值天然气需求高峰，多地纷纷推出天然气价格上调时间表。

三是经济下行压力较大，将抑制工业产品价格大幅上涨。1~10月房地产投资累计同比增长9.7%，较前三季度回落0.2个百分点，已连续4个月回落，同时工业增加值、固定资产投资等主要宏观经济指标10月虽有短时的反弹，但整体位势较低，经济回升乏力，对有色金属、煤炭以及化工等工业品价格形成拖累。

四是国际关系以及地缘政治形势不确定性大，石油价格或迎来下跌可能。在美国施压下，OPEC和俄罗斯为弥补制裁伊朗留下的原油供应缺口而增产，市场供给可能出现过剩，导致国际油价大幅下跌，布伦特原油价格和OPEC一揽子原油价格环比均由正增长转为两位数负增长，传导至国内石油价格大幅回落，环比或将转为负增长。

综上，PPI将整体延续弱势运行，同时考虑上年同期基数较高，预计第四季度PPI将出现较大幅度回落。

表1　价格总水平及重要分项价格同比涨跌幅

单位：%

指标	实际值				预测值
	2017 年	2018 年第一季度	2018 年第一至第二季度	2018 年前三季度	2018 年
CPI	1.6	2.1	2.0	2.1	2.1
食品烟酒	−0.4	1.9	1.4	1.6	2.0
猪肉	−8.8	−9.9	−12.5	−10.3	−7.9
鲜菜	−8.1	6.6	7.8	7.7	9.0
鲜果	3.8	7.5	3.0	3.7	5.6
水产品	4.4	5.6	3.4	2.5	2.2
蛋	−4.0	18.0	17.5	14.6	12.4
服务	3.0	2.9	2.7	2.6	2.5
工业制成品	1.7	1.5	1.7	1.9	2.0
PPI	6.3	3.7	3.9	4.0	3.7
黑色金属冶炼和压延加工业	27.9	12.0	12.7	11.6	9.9
煤炭开采和洗选业	28.2	4.8	4.8	5.0	4.6
石油和天然气开采业	29.0	10.3	17.0	24.6	27.8
有色金属冶炼和压延加工业	15.9	8.0	7.7	5.5	3.6
化学原料和化学制品业	9.4	6.5	6.9	7.2	6.6
非金属矿物制品业	8.1	12.8	11.7	10.8	9.6

三　2019年价格运行展望

预计2019年物价总水平仍有条件运行在合理区间，在整体经济放缓的背景下，价格上升的空间不足，新涨价因素超过2018年的可能性较小。预计2019年CPI同比上涨2.3%，涨幅比2018年略有扩大，其中，新涨价因素为1.2%，翘尾因素升至1.1%，翘尾因素是推动CPI同比指数上升的重要原因；预计PPI同比上涨2.0%，涨幅比 2018 年大幅收窄，其中，新涨价因素为 0.3%，翘尾因素大幅回落至 1.7%。在判断 2019 年价格总水平变动时，应重点考虑以下几方面因素。

（一）经济运行下行压力较大，货币金融环境保持松紧适度

我们构建的基于增长循环的宏观一致景气指数基本是 3 年左右一个周期，若按照平均下降期 1 年半左右估计，下一次短周期的谷底可能出现在 2019 年第三季度，即到 2019 年第三季度为止经济整体或呈下降走势。以下从宏观经济的几个主要领域看。

一是消费需求增长乏力的局面难有实质性改观。近年来，居民家庭购房支出对消费挤占效应较大，虽然房地产调控政策再次收紧，但本轮调控在去库存政策背景下，采取了因城施策模式，各地房地产市场冷热不均，导致购房支出挤占消费需求的原因未有根本性变化。虽然个人所得税政策调整已经付诸实施，且 2019 年将加大专项扣除力度，但对消费整体刺激作用仍有待观察。

二是破解民营经济发展困境仍需时日，民间投资难以快速恢复。当前民营经济发展遇到的困难和问题已经不容忽视，虽然党中央、国务院以及各级政府职能部门陆续出台各种扶持政策，但政策落实以及效应显现均需一定时间，民营经济发展困境制约整体经济增长的现实问题短期内仍然存在。

三是外部需求萎缩风险加大。OECD 发布全球经济中期展望报告，下调 2018 年和 2019 年增长预期至 3.7%，IMF 预计 2018 年和 2019 年经济增长前景面临的风险增加。加之，中美贸易摩擦引发 2018 年下半年以来出口抢跑现象突出，将透支 2019 年出口份额以及推升增长基数。

四是货币金融环境保持松紧适度。一方面，防范和化解金融风险是今后三年三大攻坚战中防范化解重大风险的关键内容之一，去杠杆

经济蓝皮书

的总体方向仍然保持不变，但是在今后工作中将注重把握好力度和节奏，协调好各项政策出台的时机。另一方面，鉴于当前经济运行稳中有变，民营企业经营中困难较多，央行仍然坚持定向降准，维持稳健的货币政策。总体来看，货币政策旨在把好货币供给总闸门，保持流动性合理充裕，适应经济发展需要。

（二）输入性通胀压力将减弱

一是，全球经济增长出现下行态势，贸易保护主义抬头，大宗商品市场需求将有所减弱。10 月国际能源署（IEA）下调了全球 2019年原油需求增长预期 11 万桶/日，至 136 万桶/日。二是，美联储坚持渐进式加息，以美元计价的大宗商品价格承压。2018 年以来，美国经济保持较高水平增长态势，同时失业率处于较低水平，但是通胀水平持续攀升，截至 10 月，核心 CPI 同比上涨 2.1%，达到了美联储设定的 2% 的目标，加息预期继续升温，将推动美元指数持续上升，对全球大宗商品价格产生负面影响。三是，人民币汇率继续大幅贬值的可能性较小。2018 年人民币汇率贬值已超过 10%，但下半年开始央行陆续出台逆周期因子等一系列干预措施，并于 10 月发行离岸央票收紧离岸市场人民币流动性，人民币汇率运行平稳，有利于平抑进口商品成本。

（三）工业品整体价格上涨压力不大

面临经济下行压力加大的形势，稳增长和污染防治攻坚战之间要保持适度平衡。对于上游工业品而言，全国工业产能利用率逐步提升，2018 年前三季度已达到 76.5%，其中，煤炭开采和洗选业以及黑色金属冶炼和压延加工业产能利用率分别较上年同期提高 4 个百分点和 2.7 个百分点。并且，"十三五"去产能计划有望提前两年超额完成，未来供给侧改革的主攻方向将转向降成本和补短板，前期支撑上游工业品价格上涨的去产能政策力度将有所减弱。

对于部分中下游工业产品，其价格回落存在一定的可能性。贸易摩擦对我国出口企业的影响将在2019年逐步显现。自美国宣布对我国部分出口产品开始征税以来，从保持产品生产和企业盈利角度出发，使用我国产品的许多美国企业目前尚处在寻找合适的替代供应企业阶段。如果在可见到的阶段内不能解决中美贸易摩擦，则当这些美国企业一旦选定了别国替代企业后，被排挤的我国出口企业将很可能将目光转向国内市场，从而增加国内市场供给，并对这部分产品的价格形成抑制作用。

（四）猪周期上行阶段有望提前到来

自2016年5月以来，猪肉价格同比涨幅持续走低，2017年初转入同比下跌，且持续至今，猪肉价格处于下坡周期阶段。当前猪肉价格已经处于历史较低水平，2019年或将迎来新一轮猪肉价格上涨周期。自2018年8月3日辽宁沈阳确认首例非洲猪瘟疫情以来，我国已有十多个省份发生了非洲猪瘟疫情，农业农村部等3部门联合发布了《切实加强生猪调运监管工作的通知》，限制或禁止疫区与非疫区之间的生猪调运，受此影响，疫情省份因生猪运不出去而出现产能过剩，猪价大跌，部分散养户逐步被淘汰，而非疫情省份在缺少生猪供给、价格大涨的同时，也将淘汰一部分屠宰企业，总体来看，猪瘟疫情发展将加速收缩国内生猪供应。若2019年疫情有所缓和，猪肉需求回升，在供给大幅收缩情况下，猪肉价格或将出现显著上涨。

（五）房地产调控政策延续，居住类价格或存上涨压力

十九大报告强调坚持房子是用来住的不是用来炒的定位，加快建立多主体供给、多渠道保障、租购并举的住房制度。2018年7月31日，中央政治局会议再次强调下决心解决好房地产市场问题，坚持因

城施策，促进供求平衡，合理引导预期，整治市场秩序，坚决遏制房价上涨。由此看出，房地产调控政策仍将持续，或将推动房屋租赁需求上升，在长租公寓模式以及资本市场的助推下，城市租金价格，特别是一、二线大城市租金价格将延续上涨态势。

　　总体来看，近年来我国经济运行处于"L"型底部，货币金融环境松紧适度，整体价格水平处于可控范围之内，为供给侧结构性改革创造了良好稳定的价格环境。

附　录

Appendix

B.20
统计资料

年份	GDP 增长率 （％）	第一产业增加 值增长率（％）	第二产业增加 值增长率（％）	第三产业增加 值增长率（％）	交通运输、仓储 和邮政业增加 值增长率（％）
1978	11.7	4.1	15.0	13.7	9.8
1979	7.6	6.1	8.2	7.9	8.3
1980	7.8	-1.5	13.6	6.0	4.3
1981	5.2	7.0	1.9	10.4	1.9
1982	9.1	11.5	5.6	13.0	11.4
1983	10.9	8.3	10.4	15.2	9.5
1984	15.2	12.9	14.5	19.3	14.9
1985	13.5	1.8	18.6	18.2	13.8
1986	8.8	3.3	10.2	12.0	13.9
1987	11.6	4.7	13.7	14.4	9.6
1988	11.3	2.5	14.5	13.2	12.5
1989	4.1	3.1	3.8	5.4	4.2

经济蓝皮书

续表

年份	GDP 增长率（%）	第一产业增加值增长率（%）	第二产业增加值增长率（%）	第三产业增加值增长率（%）	交通运输、仓储和邮政业增加值增长率（%）
1990	3.8	7.3	3.2	2.3	8.3
1991	9.2	2.4	13.9	8.9	10.6
1992	14.2	4.7	21.2	12.4	10.1
1993	14.0	4.7	19.9	12.2	12.5
1994	13.1	4.0	18.4	11.1	8.5
1995	10.9	5.0	13.9	9.8	11.0
1996	10.0	5.1	12.1	9.4	11.0
1997	9.3	3.5	10.5	10.7	9.2
1998	7.8	3.5	8.9	8.4	10.6
1999	7.6	2.8	8.1	9.3	12.2
2000	8.4	2.4	9.4	9.7	8.6
2001	8.3	2.8	8.4	10.3	8.8
2002	9.1	2.9	9.8	10.4	7.1
2003	10.0	2.5	12.7	9.5	6.1
2004	10.1	6.3	11.1	10.1	14.5
2005	11.3	5.2	12.1	12.2	11.2
2006	12.7	5.0	13.4	14.1	10.0
2007	14.2	3.7	15.1	16.0	11.8
2008	9.6	5.4	9.9	10.4	7.3
2009	9.2	4.2	9.9	9.6	4.2
2010	10.4	4.3	12.3	9.8	9.8
2011	9.3	4.3	10.3	9.4	9.9
2012	7.7	4.3	7.9	8.1	6.8
2013	7.7	3.8	7.8	8.3	7.2
2014	7.3	4.1	7.3	7.8	6.9
2015	6.9	3.9	6.0	8.3	6.8
2016	6.7	3.3	6.1	7.8	6.7
2017	6.9	4.0	6.1	8.0	6.6
2018	6.6	3.5	5.9	7.7	6.5
2019	6.4	3.3	5.6	7.5	6.4

270

年份	批发和零售业增加值增长率（%）	全社会固定资产投资规模（现价,亿元）	全社会固定资产投资名义增长率（%）	全社会固定资产投资实际增长率（%）	工业品出厂价格指数上涨率（%）
1978	23.1	899	19.9	19.5	0.1
1979	8.7	977	8.7	4.7	1.5
1980	-1.9	911	-6.8	-8.5	0.5
1981	29.5	961	5.5	2.9	0.2
1982	-0.7	1230	28.0	25.1	-0.2
1983	21.2	1430	16.2	13.3	-0.1
1984	24.7	1833	28.2	23.9	1.4
1985	33.5	2543	38.8	30.1	8.7
1986	9.4	3121	22.7	15.8	3.8
1987	14.7	3791	21.5	14.1	7.9
1988	11.8	4747	25.2	10.0	15.0
1989	-10.7	4410	-7.1	-12.9	18.6
1990	-5.3	4518	2.4	-3.0	4.1
1991	5.2	5595	23.8	15.0	6.2
1992	10.5	8080	44.4	25.3	6.8
1993	8.6	13072	61.8	27.8	24.0
1994	8.2	17043	30.4	18.1	19.5
1995	8.2	20019	17.5	10.9	14.9
1996	7.6	22974	14.8	10.3	2.9
1997	8.8	24941	8.6	6.7	-0.3
1998	6.5	28406	13.9	14.1	-4.1
1999	8.7	29855	5.1	5.5	-2.4
2000	9.4	32918	10.3	9.1	2.8
2001	9.1	37213	13.1	12.6	-1.3
2002	8.8	43500	16.9	16.7	-2.2
2003	9.9	55567	27.7	25.0	2.3
2004	6.6	70477	26.8	20.1	6.1
2005	13.0	88774	26.0	24.0	4.9
2006	19.5	109998	23.9	22.1	3.0
2007	20.2	137324	24.8	20.2	3.1
2008	15.9	172828	25.9	15.6	6.9

续表

年份	批发和零售业增加值增长率（%）	全社会固定资产投资规模（现价,亿元）	全社会固定资产投资名义增长率(%)	全社会固定资产投资实际增长率(%)	工业品出厂价格指数上涨率(%)
2009	12.1	224599	30.0	33.2	−5.4
2010	14.3	278122	23.8	19.5	5.5
2011	12.6	311485	23.9	15.6	6.0
2012	9.8	374676	20.3	19.0	−1.7
2013	10.1	447074	19.3	18.9	−1.9
2014	9.1	512763	15.3	14.7	−1.9
2015	9.2	563014	9.8	11.8	−5.2
2016	8.9	608618	8.1	6.3	−1.3
2017	8.8	652910	7.3	1.4	6.3
2018	8.7	770891	6.5	0.8	4.0
2019	8.5	814060	5.6	0.5	2.6

年份	固定资产投资价格指数上涨率(%)	居民消费价格指数上涨率(%)	城镇居民实际人均可支配收入增长率(%)	农村居民实际人均纯收入增长率(%)	新增货币发行（亿元）
1978	0.3	1.5	−2.4	6.7	NA
1979	3.8	2.1	19.6	17.6	NA
1980	1.9	7.0	6.2	18.2	NA
1981	2.5	2.6	1.6	10.7	50
1982	2.4	1.9	5.8	21.1	43
1983	2.6	1.2	4.3	14.7	91
1984	3.4	1.7	12.5	12.7	262
1985	6.7	7.6	0.1	11.7	196
1986	6.0	6.5	13.8	3.2	231
1987	6.4	7.3	2.4	5.2	236
1988	13.9	18.8	−2.3	6.4	680
1989	6.7	18.0	0.0	−1.6	210
1990	5.6	3.1	8.5	1.8	300
1991	7.6	3.4	7.2	2.0	533
1992	15.3	6.4	9.7	5.9	1158

续表

年份	固定资产投资价格指数上涨率(%)	居民消费价格指数上涨率(%)	城镇居民实际人均可支配收入增长率(%)	农村居民实际人均纯收入增长率(%)	新增货币发行（亿元）
1993	26.6	14.7	9.5	3.2	1529
1994	10.4	24.1	8.5	5.0	1424
1995	5.9	17.1	4.9	5.3	597
1996	4.0	8.3	3.9	9.0	917
1997	1.7	2.8	3.4	4.6	1376
1998	−0.2	−0.8	5.8	4.3	1027
1999	−0.4	−1.4	9.3	3.8	2251
2000	1.1	0.4	6.4	2.1	1197
2001	0.4	0.7	8.5	4.2	1036
2002	0.2	−0.8	13.4	4.8	1589
2003	2.2	1.2	9.0	4.3	2468
2004	5.6	3.9	7.7	6.8	1722
2005	1.6	1.8	9.6	6.2	2563
2006	1.5	1.5	10.4	7.4	3041
2007	3.9	4.8	12.2	9.5	3303
2008	8.9	5.9	8.4	8.0	3844
2009	−2.4	−0.7	9.8	8.5	4028
2010	3.6	3.3	7.8	10.9	6381
2011	6.5	5.4	8.4	11.4	6120
2012	1.1	2.6	9.7	10.7	3911
2013	0.3	2.6	7.0	9.3	3915
2014	0.5	2.0	6.8	9.2	1726
2015	−1.8	1.4	6.6	7.5	2975
2016	−0.6	2.0	5.6	6.4	5087
2017	5.8	1.6	6.5	7.6	2342
2018	5.6	2.1	5.7	6.8	2190
2019	5.2	2.5	5.4	6.3	1823

年份	社会消费品 零售总额 （亿元）	社会消费品 零售总额名义 增长率(%)	社会消费品 零售总额实际 增长率(%)	贷款余额 （亿元）	新增贷款 （亿元）
1978	1559	32.7	31.8	1850	187
1979	1800	15.5	13.2	2040	190
1980	2140	18.9	12.2	2415	375
1981	2350	9.8	7.3	2861	446
1982	2570	9.4	7.3	3181	320
1983	2849	10.9	9.2	3590	409
1984	3376	18.5	15.2	4766	1176
1985	4305	27.5	17.2	5905	1139
1986	4950	15.0	8.5	7590	1685
1987	5820	17.6	9.6	9032	1442
1988	7440	27.8	7.9	10551	1519
1989	8101	8.9	−7.6	14360	3809
1990	8300	2.5	0.3	17681	3321
1991	9416	13.4	10.2	21338	3657
1992	10994	16.8	10.8	26323	4985
1993	14270	29.8	14.7	32943	6620
1994	18623	30.5	7.2	39976	7033
1995	23614	26.8	10.5	50544	10568
1996	28360	20.1	13.2	61156	10612
1997	31253	10.2	9.3	74913	13757
1998	33378	6.8	9.7	86523	11610
1999	35648	6.8	10.1	93733	7210
2000	39106	9.7	11.4	99370	5637
2001	43055	10.1	11.0	112314	12944
2002	48136	11.8	13.3	131293	18979
2003	52516	9.1	9.2	158995	27702
2004	59501	13.3	10.2	178197	19202
2005	68353	14.9	14.0	194690	16493

续表

年份	社会消费品零售总额（亿元）	社会消费品零售总额名义增长率(%)	社会消费品零售总额实际增长率(%)	贷款余额（亿元）	新增贷款（亿元）
2006	79145	15.8	14.6	225347	30657
2007	93572	18.2	13.9	261691	36344
2008	114830	22.7	15.9	303395	41704
2009	132678	15.5	16.9	399685	96290
2010	156998	18.3	14.8	473247	79511
2011	183919	17.1	11.7	547947	74700
2012	210307	14.3	12.1	629910	81963
2013	237810	13.1	11.5	719000	89090
2014	262394	12.0	10.9	816800	97800
2015	300931	10.7	10.6	939513	122713
2016	332316	10.4	9.6	1066040	126500
2017	366260	10.2	9.0	1201320	135230
2018	399592	9.1	7.1	1359012	157691
2019	433158	8.4	6.0	1535704	176692

年份	财政收入（亿元）	财政收入增长率(%)	财政支出（亿元）	财政支出增长率(%)	财政收支差额（亿元）
1978	1132	29.5	1122	33.0	10.2
1979	1146	1.2	1282	14.2	−135.4
1980	1160	1.2	1229	−4.1	−68.9
1981	1176	1.4	1138	−7.4	37.4
1982	1212	3.1	1230	8.0	−17.7
1983	1367	12.8	1409	14.6	−42.6
1984	1643	20.2	1701	20.7	−58.2
1985	2005	22.0	2004	17.8	0.6
1986	2122	5.8	2205	10.0	−82.9
1987	2199	3.6	2262	2.6	−62.8
1988	2357	7.2	2491	10.1	−134.0
1989	2665	13.1	2824	13.3	−158.9

续表

年份	财政收入 （亿元）	财政收入 增长率(％)	财政支出 （亿元）	财政支出 增长率(％)	财政收支差额 （亿元）
1990	2937	10.2	3084	9.2	-146.5
1991	3149	7.2	3387	9.8	-237.1
1992	3483	10.6	3742	10.5	-258.8
1993	4349	24.8	4642	24.1	-293.4
1994	5218	20.0	5793	24.8	-574.5
1995	6242	19.6	6824	17.8	-581.5
1996	7408	18.7	7938	16.3	-529.6
1997	8651	16.8	9234	16.3	-582.4
1998	9876	14.2	10798	16.9	-922.2
1999	11444	15.9	13188	22.1	-1743.6
2000	13395	17.0	15886	20.5	-2491.3
2001	16386	22.3	18903	19.0	-2516.5
2002	18904	15.4	22053	16.7	-3149.5
2003	21715	14.9	24650	11.8	-2934.7
2004	26396	21.6	28487	15.6	-2090.4
2005	31649	19.9	33930	19.1	-2281.0
2006	38760	22.5	40423	19.1	-2162.5
2007	51322	32.4	49781	23.2	1540.4
2008	61330	19.5	62593	25.7	-1262.3
2009	68518	11.7	76300	21.9	-7781.6
2010	83101	21.3	89874	17.8	-6772.7
2011	103874	25.0	109248	21.6	-5373.4
2012	117210	12.8	125712	15.1	-8000.0
2013	129210	10.1	140212	10.9	11002
2014	140350	8.6	151662	8.2	-11312
2015	152217	8.4	175768	15.8	-23551
2016	159552	4.8	187841	6.9	-28288
2017	172570	8.2	203330	5.2	-30760
2018	185882	7.7	217708	7.2	-31825
2019	198151	6.6	232729	6.9	-34579

年份	城乡储蓄存款余额(亿元)	城乡储蓄存款余额增长率(%)	货币和准货币(M2)(亿元)	货币和准货币(M2)增长率(%)	社会融资总额(亿元)
1978	211	15.7	NA	NA	NA
1979	281	33.4	NA	NA	NA
1980	400	42.2	NA	NA	NA
1981	524	31.1	NA	NA	NA
1982	675	29.0	NA	NA	NA
1983	892	32.1	NA	NA	NA
1984	1215	36.1	NA	NA	NA
1985	1623	33.6	5199	NA	NA
1986	2238	38.0	6721	29.3	NA
1987	3081	37.7	8331	24.0	NA
1988	3822	24.0	10100	21.2	NA
1989	5196	36.0	11950	18.3	NA
1990	7120	37.0	15293	28.0	NA
1991	9242	29.8	19350	26.5	NA
1992	11759	27.2	25402	31.3	NA
1993	15203	29.3	34880	37.3	NA
1994	21519	41.5	46923	34.5	NA
1995	29662	37.8	60750	29.5	NA
1996	38521	29.9	76095	25.3	NA
1997	46280	20.1	90995	19.6	NA
1998	53407	15.4	104498	14.8	NA
1999	59622	11.6	119898	14.7	NA
2000	64332	7.9	134610	12.3	NA
2001	73762	14.7	158302	17.6	NA
2002	86911	17.8	185007	16.9	20112
2003	103617	19.2	221223	19.6	34113
2004	119555	15.4	254107	14.9	28629
2005	141051	18.0	298756	17.6	30008

续表

年份	城乡储蓄存款余额（亿元）	城乡储蓄存款余额增长率（%）	货币和准货币（M2）（亿元）	货币和准货币（M2）增长率（%）	社会融资总额（亿元）
2006	161587	14.6	345604	15.7	42697
2007	172534	6.8	403442	16.7	59664
2008	217885	26.3	475167	17.8	69804
2009	260772	19.7	606225	27.6	139105
2010	303302	16.3	725852	19.7	140191
2011	343636	13.3	851591	17.3	128286
2012	391970	14.1	974149	14.4	157605
2013	447602	12.0	1106525	13.6	172900
2014	497742	11.2	1228400	12.2	165000
2015	546078	9.7	1392269	13.3	154162
2016	597751	9.5	1550067	11.3	178023
2017	643770	7.7	1676770	8.2	194430
2018	693338	7.7	1830525	8.3	203076
2019	743258	7.2	1980628	8.2	200489

年份	进口总额（亿美元）	进口总额增长率（%）	出口总额（亿美元）	出口总额增长率（%）	货物贸易顺差（亿美元）
1978	108.9	51.0	102.0	34.4	−7
1979	156.8	44.0	135.8	33.1	−21
1980	200.2	27.7	181.2	33.4	−19
1981	220.1	10.0	220.1	21.5	0
1982	192.9	−12.4	223.2	1.4	30
1983	213.9	10.9	222.3	−0.4	8
1984	274.1	28.1	261.4	17.6	−13
1985	422.5	54.1	273.5	4.6	−149
1986	429.0	1.5	309.4	13.1	−120
1987	432.2	0.7	394.4	27.5	−38
1988	552.8	27.9	475.2	20.5	−78
1989	591.4	7.0	525.4	10.6	−66
1990	533.5	−9.8	620.9	18.2	87
1991	637.9	19.6	719.1	15.8	81
1992	805.9	26.3	849.4	18.1	44

年份	进口总额 (亿美元)	进口总额 增长率(%)	出口总额 (亿美元)	出口总额 增长率(%)	货物贸易 顺差(亿美元)
1993	1039.6	29.0	917.4	8.0	−122
1994	1156.1	11.2	1210.1	31.9	54
1995	1320.8	14.2	1487.8	22.9	167
1996	1388.3	5.1	1510.5	1.5	122
1997	1423.7	2.5	1827.9	21.0	404
1998	1402.4	−1.5	1837.1	0.5	435
1999	1657.0	18.2	1949.3	6.1	292
2000	2250.9	35.8	2492.0	27.8	241
2001	2435.5	8.2	2661.0	6.8	226
2002	2951.7	21.2	3256.0	22.4	304
2003	4127.6	39.8	4382.3	34.6	255
2004	5612.3	36.0	5933.3	35.4	321
2005	6599.5	17.6	7619.5	28.4	1020
2006	7914.6	19.9	9689.8	27.2	1775
2007	9561.2	20.8	12204.6	26.0	2643
2008	11325.7	18.5	14306.9	17.2	2981
2009	10059.2	−11.2	12016.1	−16.0	1957
2010	13962.4	38.8	15777.5	31.3	1815
2011	17435	24.9	18983.8	20.3	1549
2012	18178	4.3	20489	7.9	2303
2013	19504	7.3	22096	7.9	2592
2014	19582	0.4	23443	6.1	3861
2015	16842	−14.0	22787	−2.8	5945
2016	15882	−5.5	20976	−7.7	5094
2017	18420	16.0	22630	7.9	4210
2018	22129	20.2	25442	12.4	3313
2019	25049	13.2	26875	5.6	1826

注：1989 年以后的新增贷款包括全部金融机构。2011 年以后固定资产投资不含农户。表中 2018 年和 2019 年数据为预测值。

（娄峰整理和预测）

Abstract

In the early 2018, the global economy continues its recovery, the global trade expands and the prices of staple commodities are on the rise. The global inflation remains stable and the economic confidence turns into optimism. But in July 2018, the United States levied tariffs on $ 34 billion worth of Chinese products, which marks the start of the China-US trade conflicts. China fought back and placed tariffs on American exports to China. Then the trade conflict escalated. Based on the new dynamics, China's economy is projected to grow by 6. 6% in 2018, 0. 3% lower than in 2017.

Viewed from the contributions made by the three industries, the percentage of the added value of the tertiary industry continues to rise, the growth of the fixed-asset investment slides, the growth of consumption remains stable on the whole, and the growth of import and export recovers rapidly. The trade surplus remains stable, the price scissors between CPI and PPI shrinks, and the resident income witnesses a steady growth. Viewed from the structure of the domestic demand, the final consumption expenditure contributes 78. 2% to the growth of the GDP in 2018 which is 19. 4% up compared to that in 2017 and the highest since 2001.

Despite the China-US trade tensions, we still have hopes for data that China's export and import are expected to grow by 4. 5% and 4. 3% respectively compared to last year. In 2019, the world is faced with greater uncertainty. China's GDP growth is projected to drop by 0. 2% to 6. 4% which makes China the top contributor to the world economy.

Contents

I General Reports

II Economic Growth and Forecast

Abstract: Abstract: In 2018, China's economy runs smoothly on the whole, and makes progress while remaining stable. The economic structure continues to improve, and the quality and effect of development enjoys a constant improvement. The reform and opening up deepens in all respects, and people's wellbeing continues to improve, which helps the high-quality development make positive progress. 2019 marks the 70th anniversary of the

founding of the People's Republic of China and is the key year to secure a decisive victory in building a moderately prosperous society in all respects. Our development is faced with challenges and risks from home and abroad, but we are still in an important period of strategic opportunity for development. The fundamentals for sound and stable economic growth remain unchanged, the necessary production factors for high-quality development remain unchanged, and the overall momentum of long-term economic stability and progress also remains unchanged. We enjoy the strong leadership of CPC with comrade Xi Jinping at the core, the solid material basis, the huge domestic market, and rich macro-control experience. All these favorable conditions position China's economy to achieve the long-term, healthy and steady development.

Keywords: National Economic; Invest and Consume; High-quality Development

B. 4 Positively Address the Short-term Downturn Pressure and

Promote Economic Stability and Progress *Zhang Liqun* / 040

Abstract: The GDP grows at 6.5% in the third quarter of 2018, 0.2% lower than the second quarter. The data show the short-term downturn trend. But the market demand remains stable and the economic structural adjustment produces good results, which helps establish the basic conditions for economic growth. The recovery of the world economy becomes sure and the export improves. The urbanization makes positive progress and the internal impetus of investment strengthens. Multiple factors support the domestic consumption to remain active. The overall effect of the supply-side structural reform continues to appear and the supply is increasingly capable to adapt to the demand in a dynamic way.

Keywords: Economic Growth; Export; Supply

Abstract: Since 2018, our national economy runs smoothly, the economic structure improves, and the transformation of growth drivers speeds up. China's economy is on the whole stable and making good progress but faces heavy downturn pressure. On the domestic front, the internal problems affecting our industrial development are not solved, enterprises need to improve the capability to resist risks, the leading and supportive role of new-emerging industries needs to be improved, and the industrial growth still faces pressure. On the international front, the resonance of the global economic recovery nears the end, economies and policies of different countries continue to polarize, and unilateralism and trade protectionism rear its head. Of particular note is the trade conflict provoked by the United States which will bring more uncertainty to our industrial development in the period to come.

Keywords: Industrial Economy; Economic Structure; Enterprises

Abstract: The Chinese economy has entered a new short-term cycle since December 2015, and heads towards stability and progress. The peak

turning point of this short cycle appeared in March and April 2017. The economic growth downturn beginning in April 2017 may continue until the end of 2018 or the first quarter of 2019 on a small scale. The Economic growth is expected to keep generally stable at the new economic level. The GDP growth rate is projected to reach 6.6% and 6.4% respectively in 2018 and 2019, and the CPI grows by 2.2% and 2.4%. The economic and price cycle would be also featured with wavelet under the new normal.

Keywords: Chinese economy; Business Cycle; Forecast; Goods Price

Ⅲ   Policies Analysis and Supply-side Reform

B. 7   The Current Economic Situation and the Outlook for 2019

Zhu Baoliang / 088

Abstract: In 2018, we commit to the general principle of pursuing progress while ensuring stability, treat the supply-side structural reform as our main task, and make great efforts to fight the three critical battles against potential risk, poverty, and pollution. The national economy is on the whole stable and makes progress. The economic structure continues to improve, the transformation of growth drivers speeds up, and the quality and effect improve. The yearly economic growth is expected to reach 6.6%, and the goals of macro-control are accomplished. But there are uncertainties and worries in the economy while it is on the whole stable. Private enterprises are faced with increased difficulties in operation, infrastructure investment drops sharply, real estate bubbles continue to grow, uncertainties of the China-US trade conflicts are on the rise, and the social expectation and confidence is not strong. It is advisable to set the 2019 economic growth targets at 6% and commodity prices at 3%. We should continue to commit to the general principle of pursuing progress while ensuring stability. In accordance with the requirements of high-quality development, we should treat the supply-side structural reform as our main task, make great efforts to fight the three critical battles, energize market entities, continue to pursue proactive fiscal policy and prudent and neutral monetary policy, and implement the policies to maintain stability in job creation, preserve financial stability, support stable growth of trade, foreign direct investment, and domestic investment, and keep market expectations stable so as to maintain the sound and healthy development of the Chinese economy

Keywords: Economic Situation; Economic Construct; Macro-Control Policy

B. 8   Policy Options for the Chinese Economic Development in 2019

Li Boxi / 098

Abstract: In 2018, the Chinese economy develops stably on the whole. Different regions and sectors act on the new development philosophy, commit to the general principle of pursuing progress while ensuring stability, treat the supply-side structural reform as our main task, and make great efforts to fight the three critical battles against potential risk, poverty, and pollution. Each major macro-control index operates within the reasonable range, and people have a stronger sense of benefit, happiness and security. All these are not an easy task to achieve. Despite the uncertainties, we are the most capable country to address the change in international economy and trade, and the deglobalization.

Keywords: Chinese Economy; Macro-control Index; International Economy and Trade

经济蓝皮书

B. 9　China's Macroeconomic Situation and Policies: 2018 −2019

Zhen Chaoyu / 107

Abstract: In 2018, China's economy continues the basic trend of steady growth, but comes to slow down after experiencing the external shock and faces further downturn pressure. China's economy should adopt more proactive fiscal and monetary policy in 2019. The expansionary operation of counter-cycle demand management would help promote the economic recovery to achieve the overall economic normalization and bring Chinese economic development back on track of high savings, high investment and high growth.

Keywords: China's Economy; Macroeconomic Policy; CMAFM Model

B. 10　Measure and Analysis of Economic High-quality Development

Indicators in 2018 and 2019　　*Shi Bo, Zhang Bingyao* / 119

Abstract: The high-quality economic development is the necessary road for China to build a modern socialist country in a new era. The high-quality economic development indicators measured in line with the new development philosophy suggest that the high-quality economic development in urban areas advances despite fluctuations and features quality convergence. The high-quality economic development requires increased public investment in education, medical care and environmental protection to shore up weak links in social and environmental development. We need to promote the quality of development of the western and small and medium-sized cities through the high-quality development of eastern and the first-tier cities to achieve the regional balanced development on the quality front. There is an "inverted U" relationship between high-quality development and quantity of growth. The balance between quantity and quality can boost the coordinated development of high-quality development and quantity of growth.

Keywords: Socialism with Chinese Characteristics; High-quality Development; Urban Development

IV　Financial and Economy

B. 11　Monetary and Financial Operations Guided by Prudence
　　　　and Neutrality　　　　　　　　　*Qin Dong, Li Qian* / 139

Abstract: In 2018, our economy is on the whole stable with the GDP growing at 6.7% in the first three quarters. The People's Bank of China continues to carry out the prudent and neutral monetary policies. In line with the financial dynamics, The People's Bank of China takes pre-emptive adjustment and fine tuning measures when necessary to create sound monetary and financial environment for the supply-side structural reform and high-quality development. Liquidity of the banking system currently remains at a reasonable and ample level, interest rates have slight downward movements, monetary credit and aggregate financing have seen moderate growth, and macro leverage ratio remains stable. It is predicted that the monetary policy will remain prudent in 2019, and will be more forward-looking, flexible and targeted. We must improve the transmission mechanism, and balance economic growth against deleverage and rigorous supervision to enable finance to better serve the real economy.

Keywords: Import and Export; Financial; Monetary Policy; Private Enterprises

B. 12   Analysis and Outlook of China's Financial Condition

（2018 －2019）   *Chen Soudong*, *Sun Yanlin* / 152

Abstract：The China-US trade war in 2018 causes abnormal fluctuations in China's stock market, and increases economic uncertainty, which would endanger financial stability. Existing studies pay little attention to the impact of economic shocks on financial stability and the relationship between financial cycles and economic cycles. The research findings show that China's finance features a self-sustaining trend. The current downturn has broken the threshold, and forecasts indicate that the downturn trend will continue. Financial shocks do affect financial stability. We should abandon the traditional way of regulating and controlling the financial market through monetary policy, guard against the negative impact of foreign exchange reserve reduction caused by capital outflow on financial stability, and reduce the degree of financial and economic development separation. The short-term effects between financial cycles and economic cycles are mutually constrained, and the long-term effects are mutually restrained, so the efforts should be made to restore the healthy interaction between finance and economy, and to strengthen the coordination between financial and economic cycles.

Keywords：Economic Shock；FCI；Financial Cycle；Business Cycle

Abstract: As for China's tax income, it grows at 17.1% in the first quarter, 10.3% higher than the economic growth, 14.2% in the second quarter, lower than that in the first quarter but still 7.4% higher than the economic growth, and 12.7% in the third quarter, 6.0% higher than the economic growth. The revenue of main taxes grows faster than last year. The coastal provinces or municipalities as major source of taxation witness a high growth of tax revenue except Beijing with a negative growth and Tian with a low growth. Most of the other provinces experience a high growth of tax revenue. All these contribute to the high growth of the national tax revenue. If China's economy grows at a low speed in 2018 and China launches policies to cut taxes and lower fees, the tax revenue will drop sharply in the fourth quarter, the yearly growth of tax revenue will exceed the economic growth, and the growth of tax revenue will keep pace with or even fall below the economic growth in 2019.

Keywords: Taxation Situation; Tax Revenue; Major Source of Taxation

Abstract: Guided by policies of stability and progress in financial regulation, China's capital market opens up in an orderly way in 2018 and the threshold for foreign investment in the financial sector has been greatly lowered. A-shares are included in MSCI. China's stock market looks for

the bottom in the clearing. It is a long way to go for the supply-side structural reform to promote the high-quality development. The normalization of monetary policies of major developed economies is the same as expected. The China-US trade conflicts bring pressure to the market. The aggregate liquidity remains reasonable and stable. Monetary market and credit market polarize. We should neither be too optimistic nor pessimistic about the A-shares market in 2019. It is highly possible that the "market bottom" will appear and the spring of Chin's stock market will be in the near future.

Keywords: Chin's Stock Market; Marc-economy; Liquidity

V   Consumption and Import-Export

B. 15   Analysis of Foreign Trade Situation in 2018 and the Outlook
for 2019   *Liu Jianying , Jin Baisong* / 211

Abstract: Since 2018, China's foreign trade has achieved rapid growth. At the same time, its structure has been continuously optimized, the transformation of drivers of growth accelerated, its quality and effect further improved, and the stable and good situation further consolidated, laying the foundation for the high-quality development of foreign trade. To take a look into 2019, China's foreign trade development faces both severe challenges and new development potentials.

Keywords: Global Economy; Global Trade; Import

Abstract: In 2018, the United States, prompted by the idea of "America First", levies tariffs on billions of dollars' worth of Chinese products, and China is forced to fight back. The China-US trade conflicts break. Based on GTAP, this article conducts simulation analysis of the impact of the trade conflicts on the Chinese economy, the American economy and the world economy. The modelling includes 10 economies of Australia, China, Japan, South Korea, Vietnam, India, European Union, United States, Mexico, other countries in the world, and 56 sectors to conduct a dynamic medium and long-term simulation.

Keywords: China-US Trade; GTAP; Dynamic Simulation

Abstract: Looking at the trajectory of Chinese economic development in recent years, we see that market compels the transformation of light industry before 2015. The supply-side reform picks up speed since the end of 2015, and the improvement of economic structure and quality gather pace. The concept of "New Consumption Age" was launched in 2017. In 2018, our economy enters a new period of development and PMI data certify the anticipated trend. The supply efficiency index gets higher, and the employment remains stable. The inventory margin index reaches a new balance. The supply-demand equilibrium index greatly improves, and the growth is more quality-oriented. The supply of new products and

经济蓝皮书

technologies increases and fits into the traditional manufacturing.

Keywords：PMI；Economic Quality；Supply-demand Equilibrium

B. 18 Employment Situation and Countermeasures in 2018 −2019

Yang Yiyong，Dang Siqi / 247

Abstract：Under the very complicated economic conditions at home and abroad，in the first half of 2018，China's total employment，unemployment rate，market supply and demand all show that the employment situation remains stable and has a positive trend. Entrepreneurship-driven employment has become an important driving force for employment growth. It is expected that the goal of employment work will be completed in an all-round way. However，we still need to see that the current employment pattern is further divided in regional and industrial areas，and the problem of high-tech "labor shortage" still exists. Next，how to actively，scientifically and effectively deal with potential employment challenges such as trade frictions，scientific and technological innovation revolution，and fertility policy adjustment，in order to achieve higher quality and full employment，we need to pay attention to the mutual promotion of full employment and high quality employment，increase the support for innovation and entrepreneurship，and improve the legal body of the labor market. The department，as well as the gradual formation of the public employment service system，still needs to make arduous efforts.

Keywords：Employment Situation，Labor Supply；New Economy

B. 19　Analysis of China's Total Price Level in 2018 and

　　Prospects for 2019　　*Guo Lu, Ren Hui and Chen Yuxin* / 259

Abstract: Against the background of stable and changeable economic growth and greater downward pressure, the overall price level in the first three quarters of 2018 has maintained a stable operation. Influenced by extreme weather disasters in summer, epidemic spread, international oil prices and sharp price increases in the rental market, CPI increased by 0. 1 percentage points to 2. 1% year-on-year compared with the first half of the year. Environmental policy support, and last year's high base, PPI growth slightly increased by 0. 1 percentage points to 4. 0% compared with the first half of the year. With the increasing downward pressure of the domestic economy, the rebound of seasonal demand, the decrease of imported inflation pressure and the support of environmental policy, it is expected that the price level will remain stable in the fourth quarter of 2018, with CPI rising by 2. 4% and PPI rising by 2. 8% year on year. Next year, the demand for steady growth will be significant, and the monetary and financial environment will be moderately tight. Considering the combined effects of import inflation pressure, pig cycle or early arrival, the total price level in 2019 will still run reasonably in the reasonable range. It is expected that CPI will rise by 2. 3% over the same period last year, and PPI will rise by 2% over the same period last year.

Keywords: General Price Level; Economic Growth; Imported Inflation; Pig Cycle

权威报告·一手数据·特色资源

皮书数据库
ANNUAL REPORT(YEARBOOK)
DATABASE

当代中国经济与社会发展高端智库平台

所获荣誉

- 2016年，入选"'十三五'国家重点电子出版物出版规划骨干工程"
- 2015年，荣获"搜索中国正能量 点赞2015""创新中国科技创新奖"
- 2013年，荣获"中国出版政府奖·网络出版物奖"提名奖
- 连续多年荣获中国数字出版博览会"数字出版·优秀品牌"奖

成为会员

　　通过网址www.pishu.com.cn访问皮书数据库网站或下载皮书数据库APP，进行手机号码验证或邮箱验证即可成为皮书数据库会员。

会员福利

- 已注册用户购书后可免费获赠100元皮书数据库充值卡。刮开充值卡涂层获取充值密码，登录并进入"会员中心"—"在线充值"—"充值卡充值"，充值成功即可购买和查看数据库内容。
- 会员福利最终解释权归社会科学文献出版社所有。

社会科学文献出版社 皮书系列
SOCIAL SCIENCES ACADEMIC PRESS (CHINA)
卡号：39367533756
密码：

数据库服务热线：400-008-6695
数据库服务QQ：2475522410
数据库服务邮箱：database@ssap.cn
图书销售热线：010-59367070/7028
图书服务QQ：1265056568
图书服务邮箱：duzhe@ssap.cn

基本子库
SUB DATABASE

中国社会发展数据库（下设 12 个子库）

全面整合国内外中国社会发展研究成果，汇聚独家统计数据、深度分析报告，涉及社会、人口、政治、教育、法律等 12 个领域，为了解中国社会发展动态、跟踪社会核心热点、分析社会发展趋势提供一站式资源搜索和数据分析与挖掘服务。

中国经济发展数据库（下设 12 个子库）

基于"皮书系列"中涉及中国经济发展的研究资料构建，内容涵盖宏观经济、农业经济、工业经济、产业经济等 12 个重点经济领域，为实时掌控经济运行态势、把握经济发展规律、洞察经济形势、进行经济决策提供参考和依据。

中国行业发展数据库（下设 17 个子库）

以中国国民经济行业分类为依据，覆盖金融业、旅游、医疗卫生、交通运输、能源矿产等 100 多个行业，跟踪分析国民经济相关行业市场运行状况和政策导向，汇集行业发展前沿资讯，为投资、从业及各种经济决策提供理论基础和实践指导。

中国区域发展数据库（下设 6 个子库）

对中国特定区域内的经济、社会、文化等领域现状与发展情况进行深度分析和预测，研究层级至县及县以下行政区，涉及地区、区域经济体、城市、农村等不同维度。为地方经济社会宏观态势研究、发展经验研究、案例分析提供数据服务。

中国文化传媒数据库（下设 18 个子库）

汇聚文化传媒领域专家观点、热点资讯，梳理国内外中国文化发展相关学术研究成果、一手统计数据，涵盖文化产业、新闻传播、电影娱乐、文学艺术、群众文化等 18 个重点研究领域。为文化传媒研究提供相关数据、研究报告和综合分析服务。

世界经济与国际关系数据库（下设 6 个子库）

立足"皮书系列"世界经济、国际关系相关学术资源，整合世界经济、国际政治、世界文化与科技、全球性问题、国际组织与国际法、区域研究 6 大领域研究成果，为世界经济与国际关系研究提供全方位数据分析，为决策和形势研判提供参考。

法律声明

"皮书系列"（含蓝皮书、绿皮书、黄皮书）之品牌由社会科学文献出版社最早使用并持续至今，现已被中国图书市场所熟知。"皮书系列"的相关商标已在中华人民共和国国家工商行政管理总局商标局注册，如LOGO（▮）、皮书、Pishu、经济蓝皮书、社会蓝皮书等。"皮书系列"图书的注册商标专用权及封面设计、版式设计的著作权均为社会科学文献出版社所有。未经社会科学文献出版社书面授权许可，任何使用与"皮书系列"图书注册商标、封面设计、版式设计相同或者近似的文字、图形或其组合的行为均系侵权行为。

经作者授权，本书的专有出版权及信息网络传播权等为社会科学文献出版社享有。未经社会科学文献出版社书面授权许可，任何就本书内容的复制、发行或以数字形式进行网络传播的行为均系侵权行为。

社会科学文献出版社将通过法律途径追究上述侵权行为的法律责任，维护自身合法权益。

欢迎社会各界人士对侵犯社会科学文献出版社上述权利的侵权行为进行举报。电话：010-59367121，电子邮箱：fawubu@ssap.cn。

社会科学文献出版社